21世纪韩国语系列教材

大学韩国语语法

王 丹 著

图书在版编目(CIP)数据

大学韩国语语法 / 王丹 著. —北京：北京大学出版社，2012.3
(21世纪韩国语系列教材)
ISBN 978-7-301-20181-7

Ⅰ. ①大… Ⅱ. ①王… Ⅲ. ①韩鲜语—语法—高等学校—教材 Ⅳ. ①H554

中国版本图书馆CIP数据核字(2012)第019700号

书　　名	大学韩国语语法
	DAXUE HANGUOYU YUFA
著作责任者	王　丹　著
组稿编辑	张　娜
责任编辑	刘　虹
标准书号	ISBN 978-7-301-20181-7
出版发行	北京大学出版社
地　　址	北京市海淀区成府路205号　100871
网　　址	http://www.pup.cn　新浪微博：@北京大学出版社
编辑部邮箱	pupwaiwen@pup.cn
总编室邮箱	zpup@pup.cn
电　　话	邮购部 010-62752015　发行部 010-62750672　编辑部 010-62759634
印　刷　者	北京鑫海金澳胶印有限公司
经　销　者	新华书店
	787毫米×1092毫米　16开本　14.25印张　300千字
	2008年5月第1版
	2012年3月第1版　2025年1月第7次印刷
定　　价	56.00元

未经许可，不得以任何方式复制或抄袭本书之部分或全部内容。
版权所有，侵权必究
举报电话：010-62752024　电子邮箱：fd@pup.pku.edu.cn
图书如有印装质量问题，请与出版部联系，电话：010-62756370

普通高等教育"十一五"国家级规划教材

"21世纪韩国语系列教材"专家委员会

主任委员:

  安炳浩 北京大学 教授
       中国朝鲜语/韩国语教育研究学会会长
  张光军 解放军外国语学院亚非系主任 博导
       教育部外语教学指导委员会委员
       大韩民国国语国文学会海外理事
  张 敏 北京大学 教授 博导
  牛林杰 山东大学 教授 博导

委　员:

  金永寿 延边大学朝鲜韩国学院院长 教授
  苗春梅 北京外国语大学亚非学院韩国语系主任 教授
  何彤梅 大连外国语大学韩国语系 教授
  王 丹 北京大学外国语学院副院长 教授 博导

韩国专家顾问:

  闵贤植 韩国首尔大学国语教育系 教授
  姜信沆 韩国成均馆大学国语国文系 教授
  赵恒禄 韩国祥明大学国语教育系 教授

总　　序

中韩建交之初，北京大学出版社出版了全国25所大学联合编写的韩国语基础教科书《标准韩国语》。在近十年的教学实践中，这套教材得到了广大师生的认可和欢迎，为我国的韩国语人才培养作出了积极的贡献。随着我国韩国语教育事业的迅速发展，广大师生对韩国语教材的要求也越来越高。在教学实践中，迫切需要一套适合大学本科、专科等教学的韩国语系列教材。为此，北京大学出版社再度荟萃韩国语教学界精英，推出了国内第一套韩国语系列教材——《21世纪韩国语系列教材》。

本系列教材是以高校韩国语专业教学大纲为基础策划、编写的，编写计划基本上囊括了韩国语专业大学本科的全部课程，既包括听、说、读、写、译等语言基础教材，也包括韩国文化、韩国文学等文化修养教材，因其具备完备性、科学性、实用性、权威性的特点，已正式被列为普通高等教育"十一五"国家级规划教材。

本系列教材与以往其他版本教材相比有其鲜明特点：首先，它是目前为止唯一被列入"十一五"国家级规划的韩国语系列教材。第二，它是触动时代脉搏的韩国语教材，教材的每一个环节都力求做到新颖、实用，图文并茂，时代感强，摆脱了题材老套、墨守成规的教材编写模式，真正实现了"新世纪——新教材——新人才"的目标。第三，语言与文化是密不可分的，不了解一个国家的文化，就不能切实地掌握一个国家的语言，从这一视角出发，立体化系列教材的开发在外语教材（包括非通用语教材）规划中是势在必行的。《21世纪韩国语系列教材》就是在这一教学思维的指导下应运而生的。第四，本系列教材具有权威性。由中国韩国语教育研究学会会长、北京大学安炳浩教授，大韩民国国语国文学会海外理事、中国韩国语教育研究学会副会长张光军教授，北京大学张敏教授，山东大学牛林杰教授组织编写。参加编纂的中韩专家、教授来自北京大学、韩国首尔大学、北京外国语大学、韩国成均馆大学、山东大学、解放军外国语学院、大连外国语学院、延边大学、青岛大学、中央民族大学、山东师范大学、烟台大学等国内外多所院校。他们在韩国语教学领域具有丰富的执教经验和雄厚的科研实力。

本系列教材将采取开放、灵活的出版方式，陆续出版发行。欢迎各位读者对本系列教材的不足之处提出宝贵意见。

北京大学出版社
2007年4月

前　言

　　近年来,培养学习者的交际能力逐渐成为外语教学的主要目标,对语言功能的热切追求使得语法教学的重要性受到极大质疑。事实上,在关于交际能力的界定中,语法能力作为交际能力最重要的组成成分,其本身就是交际能力的一部分。对于成人学习者而言,在有限的时间内熟练掌握与运用一门语言的关键,是必须弄懂与掌握语言的句子结构与变化规律,而实现这一目的的最佳捷径就是熟练掌握语法知识。

　　本人是一名工作在韩国语教学第一线的大学韩国语专业教师,一名以韩国语教学研究为主攻方向的研究人员,同时,更是一位有着二十余年韩国语学习经历的学习者。多年的学习、教学与研究经历,更使本人深刻体会到语法学习与教学在培养学生语言能力与交际能力方面所起的积极作用。将自己的韩语学习、教学及研究经验总结出来,为与我具有同样学习经历的韩国语学习者及与我一起奋斗在韩国语教学岗位上的广大教师同行提供一点小小的帮助,为国内韩国语语法教学的发展尽一点绵薄之力,这便是本人写作此书的主要目的。

　　本书是为我国高校韩国语专业学生学习与研究韩国语语法而编写的语法教材,使用对象以各类院校具有中级水平的本科二、三年级学生为主。根据各地实际教学情况的不同,也适用于其他不同层次的韩国语语法教学。同时也可供广大韩国语自学者、韩语专业硕士研究生备考者及对韩国语语法感兴趣的一般读者参考。

　　本书在吸收国内外韩国语语法研究最新成果,参考大量韩国语语法理论书籍及韩国语语法教材的基础上写成。力求全面、系统、明晰地阐释韩语学习必备的语法知识。在兼顾系统性、科学性、实用性与趣味性的前提下为广大读者勾勒出韩国语语法的全貌。

　　具体来说,本书具有如下特点。

　　1. 本书从体系上尽可能与韩国现行的规范语法(又称学校语法,是韩国有关部门制定的韩国语语法教学规范)保持一致。与此同时,考虑中国学生的学习特点,在对个别语法项目的讲解及个别语法术语的使用上,部分采纳了国内的研究成果。

　　2. 本书不仅系统地介绍了韩国语的语音、词法、句法等韩国语语法知识,还增加了其他教材中鲜有涉及的对韩国语产生发展过程的介绍及对韩国语语文规范的具体讲解,内容丰富且实用性强。

　　3. 在单元构成上,每一章由"本章导读"、"学习目的"、"本章要点"、"各节内容"、"练习"五大部分组成。"本章导读"通过思考题的形式引发读者对相关教学内容的思考;"学习目的"介绍通过学习各章内容要达到的目的;"本章要点"介绍各章节的主要内容体系;"练习"附于每一节的内容之后,试图通过生动活泼的练习形式加深读者对语法内容的理解,帮助读者整理所学知识。

　　4. 本书尽量摒弃冗长艰涩的说明形式,说明语言力求做到浅显易懂、深入浅出。同时通过大量的图表形式对语法知识进行有效的整理,以加深读者对相关知识的理解与整体把握。

　　5. 本书最大限度地减少使用晦涩难懂的语法术语,对韩国语语法术语采用直译为主、意译为辅的翻译方式。为了帮助读者日后阅读韩文原版语言学书籍,在介绍每一个语法概念时,都提供其韩文原文及相应的汉字词。必要时还提供部分概念的英文对译,以加深读者对语法概念的理解。

6. 考虑到中国学生的学习特点,以互动的形式对学生实际学习过程中出现的难点问题作了清晰明了的讲解。同时,吸收对比语言学的研究成果,对一些语法内容进行了必要的韩汉比较。针对韩国语与朝鲜语在词汇及语文规范方面存在的差异也进行了简要的总结与整理。

7. 为了帮助读者灵活运用所学语法知识,本书在讲解语法知识过程中使用了大量简洁、实用且时代性较强的例句,并将其将其全部译成中文。

8. 本书书后列出写作此书时参考的书目,该书目对将来有志于进行韩国语语言研究的读者也具有一定的参考作用。

本书在写作过程中,参考了国内外大量的语法著作及资料,这些成果使本书具有更为坚实的理论基础。在此,谨向这些学界前辈致以深挚的敬意与感谢。还要特别感谢我的恩师——安炳浩老师。他不仅是我韩语学习的启蒙老师,更用他无私的人格和勤勉的精神引领我的人生。而今,已耄耋之年的安老师逐字逐句地帮我校阅此书,为本书提出了许多宝贵的修改意见,并对此书给予极大的肯定。对鼓励我写作此书,一直关心我,支持我的导师闵贤植教授致以衷心的谢意。我还要感谢百忙之中抽出宝贵时间帮助我审阅此书的我的同事、益友琴知雅老师、郑昭雅老师、南燕老师,以及我的学生丁一、明明、刘欢、汶倩、小晨。感谢试用此书,用良好的学习效果帮我验证此书的价值并帮我找出笔误的北大韩语系09级本科生。感谢欣然同意我使用其书法作品的韩国书法家郑道准先生。我还要对在组稿、编辑、出版过程中对我予以大力支持与无私帮助的师妹张娜表达我诚挚的谢意。

由于本人才疏学浅,水平有限,尽管我在用心地写作这本书,难达初衷之处仍在所难免。恳请各位学界前辈及本书的读者不吝指正。我会在韩国语学习、教学与研究之路上继续奋然前行。

王丹于北大燕园
2012 年 3 月

目 录

第一章 韩国语概说　　2

　　第一节 韩国语的形成与变迁　　4
　　第二节 韩文的创制　　9
　　第三节 韩国语的主要特点　　14

第二章 韩国语语音　　18

　　第一节 韩国语字母的发音　　20
　　第二节 韩国语的音节　　24
　　第三节 韩国语的语音变化　　27
　　第四节 韩国语标准发音法　　34

第三章 韩国语的词与词类　　40

　　第一节 词的构成与分类　　42
　　第二节 韩国语的体词　　49
　　第三节 韩国语的谓词　　59
　　第四节 韩国语的修饰词　　71
　　第五节 韩国语的关系词　　79
　　第六节 韩国语的独立词　　94

第四章 韩国语的词汇　　98

　　第一节 韩国语的词汇体系与分类　　100
　　第二节 韩国语词汇的变异与扩展　　107
　　第三节 韩国语词汇的语义关系　　116

第五章 韩国语的句子　　　　　　　　　　　　　　　122

  第一节 韩国语的句子成分　　　　　　　　　124
  第二节 韩国语的句子类型　　　　　　　　　134

第六章 韩国语的主要表达法　　　　　　　　　146

  第一节 韩国语的时间表示法　　　　　　　　148
  第二节 韩国语的否定法　　　　　　　　　　159
  第三节 韩国语的敬语法　　　　　　　　　　168
  第四节 韩国语的使动法与被动法　　　　　　173
  第五节 韩国语的引述法　　　　　　　　　　181

第七章 韩国语语文规范　　　　　　　　　　　186

  第一节 韩文标记法　　　　　　　　　　　　188
  第二节 标准语规定　　　　　　　　　　　　196
  第三节 外来词标记法　　　　　　　　　　　203
  第四节 韩国语的罗马字标记法　　　　　　　211

参考文献　　　　　　　　　　　　　　　　　216

메모

第一章　韩国语概说

本章导读：

在开始学习韩国语语法之前，我们首先应了解韩国语是怎样一种语言，它是怎样产生的，又有哪些特点。

☞ 你知道吗？

❀ 你知道图中的人是谁吗？你知道他最大的功绩是什么吗？
❀ 你能根据自身学习韩国语的体会来谈一谈韩文的独创性与科学性吗？

☞ **学习目的：**

1. 了解韩国语的形成与发展过程。
2. 了解韩文的创制过程及创制原理。
3. 了解韩国语语音、词汇、语法的主要特点。

☞ **本章要点：**

✽ 韩国语的形成与变迁
  1. 韩国语的形成与发展
  2. 韩国语的变迁

✽ 韩文的创制
  1. 韩文的创制目的
  2. 韩文的创制原理
  3. 韩文的独创性与科学性

✽ 韩国语的基本特点
  1. 语音的主要特点
  2. 词汇的主要特点
  3. 语法的主要特点

第一节 韩国语的形成与变迁

一、韩国语的形成与发展

语言的形成问题与语言所属的系统问题密切相关。有关韩国语的所属,学界至今仍众说纷纭,莫衷一是。尽管很多学者认为韩国语极有可能与蒙古语族、满-通古斯语族和突厥语族同属阿尔泰语系,但由于此种说法尚缺乏充足的证据,因此,只能停留在假说阶段,尚无定论。

史前时代以后,在朝鲜半岛及中国东北地区定居的朝鲜民族,其语言分为扶余系语言与韩系语言两大类,随着三国的建立,又分化为高句丽语、百济语与新罗语等三个既有共同性,彼此又有区别的语言系统。新罗灭百济和高句丽后,语言也逐渐得以统一。这一时期的韩国语被称为"古代韩语"。

公元10世纪,随着高丽的建国,语言的中心从庆州转移到了开城。尽管在高丽语中存在着一些高句丽语的痕迹,但高丽语与新罗语并无本质区别。朝鲜朝建立后,语言的中心转到了首尔,但语言并未发生明显变化。从高丽建国到16世纪末壬辰倭乱为止的韩语被称为"中世韩语",中世韩语又以15世纪训民正音的创制为界,分为"前期中世韩语"与"后期中世韩语"。

近代韩语时期始于16世纪末、17世纪初的壬辰倭乱,结束于19世纪末的开化期,这三百多年间的韩国语被称为"近代韩语",这一时期的语言与中世韩语相比,在语音、词汇及语法等方面发生了较多变化。

从甲午更张以后,也就是20世纪初期以后至今的韩国语被称为"现代韩语"。朝鲜半岛分裂以来,本为同一语言的朝鲜语与韩国语在词汇、语文规范等方面产生了一定的差异。

韩国语的发展过程可简单整理如下图。

韩国语的发展过程

原始扶余语 ⇒ 高句丽语 原始韩语 ⇒ 百济语 　　　　　↘ 新罗语	前期 中世韩语	后期 中世韩语	近代韩语	现代韩语
原始时期　　三国时期	高丽时期	朝鲜朝前期	朝鲜朝后期	甲午更张后
古代韩语 史前时期~10世纪中叶	中世韩语 10世纪中叶~16世纪末		近代韩语 17世纪初~19世纪末	现代韩语 20世纪以后

在"训民正音"面世之前,有关韩语的文献皆用汉字记录。直到训民正音创制后,才出现了大量的韩文资料。借用汉字标记韩语的主要方法为"吏读(이두,吏讀)"。吏读,又称"吏书"、"吏道"、"吏吐",是用汉字按照韩国语的语法体系和语序进行标记的方法。从7世纪开始,吏读开始逐渐形成一定的体系,一直被使用至19世纪末。

借用汉字记录的资料中最具有代表性的是用"乡札(향찰,鄉札)"创作的"乡歌(향가,鄉歌)"。乡札实质上也是一种吏读,其特点是用汉字的词义记录词汇形态,借用汉字的音表示语法关系。现存的乡歌有《三国遗事》中用"乡札"记录的"新罗乡歌"14首和《均如传》中的

"均如乡歌"11首共25首。"乡歌"的特点通过下面的《处容歌》及《薯童谣》可窥见一斑。

東京明期月良	시볼 볼긔 드래	(서울 밝은 달에)
夜入伊遊行如可	밤드리 노니다가	(밤들이 노니다가)
入良沙寢矣見昆	드러사 자리 보곤	(들어 자리를 보니)
脚烏伊四是良羅	가르리 네히어라	(다리가 넷이리라) ——《处容歌》

从上述例中可以看出,在记录韩国语的词汇时使用了汉字的词义,如:"明(밝다)、月(달)、夜(밤)、入(들다)";而在记录韩国语的语法形态时,则借用了汉字的音,如:"期(-의)、良(-애)、昆(-곤)、伊(-이)、罗(-라)"等。

善化公主主隱	善化公主니믄	(선화공주님은)
他密只嫁良置古	놈 그스지 얼어두고	(남 몰래 정을 통해 두고)
薯童房乙	맛둥방을	(맛둥(서동) 방을)
夜矣卯乙抱遣去如	바미 몰 안고 가다	(밤에 몰래 안고 간다) ——《薯童谣》

在上述例中,"密(몰래)、置(두다)、房(방)、抱(안다)"等词使用的是汉字的词义,"隐、古、乙、卯乙"则分别对应现代韩国语的"은、고、ㄹ、몰"。

"吏札(이찰,吏札)"是吏读的另一种形式,是在初期吏读的基础上发展起来的官方书面语。其特点照搬汉文的字句,即汉语语序不变,但已经开始使用韩语的格助词与词尾。具有代表性的吏札史料是中国明朝法典《大明律》的译本《大明律直解》。试举其中一句话如下。

凡官吏亦擅自离职役为在乙良答四十为乎矣 ——《大明律直解》

以上这句话在《大明律》中的原文是"凡官吏擅自离职役,答四十。"其中的汉字"亦、为在乙良、为乎矣"分别对应韩语的"여(이)、ᄒᆞ견을랑(하거든)、ᄒᆞ오듸(하되)"。

还有一种标记方法为"口诀(구결,口訣)"。口诀是指标注于汉文原文中,表示韩语语法关系的韩语助词或词尾。例如在"所贵乎人者隱,以其有五倫也羅"一句中,汉字"隱"对应的是助词"은/는",汉字"羅"对应的是词尾"라"。如果去掉这些口诀的话,句子就是一个汉文句子,其表现形式与汉语完全一致。

从后期中世韩语开始,随着韩国文字——训民正音的创制,用韩文记录的文献逐渐增多,尤其是谚解类文献更是层出不穷。"谚解(언해,諺解)"指的是用韩文来对汉文典籍进行解释、翻译。从原文与翻译文的组合形式来看,谚解文献大致上可分为三类。第一类是"口诀文"与谚文的对照,代表文献有《训民正音谚解》、《释谱详节序》等。第二类为纯汉文原文与谚文对照,以《杜诗谚解》为代表。第三类则是汉语白话文与韩文译文的对照,主要是当时朝鲜译官学习汉语口语的教材,以《翻译朴通事》等为代表。按照文献内容来分,谚解文献同样可分为三大类,一是对儒家典籍的翻译,如《翻译小学》等;二是对汉译佛经的翻译,如《法华经谚解》;三为汉语教科书翻译本,如《翻译老乞大》等。

二、韩国语的变迁

1. 语音的变化

由于历史资料的匮乏,我们无从了解中世韩语以前的韩国语语音体系。

中世韩语中有现代韩语中没有的摩擦音ᄫ、ㅿ音。但是，从15世纪中期开始，ᄫ音变为半元音ㅗ、ㅜ(셔블—서울)。ㅿ在15世纪末、16世纪初逐渐消失(처ᅀᅥᆷ—처음、아ᅀᆞ—아우、ᄆᆞᅀᆞᆷ—마음)。

中世韩语的元音中有现代韩语中没有的·，但是此元音的音价逐渐消失，在16世纪时第二个音节以后转变为ㅡ、ㅗ、ㅏ音(기ᄅᆞ마—기르마、ᄇᆞᄅᆞᆷ—바람)。后来，连第一个音节的·也发为ㅏ音(ᄀᆞ래—가래、ᄅᆡ년—래년)。

中世韩语通过在字的左侧点"旁点"来标注声调。没有旁点时是平声，有一个点时是去声，有两个点时是上声。例如："곶(花)"是平声，发音时声音较低；"·플(草)"是去声，声音较高；":별(星)"是上声，发音时先高后低。声调从16世纪中叶开始逐渐消失，16世纪后期的文献中已经开始不标注旁点了，到了16世纪末声调已经消失，平声与去声发成短音，上声发成长音。但是，在一些地区声调并没有完全消失，在庆尚道与咸镜道的方言中至今还保留着部分声调。

2. 词汇的变化

在中世韩语文献中，发现了一些现代韩语中不存在的固有词。近代时期，随着汉字词与外来词的不断流入，즈믄(千)、ᄀᆞᄅᆞᆷ(江)、미르(龙)等固有词逐渐消失。

早在三国时期就有很多汉语词汇传入朝鲜半岛，伴随着汉字的使用，汉字词更多地进入韩国语词汇体系。此外，随着佛教的传播，부텨(佛陀)、미륵(弥勒)等佛教用语也源源不断地传入朝鲜半岛。中世韩语时期，蒙古语中的가라말(黑马)、수라(御饭)等词以及满语中的투먼(万)等词也相继传入。后期中世韩语时期及近代韩语时期大量的汉字词传入朝鲜半岛。从开化期开始，日语及西方外来词不断地传入朝鲜半岛。

此外，词汇的意义也随着人类生活方式、心理状态、思维方式、价值观及历史时代的变化而不断扩大、缩小或发生变异。例如："다리(腿)"原来只指称人或动物的腿，后来词义扩大，也用来指称桌子等物体的腿；如"사랑하다"一词，最初有"생각하다(想)"和"사랑하다(爱)"两个意思，而现在只保留了后一个词义；又如"어리다"原来是"어리석다(愚笨)"的意思，而在现代韩语中则转变为"나이가 적다(年纪小)"的意思。

3. 语法的变化

❶ 句子结构的变化

15世纪的句子结构与现代韩语的句子结构不同。现代韩语的"무엇-을 누구-에게 주다"句型当时说成"무엇-을 누구-를 주다"，现代韩语中的"무엇-이 무엇-과 같다"句型当时则说成"무엇-이 무엇-이 ᄀᆞᆮ다"。例如：

四海ᄅᆞᆯ 년글[녀ㄱ-을] 주리여	(四海를 누구-에게 주겠는가)	《龙飞御天歌》20章
出家ᄒᆞᆫ 사ᄅᆞᄆᆞᆫ 쇼히(쇼ᄒᆞ-ㅣ) ᄀᆞᆮ디 아니ᄒᆞ니	(出家한 사람은 속인-과 같지 아니하니)	《释谱详节》6、22

此外，中世韩语在表示疑问时，根据句中是否有疑问词及主语人称的不同而有不同的表现方式，而现代韩语中则没有此区别。例如：

西京은 편안흔가 몯흔가?	(서경은 편안하냐 못하냐?)	《杜诗谚解》18、5
故園은 이제 엇더흔고?	(고원은 이제 어떠하냐?)	《杜诗谚解》25、24

❷ 助词的变化

15世纪韩语的主格助词有"이、ㅣ(y)、ø"，并没有现代韩语中的主格助词"가"。而到了近代以后开始出现主格助词"가"，后来在以辅音结尾的名词后用"이"，以元音结尾的名词后用"가"，逐渐形成了现代韩语中的主格助词体系。宾格助词在15世纪因为元音和谐现象分别有"을/를"和"올/롤"等形式，而到了现代韩语中只剩下了"을/를"。例如：

스미[심-이] 기픈 믈은	(샘이 깊은 물은)	《龙飞御天歌》2章
우리 始祖-ㅣ 慶興에 사르셔	(우리 始祖가 慶興에 사시어)	《龙飞御天歌》2章
我后를 기드리스바	(我后를 기다려)	《龙飞御天歌》10章
天下를 맛드시릴씨	(天下을 맡으시리니)	《龙飞御天歌》6章

练习

🍎 结合本节内容，就韩国语发展史的历史分期填空。

🍎 看下面的图片，对照用现代韩国语转写的图中文字内容，体会古今韩国语的发展变化。

原文：
　　　　나랏 말쏘미 듕귁에 달아 문쭝와로 서르 ᄉᆞᄆᆞᆺ디 아니홀씨
　　　　이런 젼ᄎᆞ로 어린 ᄇᆡᆨ셩이 니르고져 홇배 이셔도
　　　　ᄆᆞᄎᆞᆷ내 제 ᄠᅳ들 시러펴디 몯 홇 노미 하니라.
　　　　내 이를 윙ᄒᆞ야 어엿비 너겨 새로 스믈여듧 쫑를 밍ᄀᆞ노니
　　　　사ᄅᆞᆷ마다 ᄒᆡ여 수ᄫᅵ 니겨 날로 ᄡᅮ메 뼌한킈 ᄒᆞ고져 홇 ᄯᆞᄅᆞ미니라.

读解：
　　　　나랏말싸미 듕귁에 달아 문자와로 서로 사맛디 아니할쎄
　　　　이런 전차로 어린백성이 니르고저 할빼이셔도
　　　　마참내 제 뜻을 능히펴지 못할놈이 하니다.
　　　　내 이를 어여쁘 녀겨 새로 스믈여덟자를 맹가노니
　　　　사람마다 수비니겨 날로쓰매 편아케 하고저 할 따라미니라.

现代韩国语译文：
　　　　우리나라 말이 중국과 달라 말과 글이 서로 맞지 않으니
　　　　이 때문에 어리석은 백성이 말하고자 하는 것이 있어도
　　　　그러지 못하는 사람이 많다.
　　　　내 이를 불쌍히 여겨 새로 스믈여덟 글자를 만들었으니
　　　　모든 사람마다 이것을 쉽게 익혀 편히 사용하고자 할 따름이니라.

第二节 韩文的创制

一、韩文的创制目的

韩国文字被称为"한글",通常被译为"韩文(hangul)",也有人称之为"韩字"。韩文产生的历史并不很长。创制韩文之前,韩国一直使用汉字来标记自己的语言,百姓们过着语言与文字不一致的生活。1443年(世宗25年)农历12月①,朝鲜朝的第四代王——世宗大王与集贤殿的学者们一起,共同创制了韩国的文字。这些文字被称为"训民正音",即"教导百姓正确发音"之意。1446年农历9月上旬,"训民正音"正式得以颁布。

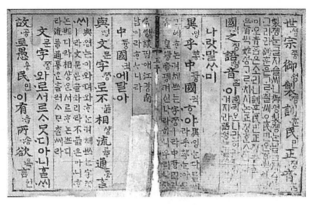

『训民正音』谚解本,韩国西江大学图书馆馆藏

在"训民正音"的序言中,对其创制目的有较为精辟的阐述:

"国之语音 异乎中国 与文字 不相流通 故愚民有所欲言而终不得伸其情者多矣 予为此悯然 新制二十八字 欲使人人易习 便於日用矣"

从以上的序言中可以看出,训民正音体现了要创造本民族特有文字的"自主思想",想要使全民都能共享文字生活的"平等思想"以及想百姓之所想、急百姓之所急的"民本思想"。

---

① 为了尊重史料,本节所涉及年代虽采用农历纪年,但遵循韩国数字表示法,均使用阿拉伯数字。

二、韩文的创制原理

韩文主要运用了"象形"与"加划"等基本创制原理。

在创制元音的基本文字时,模仿天的形状创制了"•"字,模仿平坦的大地的形状创制了"一"字,模仿直立的人的形状创制了"丨"字。创制出以上3个基本字之后,在其上面添加笔划,创制出了其他8个元音字母。

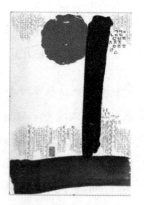

《天地人》
以训民正音创制时的元音 •一丨为素材,用墨的浓淡及色彩的对比,生动地表现了太阳、大地及人的形象。
(韩国书法家郑道准作品)
(2006.美国·Jordan Shnitzer美术馆藏品)

训民正音创制当时的元音

基本字	形之圆 象乎天也	•
	形之平 象乎地也	一
	形之立 象乎人也	丨
初出字	ㅗ与•同而口蹙	ㅗ
	ㅏ与•同而口张	ㅏ
	ㅜ与•同而口蹙	ㅜ
	ㅓ与•同而口张	ㅓ
再出字	ㅛ与ㅗ同而起于丨	ㅛ
	ㅑ与ㅏ同而起于丨	ㅑ
	ㅠ与ㅜ同而起于丨	ㅠ
	ㅕ与ㅓ同而起于丨	ㅕ

韩国语辅音的基本文字主要根据发音器官的形状创制而成。

如下图,字母ㄱ是模仿发音时舌根堵住喉咙的形状,字母ㄴ是舌尖抵上齿龈的形状,字母ㅁ是口的形状,字母ㅅ是牙齿的形状,字母ㅇ是喉咙的形状。

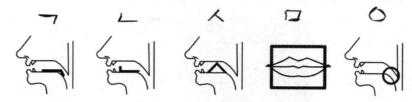

模仿发音器官图

在创制这5个基本字的基础上添加笔划,创制出其他12个字。

训民正音创制当时的辅音

发音部位	基本字	加划字	异体字
牙音	ㄱ	ㅋ	ㆁ
舌音	ㄴ	ㄷ,ㅌ	ㄹ
唇音	ㅁ	ㅂ,ㅍ	
齿音	ㅅ	ㅈ,ㅊ	ㅿ
喉音	ㅇ	ㆆ,ㅎ	

如上所述，"训民正音"创制之初，利用"象形"与"加划"的原理，共创制出如下28个韩文字母，其中元音11个、辅音17个。

元音：ㆍ ㅡ ㅣ ㅏ ㅓ ㅗ ㅜ ㅑ ㅕ ㅛ ㅠ
辅音：ㄱ ㅋ ㆁ ㄷ ㅌ ㄴ ㅂ ㅍ ㅁ ㅈ ㅊ ㅅ ㆆ ㅎ ㅇ ㄹ ㅿ

此后，又在以上28个字的基础上，运用"合用"的方法创制了ㅘ、ㅝ、ㅚ、ㅐ、ㅟ、ㅔ等元音字母，运用"并书"与"连书"的方法创制了ㄲ、ㄸ、ㅃ、ㅆ、ㅉ、ㆅ、ㅸ等辅音字母。

三、韩文的独创性与科学性

韩文是一种既具有独创性又具有科学性的文字。

首先，韩文的独创性表现在如下方面。

❶ 它是模仿发音器官及天、地、人的形状，运用象形原理创制而成的。

❷ 它是世界上少有的具有明确的创制时间和创制人的文字。

其次，韩文的科学性表现在如下方面。

❶ 它是一种表音文字，虽然字母数不多，但具有非常卓越的表音性。

❷ 在创制过程中运用了象形、加划、并书、连书、合用等科学原理。

❸ 是合乎信息时代要求的理想文字。在利用电脑和手机进行文字处理时极为便捷，效率非常高。

韩文正因为具备以上所述的独创性与科学性而得到学术界的关注与认可。英国牛津大学语言学学院以合理性、科学性、独创性等为基准，评定世界上的所有文字，韩文被评为一等。联合国教科文组织从1986年起，为在扫盲及语言学研究中建立功勋的人颁发奖项。为了纪念世宗大王创制韩国文字的功绩，特将这一奖项命名为"世宗大王奖"。1997年10月1日，韩文被联合国教科文组织指定为世界文化遗产。为了纪念"训民正音"的创制，韩国将每年的10月9日定为"韩文日（한글날）"。从2005年起，这一天还被指定为韩国的国庆日。

练习

● 根据书中内容填空，体会训民正音的创制目的中所体现出的基本理念。

训民正音体现了要创造本民族特有文字的"____思想"，想要使全民都能共享文字生活的"____思想"以及想百姓之所想、急百姓之所急的"____思想"。

- 参考下图，试着讲一下韩文的音节构成原理。

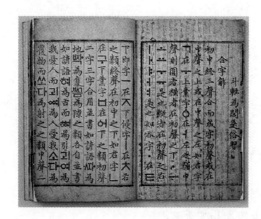

- 以下是韩文的输入方法，请试着按照下面的方法练习韩文打字，并体会韩文在文字录入方面的便利性。

  1. 基本规则是用左手键入辅音字母，用右手键入元音字母。
  2. 键入元音ㅒ或ㅖ时，应同时按住元音ㅐ或ㅔ和shift键。
  3. 键入紧音ㄲ、ㄸ、ㅃ、ㅆ、ㅉ及收音ㄲ、ㅆ时，应同时按住其相应的松音和shift键。
  4. 在键入双收音时，连续单击两个不同的辅音便可敲出双收音。
  5. 在键入ㅘ、ㅝ、ㅙ、ㅞ、ㅢ等元音时，连续单击两个相应的单元音即可。

  电脑键盘上的韩文字母位置如下。

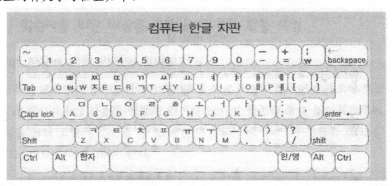

- 读以下两段短文的内容，体会韩文的科学性与独创性。

> 한글은 매우 과학적인 문자이다. 자음은 발음 기관의 모양을 본떠서 만들었다. 'ㄱ'은 혀뿌리가 목구멍을 막는 모양을, 'ㄴ'은 혀가 윗잇몸에 닿는 모양을, 'ㅁ'은 입 모양을, 'ㅅ'은 이의 모양을, 'ㅇ'은 목구멍의 모양을 본떠 만들었다. 이 다섯 글자를 기본으로 획을 더하여 다른 자음 글자들을 만들었다.
>
> 모음은 하늘과 땅과 사람의 형상을 본떠 만들었다. 'ㆍ'는 둥근 하늘을, 'ㅡ'는 평평한 땅을, 'ㅣ'는 서 있는 인간의 모습을 본뜬 것이다. 다른 모음 글자는 이 세 글자를 기본으로 서로 결합하여 만들었다.
>
> 한글을 과학적이라고 하는 까닭은 이와 같이 발음 기관을 본떠 만들고 글자들끼리 매우 조

직적이라는 데 있다. 몇 개 글자를 기본으로 다른 자모들은 획을 더하거나 서로 결합하여 조직적으로 만들었기 때문에 글자들 사이의 관계도 쉽게 알 수 있다. 예를 들어 'ㄴ'을 기본으로 하나씩 획을 더하여 'ㄷ'과 'ㅌ'을 만드는데 이 세 글자는 모양이 비슷하여 한 계열임을 짐작할 수 있는데다가 음운론적으로도 모두 치조음이라는 공통점을 지니고 있는 것이다.

한글은 자모들을 서로 결합하여 음절 단위로 표기한다. 이것은 각 알파벳을 옆으로 늘어놓는 로마자의 사용법과 매우 다른 특징이다. 한글은 초성 중성 종성으로 구성된 한 음절을 표기하기 위하여 각각의 음소에 해당하는 자모들을 모아서 쓴다. 예를 들어 '손'이라는 음절을 적을 때 초성 'ㅅ'과 중성 'ㅗ'와 종성 'ㄴ'을 로마자처럼 'ㅅ, ㅗ, ㄴ'으로 풀어서 쓰지 않고 '손'처럼 모아서 쓴다.

이와 같이 음소 문자인 한글을 음절 단위로 모아서 쓰는 것은 매우 독특한 방식이다. 글자를 음절 단위로 모아서 쓰기 때문에 한글은 가로쓰기를 할 수도 있고 세로쓰기를 할 수도 있다. 오늘날 한국인들은 한글을 쓸 때 대부분 영어처럼 왼쪽에서 오른쪽으로 가로쓰기를 한다. 그러나 한글이 처음 만들어진 때부터 20세기 중반까지만 해도 모두 세로쓰기였고 오늘날에도 종종 이런 방식을 볼 수 있다. 독특한 표기법 덕분에 한글은 두 가지 방법으로 자유롭게 쓸 수 있는 것이다.

이와 같이 과학적으로 만들어진 한글은 웬만한 소리는 거의 다 적을 수 있다. 한글을 만들었을 당시 바람 소리나 학의 울음소리도 적을 수 있다고까지 말할 정도였다.

독창적이며 과학적인 한글은 한국인뿐만 아니라 전 인류의 위대한 자산이다. 한국인들은 한글의 문화적 가치를 기리기 위하여 세종대왕이 한글을 반포한 시기인 10월 9일을 한글날로 제정하여 기념하고 있다.

(한국 국립국어원, http://www.korean.go.kr/09_new/minwon/faq_view.jsp?idx=91)

---

1. 지구상에 존재하는 100여 개의 문자 중에 만든 사람과 만든 원리, 이념이 정리되어 있는 유일한 문자
2. 발음 기관의 움직임과 작용, 음성학적 특질을 반영하여 만들었으며, 음양오행의 철학적 원리와 하늘, 땅, 사람을 본뜬 구조를 담고 있는 문자
3. 1997년 10월 1일 유네스코가 세계 기록 유산으로 지정한 문자
4. 세계에서 문맹률이 가장 낮은 나라의 문자
5. 유네스코가 1998년부터 2002년까지 글이 없고 말 뿐인 언어 2,900여 종에 가장 적합한 문자를 연구한 결과, 최고로 평가 받은 문자
6. 언어학 연구 분야에서 세계 최고로 인정받는 영국 옥스퍼드대학교가 합리성, 독창성, 실용성 등의 기준에 따라 섬수를 매긴 결과 1등을 차지한 문자
7. 영국 리스대학교의 제프리 샘슨 교수가 'ㄱ, ㅋ, ㄲ'과 같이 기본 글자에 획을 더해 동일 계열의 글자를 만든 독창성은 세계 어느 나라의 문자에서도 찾아볼 수 없다고 칭송한 문자
8. 언어학자 라이샤워 교수가 '가장 과학적인 표기 체제'로 꼽고, 시카고대학의 매콜리 교수가 10월 9일이면 꼭 이 나라의 음식을 먹으며 지낸다면서 존경심을 표현한 문자
9. 컴퓨터 자판에서 자음은 왼손으로 모음은 오른손으로 칠 수 있는 유일한 문자이며, 휴대전화의 한정된 자판을 가장 효과적으로 사용할 수 있어 디지털 시대의 강자로 떠오른 문자
10. 2009년 인도네시아의 소수 민족 '찌아찌아 족'이 자신들의 말을 표기하기 위해 채택한 문자

《교과서》, http://blog.naver.com/13751/10120992600

第三节 韩国语的主要特点

一、语音的主要特点

1. 辅音有松音、紧音、送气音的对立。

韩国语辅音具有汉语所不具备的"三枝结构",即分为松音、紧音、送气音三种。对于中国学生而言,掌握松音和紧音的区别是学习的难点。

汉语:　　g→k　　　　d→t　　　　b→p　　　　z→c

韩国语:

　　　　　ㄱ　　　　　ㄷ　　　　　ㅂ　　　　　ㅈ
　　　　ㄲ　ㅋ　　　ㄸ　ㅌ　　　ㅃ　ㅍ　　　ㅉ　ㅊ

2. 开音节与闭音节共存。

汉语主要由开音节构成,闭音节只有n、ng两个音;而韩国语开音节、闭音节共存。记忆收音的发音与写法对于中国学生而言较为困难,在学习时应引起足够的注意。

　　na: nan、nang
　　나: 낙、난、낟、날、남、납、낫、낭、낮、낯、낰、낱、낲、낳

3. 单词第一个音节的辅音有一定的限制。

韩国语单词的第一个音节位置不能有两个以上的辅音,这一点和汉语一致。也就是说,在汉语和韩国语中都没有像英语sweet、green那样两个或两个以上的辅音相连的词。

此外,辅音ㄹ一般不能出现在韩国语单词的第一音节。当单词第一个音节的元音是ㅣ、ㅑ、ㅕ、ㅛ、ㅠ时,其前面不能有ㄴ。例如:

　　요리☺/료리☹　　　　양심☺/량심☹　　　　노인☺/로인☹
　　여성☺/녀성☹　　　　연세☺/년세☹　　　　익명☺/닉명☹

4. 有元音和谐现象。

韩国语元音有阳性元音与阳性元音、阴性元音与阴性元音相结合的元音和谐(모음조화,母音調和)现象。这种现象常出现在谓词与词尾结合时或部分拟声拟态词中。例如:

　　(1) 막다: 막아、막아도、막았다
　　(2) 먹다: 먹어、먹어도、먹었다
　　(3) 찰랑찰랑、철렁철렁、풍덩풍덩、퐁당퐁당

二、词汇的主要特点

1. **分为固有词、汉字词、外来词三重结构。**

    韩国语词汇从来源上看，主要可以分为固有词、汉字词和外来词三种。严格地说，汉字词其实也属于外来词，但由于其在韩国语词汇体系中占有非常重要的比重，因而将其从外来词中分化出来，构成固有词、汉字词和外来词三重结构。

2. **固有词中体现细微语感差异的词非常丰富。**

    在韩国语固有词中，表达味觉、温度、色彩时，有非常丰富的表达方式，可以体现出极其细微的语感差别。例如：

    (1) 表示颜色的词：파랗다、푸르다、새파랗다、퍼렇다、시퍼렇다……
    (2) 表示温度的词：차다、싸늘하다、서늘하다、선선하다、시리다、차디차다、쌀쌀하다、썰렁하다……
    (3) 表示味觉的词：맵다、매콤하다、얼큰하다、맵디맵다……

3. **拟声词、拟态词非常丰富。**

    韩国语词汇中模仿事物声音的拟声词与模仿事物形态的拟态词非常丰富，在意义表达上非常形象、生动。例如：

    (1) 질질、찔찔、잘잘
    (2) 깡충깡충、껑충껑충
    (3) 빙글빙글、뺑글뺑글、뱅글뱅글

4. **表现亲族关系的词汇非常丰富。**

    由于韩国与中国同是受儒家思想影响的国家，对亲族关系都比较重视，所以中韩两国词汇中表示亲族关系的词都很发达。例如：

aunt			
伯母	婶母	姨	姑姑
큰어머니	작은어머니	이모	고모

三、语法的主要特点

1. **韩国语属于黏着语，助词与词尾丰富。**

    与属于独立语(或孤立语)的汉语不同，韩国语属于黏着语(也叫添加语或胶着语)，大部分的语法功能通过添加在单词后面的助词和词尾来实现，因此，韩国语的助词和词尾非常丰富。对于中国学生而言，理解和使用接在体词后面的助词与接在谓词后面的词尾是韩国语学习的重点与难点。

    小雅看书。
    소아가 책을 읽었다.
    　助词　助词 词尾 词尾

2. 语序为SOV。

与汉语的"主语(S)-谓语(V)-宾语(O)"语序不同，韩国语的语序是谓语在宾语之后，形成"主语(S)-宾语(O)-谓语(V)"的语序。

我吃饭。
<u>나는</u> <u>밥을</u> <u>먹는다</u>.
我　　饭　　吃

3. 语序相对自由。

由于韩国语的语法功能主要通过黏着在单词后的助词和词尾实现，所以与汉语相比其语序相对自由一些。在如下例句中，表示的基本意义都是"我把书给知恩了"，但由于侧重点不同，可以有如下诸多说法。

(1) 나는 지은에게 책을 주었다.
(2) 지은에게 나는 책을 주었다.
(3) 책을 지은에게 내가 주었다.
(4) 책을 내가 지은에게 주었다.

4. 修饰语一般在被修饰语前面。

与汉语相同，韩国语中起修饰作用的成分通常放在其所修饰的成分前面。

<u>맛있는</u> 음식을 <u>맛있게</u> 먹어야지.
美味的食物应该美美地享用。

5. 敬语法发达。

韩国语的敬语法非常发达，从敬语的使用对象看，有表示对句子主体尊敬的，有表示对听者尊敬的，也有表示对动作涉及的对象尊敬的。

(1) <u>선생님께서</u> 학교에 <u>가십니다</u>. (句子主体)
老师去学校。
(2) 이 소식을 <u>아버님께</u> 전해라. (句子客体)
把这个消息告诉父亲。
(3) 천천히 <u>말씀하십시오</u>. (听者)
请慢点说。

从敬语的实现方式看，韩国语的敬语可以通过词尾、助词及特殊词汇等多种方式得以体现。

(1) <u>총장님께서</u> 어제 <u>귀국하셨습니다</u>. (助词：께서，词尾-시-、-습니다)
校长昨天回国了。
(2) <u>진지를</u> <u>잡수십시오</u>. (单词：진지、잡수시다，词尾：-십시오)
请您用餐。

练习

- 回忆曾经学过的内容，试举几例说明韩国语的元音和谐现象。

  _____

- 对照课文中有关韩国语语法特征的说明，分析下面一句话，并试着说明其与汉语在语序、形态变化、敬语法等方面的主要异同。

  > 선생님께서는 아주 어려운 내용도 쉽게 설명해 주십니다.

- 看下图，试着用韩语表示家族成员间的关系，体会韩国语"表示亲族关系的词汇丰富"的特点。

第一章 韩国语概说

第二章　韩国语语音

本章导读：

语音是学习一门语言的基础，发音是否准确经常被作为评价一个人是否掌握一门语言的标志。了解韩国语的发音体系及语音变化规律并持续地进行发音训练，是贯穿于韩国语学习全过程的重要内容。

☞ **你知道吗？**

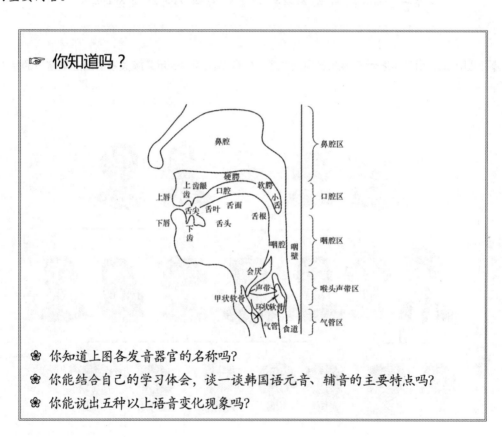

❀ 你知道上图各发音器官的名称吗？
❀ 你能结合自己的学习体会，谈一谈韩国语元音、辅音的主要特点吗？
❀ 你能说出五种以上语音变化现象吗？

☞ **学习目的：**

1. 了解韩国语的语音体系。
2. 了解韩国语音节的主要特点。
3. 了解韩国语的语音变化现象。
4. 了解韩国语标准发音法的主要内容。

☞ **本章要点：**

✻ 韩国语字母的发音
　1. 韩国语的字母
　2. 元音的发音
　3. 辅音的发音

✻ 韩国语音节的发音
　1. 音节结构的特点
　2. 韩国语音节表
　3. 汉韩音节对比

✻ 韩国语的语音变化
　1. 语音交替现象
　2. 语音同化现象
　3. 语音缩略现象
　4. 语音脱落现象
　5. 语音添加现象

✻ 韩国语标准发音法
　1. 标准发音法的基本原则及内容体系
　2. 与字母相关的规定
　3. 与收音相关的规定
　4. 与同化现象相关的规定
　5. 与紧音化现象相关的规定
　6. 与添加音现象相关的规定

第一节 韩国语字母的发音

一、韩国语的字母

韩国语是字母文字,音节是语音的基本单位。韩国语的音节一般由元音和辅音构成。现代韩国语共有40个字母,其中元音21个,辅音19个。韩国语的字母及其名称如下。

元音:
ㅏ(아) ㅑ(야) ㅓ(어) ㅕ(여) ㅗ(오) ㅛ(요)
ㅜ(우) ㅠ(유) ㅡ(으) ㅣ(이) ㅐ(애) ㅒ(얘)
ㅔ(에) ㅖ(예) ㅚ(외) ㅟ(위) ㅢ(의)
ㅘ(와) ㅝ(워) ㅙ(왜) ㅞ(웨)

辅音:
ㄱ(기역) ㄴ(니은) ㄷ(디귿) ㄹ(리을) ㅁ(미음)
ㅂ(비읍) ㅅ(시옷) ㅇ(이응) ㅈ(지읒) ㅊ(치읓)
ㅋ(키읔) ㅌ(티읕) ㅍ(피읖) ㅎ(히읗) ㄲ(쌍기역)
ㄸ(쌍디귿) ㅃ(쌍비읍) ㅆ(쌍시옷) ㅉ(쌍지읒)

二、元音的发音

1. 元音的分类

发音时,气流在声腔不受任何阻碍而发出的音被称为"元音(모음,母音)"。元音是音节的核心,没有元音则无法构成音节。韩国语元音的分类情况如下。

❶ 根据音的构成方式可以分为单元音与复元音。
  ❖ 单元音:ㅏ、ㅓ、ㅗ、ㅜ、ㅡ、ㅣ、ㅐ、ㅔ、ㅚ、ㅟ
  ❖ 复元音:ㅑ、ㅕ、ㅛ、ㅠ、ㅒ、ㅖ、ㅘ、ㅙ、ㅝ、ㅞ、ㅢ

❷ 根据舌位的前后可分为前元音、中元音和后元音。
  ❖ 前元音:ㅣ、ㅔ、ㅟ、ㅚ、ㅐ
  ❖ 中元音:ㅡ、ㅓ、ㅏ
  ❖ 后元音:ㅗ、ㅜ

❸ 根据舌位的高低可分为高元音、中元音和低元音。
  ❖ 高元音:ㅣ、ㅟ、ㅡ、ㅜ
  ❖ 中元音:ㅔ、ㅚ、ㅓ、ㅗ
  ❖ 低元音:ㅐ、ㅏ

❹ 根据唇形可分为圆唇音、不圆唇音。
  ❖ 圆唇音:ㅟ、ㅚ、ㅗ、ㅜ
  ❖ 不圆唇音:ㅣ、ㅔ、ㅐ、ㅡ、ㅏ、ㅓ

韩国语元音分类表

舌位前后	前元音		中元音		后元音	
唇形 舌位	不圆	圆	不圆	圆	不圆	圆
高元音	ㅣ	ㅟ	ㅡ			ㅜ
中元音	ㅔ	ㅚ	ㅓ			ㅗ
低元音	ㅐ		ㅏ			

韩国语元音四角图

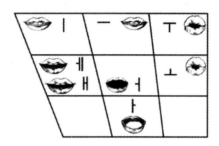

2. 元音的特点

韩国语元音的主要特点可以整理如下。

❶ 元音发音时，气流通过口腔而不受任何阻碍。
❷ 韩国语的元音可以单独构成音节，也可以与辅音一起构成音节。
❸ 韩国语21个元音中，有10个单元音和11个复元音。复元音由单元音结合而成。
❹ 在发单元音时，口形保持不变，而发复元音时，口形则要发生变化。
❺ 现代韩国语的元音没有声调。

3. 元音学习难点

中国学生在学习韩国语元音时有一些特有的难点，在学习和练习时应多加注意。

首先，韩国语中有一些汉语韵母中没有的音，如ㅡ、ㅓ、ㅗ、ㅐ、ㅔ、ㅚ、ㅕ、ㅒ、ㅖ、ㅟ等，这些音中虽然有一些与汉语中相应韵母的发音近似，但并不相同。因此，千万要注意二者的区别，不要将其混淆。

另外，韩国语元音中有一些音的发音比较相似，如ㅐ-ㅔ、ㅡ-ㅓ、ㅓ-ㅗ、ㅚ-ㅐ-ㅔ等，在练习时一定要按照发音要领反复练习，注意其细微的区别，将每一个音发到位。

三、辅音的发音

1. 辅音的分类

发音时，气流经过声腔时受到各种阻碍而发出的音被称为"辅音(자음，子音)"。韩国语的辅音不能单独成为音节，只能依附于元音前后。韩国语辅音的分类情况如下。

❶ 根据发音部位可分为双唇音、舌尖音、舌面前音、舌面后音和喉音。

- ❖ 双唇音: ㅂ、ㅃ、ㅍ、ㅁ
- ❖ 舌尖音: ㄴ、ㄷ、ㄸ、ㅌ、ㄹ
- ❖ 舌面前音: ㅅ、ㅆ、ㅈ、ㅉ、ㅊ
- ❖ 舌面后音: ㄱ、ㄲ、ㅋ、ㅇ
- ❖ 喉音: ㅎ

❷ 根据发音方法可分为塞音(爆破音)、擦音(摩擦音)、破擦音(塞擦音)、鼻音、闪音和边音。

- ❖ 塞音: ㄱ、ㄲ、ㅋ、ㄷ、ㄸ、ㅌ、ㅂ、ㅃ、ㅍ
- ❖ 擦音: ㅅ、ㅆ、ㅎ
- ❖ 破擦音: ㅈ、ㅉ、ㅊ
- ❖ 鼻音: ㄴ、ㅁ、ㅇ
- ❖ 闪音: ㄹ
- ❖ 边音: ㄹ(收音时)

❸ 根据发音部位的紧张程度可以分为松音、紧音和送气音。

- ❖ 松音: ㄱ、ㄷ、ㅂ、ㅅ、ㅈ
- ❖ 紧音: ㄲ、ㄸ、ㅃ、ㅆ、ㅉ
- ❖ 送气音: ㅋ、ㅌ、ㅍ、ㅊ

韩国语辅音分类图

发音方法	发音部位	双唇音	舌尖音	舌面前音	舌面后音	喉音
塞音	松音	ㅂ	ㄷ		ㄱ	
	紧音	ㅃ	ㄸ		ㄲ	
	送气音	ㅍ	ㅌ		ㅋ	
擦音	松音			ㅅ		ㅎ
	紧音			ㅆ		
塞擦音	松音			ㅈ		
	紧音			ㅉ		
	送气音			ㅊ		
鼻音		ㅁ	ㄴ		ㅇ	
闪音			ㄹ			

韩国语辅音音位图

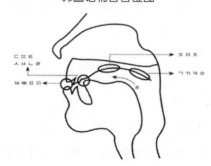

2. 辅音的特点

韩国语辅音的主要特点可以整理如下。

❶ 辅音发音时，气流通过口腔受到阻碍。
❷ 韩国语的辅音不能单独构成音节，只能和元音在一起才能构成音节。
❸ 除ㄸ、ㅃ、ㅉ之外，所有辅音都能够作为收音与元音相拼构成音节。

3. 辅音学习的难点

中国学生学习韩国语辅音时的主要难点如下。

首先，对于中国学生来说，有个别辅音的发音比较不易掌握。比如在发辅音ㄹ时，会受汉语影响，发成汉语的[l]音。

其次，由于汉语中没有松音与紧音的区别，所以中国学生在学习ㄲ、ㄸ、ㅃ、ㅆ、ㅉ等紧音的发音时，大多感到较为吃力，对其与松音的区别也较难掌握。

还有部分学生受母语方言的影响而无法领会ㄴ与ㄹ、ㄴ与ㅇ的区别。在学习过程中，应根据自己母语方言的特点，有意识、有重点地进行模仿练习。

❓ 练习

● 按照要求从所给的字母中选出符合要求的字母填空。

> ㄴ ㅂ ㅕ ㅏ ㄱ ㅘ ㅛ ㅎ ㅍ ㅑ ㅋ ㅡ ㅃ
> ㄷ ㅖ ㅆ ㅠ ㅚ ㅈ ㅇ ㅓ ㅉ ㄲ ㅅ ㅕ ㅌ
> ㅐ ㅙ ㄸ ㄿ ㅜ ㅗ ㅣ ㄹ ㅔ ㅁ ㅞ ㅖ ㄲ ㅊ ㅜ

(1) 单元音：_____
(2) 复元音：_____
(3) 松音：_____
(4) 紧音：_____
(5) 送气音：_____
(6) 边音、闪音：_____

● 按照要求写出韩国语复元音。

(1) 以ㅣ开始的复元音：_____
(2) 以ㅜ开始的复元音：_____

● 体会韩国语辅音中松音、紧音、送气音的发音要领，说出其在发音方法上的区别。

第二节 韩国语的音节

一、音节结构的特点

元音与辅音相结合而形成的能够独立发音的语音单位被称为"音节(음절，音節)"。音节根据其尾音成分的不同又可以分为开音节和闭音节。以元音为尾音的音节被称为"开音节(개음절，開音節)"，以辅音为尾音的音节被称为"闭音节(폐음절，閉音節)"。例如대학一词由5个字母(ㄷ、ㅐ、ㅎ、ㅏ、ㄱ)构成，5个字母形成了两个音节(대、학)，其中第一个音节대是开音节，第二个音节학是闭音节。

前面已经提到过，元音是构成音节的基础，没有元音则不能构成音节。辅音不能单独构成音节，只能依附在元音前后。在构成音节时，不管辅音在元音前还是元音后，都只能依附于一个元音。因此，韩国语的音节由初声、中声、终声构成，其中初声和终声由辅音充当，中声由元音充当。

韩国语的音节结构主要有如下几种形式。

❶ 元音（V）

由元音独立构成。每个元音字母可独立构成一个音节，此时元音前面的ㅇ没有实际音值，不发音，其作用只是使字形更加整齐、美观。例如：

아、이、애、오、우

❷ 辅音+元音（CV）

由辅音和元音结合而成。拼写时辅音作为首音位于元音字母的左侧或上方。例如：

가、미、래、누、보

❸ 元音+辅音（VC）

由元音和辅音结合而成。此时，辅音在音节中作为收音发音。例如：

음、안、일、옷

❹ 辅音+元音+辅音（CVC）

由辅音、元音、辅音结合而成。此时，第一个辅音在音节中作为首音发音，后面的辅音在音节中作为收音发音。例如：

강、낫、살、문、삶、값

二、韩国语音节表

尽管韩国语有40个字母，但在1933年10月29日朝鲜语学会(한글학회的前身)制定的《韩文标记法统一案》中，规定音节表中只取其中的24个。韩国语音节表如下。

韩国语音节表

辅音＼元音	ㅏ	ㅑ	ㅓ	ㅕ	ㅗ	ㅛ	ㅜ	ㅠ	ㅡ	ㅣ
ㄱ	가	갸	거	겨	고	교	구	규	그	기
ㄴ	나	냐	너	녀	노	뇨	누	뉴	느	니
ㄷ	다	댜	더	뎌	도	됴	두	듀	드	디
ㄹ	라	랴	러	려	로	료	루	류	르	리
ㅁ	마	먀	머	며	모	묘	무	뮤	므	미
ㅂ	바	뱌	버	벼	보	뵤	부	뷰	브	비
ㅅ	사	샤	서	셔	소	쇼	수	슈	스	시
ㅇ	아	야	어	여	오	요	우	유	으	이
ㅈ	자	쟈	저	져	조	죠	주	쥬	즈	지
ㅊ	차	챠	처	쳐	초	쵸	추	츄	츠	치
ㅋ	카	캬	커	켜	코	쿄	쿠	큐	크	키
ㅌ	타	탸	터	텨	토	툐	투	튜	트	티
ㅍ	파	퍄	퍼	펴	포	표	푸	퓨	프	피
ㅎ	하	햐	허	혀	호	효	후	휴	흐	히

三、汉韩音节对比

韩国语音节结构与现代汉语有很多相似之处。如所有音节必须要有元音，可以没有辅音，辅音出现在音节的开头或者末尾，有开音节和闭音节之分等。但是，两种语言的音节又有一些不同特点。其中最大的区别应该是在音节末尾的终声的区别。

在一个音节中，出现在元音后面做终声的辅音被称为"收音(받침)"，也叫"韵尾"。在韩国语的辅音中，除ㄸ、ㅃ、ㅉ之外都可以做收音，再加上有两个辅音结合做收音的情况，韩国语的收音有27个之多。尽管这些收音在实际发音中只发7个音，但与只有n与ng两个收音的汉语相比有很大区别。受母语的影响，中国学生在掌握收音发音要领、记忆双收音的发音规则时还会遇到一定的困难，有时受汉语发音的影响，在音节发音时还会出现如下困难和错误。

❶ 由于收音ㄱ与ㄹ的发音规则不是很直观，学生模仿起来比较困难。
❷ 在发收音ㄹ时受汉语影响，将其与汉语中的"儿化"现象混淆。
❸ 中国学生在发音时经常会将单收音省略，如将축구误发成[추구]、将몰라误发成[모라]；或者任意选取双收音中的一个发音，如将삵[삭]误发成[살]等。
❹ 汉语中的收音n只与a、e、i、u相拼，ng只与a、e、i、o相拼，而韩国语的收音ㄴ、ㅇ则可以与多个元音相拼。在发운、온、은、언、연、앤、영、잉、응、엉、웅、옹、앵等既与汉语的相应读音相似，又有所不同的音时，中国学生常有试图将其发成汉语相似音的倾向，因而

经常发生错误。

　　以上这些是由于两种语言音节的尾音不同而出现的问题。此外，汉语音节的界限很清楚，没有连音现象。而在韩国语中，尽管单个音节的界限较为清楚，但在一个单词内部或单词与词尾、助词之间，当收音(ㅇ、ㅎ除外)与后续的元音相连时，就会发生连音现象，即收音与后一音节的元音拼成一个音节。受母语影响，中国学生在理解连音现象，尤其是词与词之间的连音现象时会有一定的困难，在实际会话中，也会出现一些错误。

　　综上所述，正确理解两种语言音节特点的异同，有意识地避免可能发生的问题，对于准确掌握韩国语发音至关重要。

练习

● 按要求用所给的字母尽可能多地拼出韩国语音节。

```
ㄹ ㅂ ㅏ ㅔ ㅓ ㅘ ㅛ ㄷ ㅍ ㅑ
ㅋ ㅡ ㅃ ㄸ ㅕ ㅆ ㅠ ㅈ ㅇ ㄱ
```

(1) 元音：_____
(2) 辅音+元音：_____
(3) 元音+辅音：_____
(4) 辅音+元音+辅音：_____

● 朗读下列句子，注意各音节中元音的发音。

(1) 개는 좋아하지만 게는 싫어합니다.
(2) 새해부터 세배하러 다녀야겠습니다.
(3) 예쁜 여학생과 얘기하고 있습니다.
(4) 지금 몇 시입니까?
(5) 그림을 그리는 것은 아주 좋은 취미지요.
(6) 선생님, 시장에서 생선을 사셨습니까?

● 朗读下列句子，注意各音节中辅音的发音。

(1) 보리 빵을 팝니다.
(2) 발에 피가 나서 빨리 약을 발랐습니다.
(3) 점심을 짜게 먹었는지 찬물만 먹고 싶어요.
(4) 코끼리는 코가 길어? 꼬리가 길어?
(5) 김 선생은 키가 큰 김 선생이라고 부릅니다.
(6) 내 딸이 달밤에 뜰에서 탈춤을 연습하고 있다.
(7) 싼 물건을 샀더니 금방 못 쓰게 되었습니다.
(8) 나는 들에서 피는 꽃들을 틈틈이 뜰에다 심었습니다.

第三节 韩国语的语音变化

当音节连续发出时，一些彼此邻近的音节或音素相互影响而发生变化的现象被称为"音变现象(음운변화，音韻變化)"。音变现象主要有交替现象、同化现象、缩略现象及添加现象等几种，各种音变现象的主要变化方式及韩国语中与这些音变现象相对应的发音规则如下表。

韩国语的发音规则

音变现象	变化方式	相应的韩国语发音规则
交替现象	一个音变为另一个音	音节末音规则
同化现象	一个音受另一个音影响而具有其特点	辅音同化（鼻音化、流音化）、元音同化（元音和谐）、紧音化、腭化
缩略现象	两个音合为一个音	辅音缩略（送气音化）、元音缩略
脱落现象	两个音中的一个消失	辅音脱落、元音脱落
添加现象	两个音之间又添加一个其他音	中间音现象

一、语音交替现象

"语音交替现象(음운교체 현상，音韻交替現象)"在韩国语中表现为音节末音规则，也就是收音的发音上。前面在讲解音节时已经提到，韩国语的辅音既可以出现在元音的前面，也可以出现在元音的后面。在一个音节中，出现在元音后面的辅音叫"收音"，也叫"韵尾"。韩国语的辅音中，除ㄸ、ㅃ、ㅉ之外都可以做收音，再加上有两个辅音结合做收音的情况，韩国语共有ㄱ、ㅋ、ㄲ、ㄳ、ㄺ、ㄴ、ㄵ、ㄶ、ㄷ、ㅅ、ㅆ、ㅈ、ㅊ、ㅎ、ㄹ、ㄼ、ㄽ、ㄾ、ㅀ、ㅁ、ㄻ、ㅂ、ㅍ、ㄿ、ㅄ、ㅇ等27个收音。但由于发音条件的限制，这27个收音并不都发音，而只发成ㄱ、ㄴ、ㄷ、ㄹ、ㅁ、ㅂ、ㅇ7个音，这7个音又被称为"七终声"。收音的发音情况如下表。

韩国语收音的发音

代表音	收音	例词
ㄱ	ㄱ、ㅋ、ㄲ、ㄳ、ㄺ	국、부엌、닦다、넋、밝나
ㄴ	ㄴ、ㄵ、ㄶ	돈、앉다、많다
ㄷ	ㄷ、ㅅ、ㅈ、ㅊ、ㅌ、ㅆ、ㅎ	닫다、갓、낮、낯、같다、있다、좋다
ㄹ	ㄹ、ㄼ、ㄽ、ㅀ、ㄾ	달、곬、핥다、앓다、여덟
ㅁ	ㅁ、ㄻ	감、삶
ㅂ	ㅂ、ㅍ、ㄿ、ㅄ	밥、앞、읊다、없다
ㅇ		강

韩国语收音中有11个收音是由两个不同的收音构成的，其中除ㄶ、ㅀ两个收音有些特殊之外，其他收音在单独发音或与辅音相连时，构成该收音的两个收音不都发音，而只发其中1个收音的音。我们将这样的收音被称为"双收音(겹받침)"。双收音的具体发音方法如下表。

韩国语双收音的发音

发左侧音的双收音			发右侧音的双收音		
收音	发音	例词	收音	发音	例词
ㄳ	ㄱ	넋[넉]	ㄺ*	ㄱ	닭[닥]
ㄵ	ㄴ	앉다[안따]	ㄻ	ㅁ	닮다[담따]
ㄼ*	ㄹ	넓다[널따]	ㄿ	ㅍ[ㅂ]	읊다[읍따]
ㄽ	ㄹ	곬[골]			
ㄾ	ㄹ	핥다[할따]			
ㅄ	ㅂ	값[갑]			
ㄶ*	ㄴ	끊다[끈타]			
ㅀ*	ㄹ	잃다[일타]			

这些双收音在与以元音为首音的音节相连时,左边的音作为收音发音,而右边的音则作为后一个音节的首音来发音。

此外,在上表中有"*"标志的收音在发音时有一些特殊规则,具体发音方法可参见本章第4节相关说明。

二、语音同化现象

所谓"同化现象(동화 현상,同化现象)",是指性质不同的两个音相连时,其中一个音受另一个音的影响而具有其性质的现象。韩国语的语音同化现象包括辅音同化、元音同化、紧音化与腭化等几种类型。

1. 辅音同化现象

"辅音同化现象(자음동화 현상,子音同化现象)"指彼此相连的两个辅音相互适应而增加共同点的音变现象。其中ㄱ、ㄷ、ㅂ、ㄹ等音被鼻音同化而变为鼻音的现象被称为"鼻音化现象(비음화 현상,鼻音化现象)";鼻音ㄴ被流音ㄹ同化而变为流音ㄹ的现象被称为"流音化现象(유음화 현상,流音化现象)"。同化现象还可以根据同化方向的不同分为顺行同化、逆行同化及互相同化。

辅音同化现象变化规则

同化类型		前音节收音	+	后音节首音	→	前音节收音	+	后音节首音	例
鼻音化	顺行同化	ㅁ ㅇ	+	ㄹ	→	ㅁ ㅇ	+	ㄴ	담력→[담녁]、침략→[침냑] 종로→[종노]、대통령→[대통녕]
	逆行同化	ㄱ	+	ㄴ	→	ㅇ	+	ㄴ	학년→[항년]、국민→[궁민]

	同化	ㄷ ㅂ		ㅁ		ㅁ	부엌만→[부엉만]、닦는→[당는] 몫몫→[몽목]、흙냄새→[흥냄새] 걷는다→[건는다]、옛날→[옌날] 멎는다→[먼는다]、빛나다→[빈나다] 붙는→[분는]、있는→[인는] 갑니다→[감니다]、앞만→[암만] 밟는→[밤는]、읊는다→[음는다]
	相互同化	ㄱ ㄷ ㅂ	+	ㄹ	→	ㅇ ㄴ ㅁ	+	ㄴ	국력→[궁녁]、격려→[경녀] 몇리→[면니] 섭리→[섬니]、법률→[범뉼]
流音化	逆行同化	ㄴ	+	ㄹ	→	ㄹ	+	ㄹ	난로→[날로]、진리→[질리]
	順行同化	ㄹ	+	ㄴ	→	ㄹ	+	ㄹ	일년→[일련]、칼날→[칼랄] 앓는다→[알른다]、끓는다→[끌른다]

2. 元音同化现象（元音和谐现象）

"元音和谐现象(모음조화 현상，母音調和現象)"是元音同化现象的一种，是韩国语语音的重要特征之一。在韩国语中，ㅏ、ㅗ等元音为阳性元音，除ㅏ、ㅗ以外的ㅓ、ㅜ、ㅡ、ㅣ等元音为阴性元音。所谓元音和谐现象，是指一个词的内部前一个元音的性质影响后一个元音的性质，形成阳性元音与阳性元音、阴性元音与阴性元音彼此和谐的现象。现代韩国语中的元音和谐现象主要出现于谓词词干和词尾之间、拟声拟态词和形容词的内部。

먹어、먹어서、먹어도、먹어라、먹었다
맞아、맞아서、맞아도、맞아라、맞았다
되어、되어서、되어도、되어라、되었다
오목오목、우묵우묵
알록달록、얼룩덜룩
갸우뚱갸우뚱、기우뚱기우뚱

3. 紧音化现象

"紧音化现象(경음화 현상，硬音化现象)"也属于辅音同化现象的一种，指受前一个音节尾音的影响，后一个音节首音位置的辅音发成其相应的紧音的现象。由于其变化规则较为复杂，故将其整理如下。

紧音化现象变化规则

前音节收音	后音节首音	变化方式	例
ㄱ(ㅋ、ㄲ、ㄳ、ㄺ) ㄷ(ㅅ、ㅈ、ㅊ、ㅌ、ㅆ) ㅂ(ㅍ、ㄼ、ㄿ、ㅄ)	ㄱ ㄷ ㅂ ㅅ ㅈ	ㄱ→ㄲ ㄷ→ㄸ ㅂ→ㅃ ㅅ→ㅆ ㅈ→ㅉ	학교→[학꾜]、읽고→[일꼬] 있다→[읻따]、깎다→[깍따] 국법→[국뻡]、꽃밭→[꼳빧] 낯설다→[낟썰다]、값소→[갑쏘] 옆집→[엽찝]、복잡→[복짭]
谓词词干末音节收音： ㄴ(ㄵ)、ㅁ(ㄻ)、ㄼ、ㄾ	ㄱ ㄷ ㅅ ㅈ	ㄱ→ㄲ ㄷ→ㄸ ㅅ→ㅆ ㅈ→ㅉ	안고→[안꼬]、앉고→[안꼬] 담다→[담따]、밟다→[밥따] 앉소→[안쏘]、핥소→[할쏘] 젊지→[점찌]、담지→[담찌]
合成词：	ㄱ	ㄱ→ㄲ	길가→[길까]、문고리→[문꼬리]

	ㄷ	ㄷ → ㄸ	눈동자→[눈똥자]、물동이→[물똥이]
ㄴ、ㄹ、ㅁ	ㅂ	ㅂ → ㅃ	봄바람→[봄빠람]、아침밥→[아침빱]
	ㅅ	ㅅ → ㅆ	산새→[산쌔]、마음속→[마음쏙]
	ㅈ	ㅈ → ㅉ	술잔→[술짠]、안주머니→[안쭈머니]
汉字词:	ㄷ	ㄷ → ㄸ	갈등→[갈뜽]、발달→[발딸]
ㄹ	ㅅ	ㅅ → ㅆ	일시→[일씨]、결석→[결썩]
	ㅈ	ㅈ → ㅉ	발전→[발쩐]、팔자→[팔짜]
	ㄱ	ㄱ → ㄲ	할 것을→[할꺼슬]
定语词尾:	ㄷ	ㄷ → ㄸ	갈 데가→[갈떼가]
ㄹ	ㅂ	ㅂ → ㅃ	할 바를→[할빠를]
	ㅅ	ㅅ → ㅆ	할 수는→[할쑤는]
	ㅈ	ㅈ → ㅉ	할 적에→[할쩌게]

4. 腭化现象

韩国语里辅音ㄷ、ㅌ与元音ㅣ相连时,受后面的元音ㅣ的影响,舌面中部向硬腭抬高,从而腭化成ㅈ、ㅊ音的现象被称为"腭化现象(구개음화현상, 口蓋音化現象)"。例如:

해돋이→[해도지]、미닫이→[미다지]
같이→[가치]、붙이다→[부치다]

三、语音缩略现象

相邻的两个音合成一个音的现象被称为"缩略现象(축략 현상, 縮略現象)"。在韩国语中,部分辅音与辅音、元音与元音相连会产生缩略现象。

1. 辅音缩略现象(送气音化现象)

"送气音化现象(격음화 현상, 激音化現象)"是指收音ㄱ、ㄷ、ㅂ与辅音ㅎ相连或收音ㅎ、ㄶ、ㅀ与辅音ㄱ、ㄷ、ㅈ等音相连时,前后两个音合在一起,变成相应送气音ㅍ、ㅌ、ㅊ、ㅋ的现象。具体变化方式如下。

送气音化现象变化规则

前词收音	后词首音	变化方式	例
ㄱ(ㅋ、ㄲ、ㄳ、ㄺ)	ㅎ	ㄱ → ㅋ	축하→[추카]、밝히다→[발키다]
ㄷ(ㅅ、ㅈ、ㅊ、ㅌ)		ㄷ → ㅌ	맏형→[마텽]、꽃향기→[꼬턍기]
ㅂ(ㅍ)		ㅂ → ㅍ	급하다→[그파다]、좁히다→[조피다]
ㅎ(ㄶ、ㅀ)	ㄱ、ㄷ、ㅈ	ㄱ → ㅋ	좋고→[조코]、끊고→[끈코]
		ㄷ → ㅌ	좋다→[조타]、끊다→[끈타]
		ㅈ → ㅊ	좋지→[조치]、옳지→[올치]

2. 元音缩略现象

元音的缩略现象是指作为谓词词干尾音的元音与以ㅏ、ㅓ、ㅕ为首音的词尾相连时,两个音节缩略成一个音节的现象。例如:

오+아서→와서   가지+어서→가져서

되+었다→됐다　　　　　두+었다→뒀다
깨끗하+여서→깨끗해서

四、语音脱落现象

"脱落现象(탈락 현상，脱落现象)"是指前后两个音相连时，其中第一个音完全脱落的现象。

1. 辅音脱落现象

辅音的脱落现象可以在形成合成词或派生词的过程中出现，也可以在谓词与词尾结合时出现，还可以在以ㅎ为尾音的词干与以元音为首音的词尾或后缀相连时出现。但是，后者的词形不发生变化。例如：

솔+나무→소나무　울+짖다→우짖다
딸+님→따님　　　바늘+질→바느질
살다→사니、삽니다、사오
좋은→[조은]、많아→[마나]、쌓이다→[싸이다]

2. 元音脱落现象

元音的脱落现象通常在两种情况下出现。其一是两个相同的元音相连时，其二是谓词词干的尾音"ㅡ"与后面以元音为首音的词尾相连时。例如：

가+아서→가서　　만나다+아서→만나서
서+었다→섰다　　펴+었다→폈다
쓰+어라→써라　　크+어서→커서

五、语音添加现象

韩国语的语音添加现象具体来说就是"中间音现象 (사잇소리 현상)"。

1. 中间音现象的定义

当两个词素或单词相结合，构成合成名词时，如果前一个词素或词的尾音为元音或收音ㄴ、ㄹ、ㅁ、ㅇ，而后面词素或单词的首音为松音时，后面的松音变为紧音，这一现象被称为中间音现象。如果前一个词素或词的尾音为元音时，则在它与后一词素或词中间添加收音ㅅ。例如：

초+불→촛불→[초뿔/촏뿔]　　배+사공→뱃사공→[배싸공/밷싸공]
산+길→산길→[산낄]　　　　길+가→길가→[길까]

但这一现象并不在所有的合成词中都适用，也有一些例外现象，例如：

기와집→[기와집]　　　오리발→[오리발]
나무집→[나무집]　　　콩밥→[콩밥]

2. 汉字词的中间音现象

在由汉字词构成的合成词中，也会产生中间音现象，此时构成合成词的前后两个词素或单词之间并不添加中间音ㅅ。例如：

초점[焦點]→[초쩜]　　문법[文法]→[문뻡]　　외과[外科]→[외꽈]

但是，以上规则并不适用于所有汉字词，还有如下两种例外情况。

其一，以下汉字词虽然符合添加中间音的条件，但在实际发音时，后一个词素或词的首音并不发成紧音。例如：

방법[方法]→[방뻡] ⊗　　고가[高架]→[고까] ⊗
호수[湖水]→[호쑤] ⊗　　간단[簡單]→[간딴] ⊗

其二，以下六个汉字词不符合构成合成词的前后两个词素或单词之间不添加中间音ㅅ的规定。例如：

곳간[庫間]　　셋방[貰房]　　숫자[數字]
찻간[車間]　　툇간[退間]　　횟수[回數]

3. ㄴ音的添加

在构成合成词时，如果前一个词素或词以元音结尾，后一个词素或词以ㅁ或ㄴ为首音时，二者之间添加中间音ㅅ，读成[ㄴ]。此外，如果后面词素或单词以元音ㅣ[i]或半元音ㅣ[y]开头时，中间也添加ㄴ音。这样的现象也属于中间音现象。例如：

이+몸→잇몸[인몸]
코+날→콧날[콘날]
집+일→집일[집닐→짐닐]
솜+이불→솜이불[솜니불]
부엌+일→부엌일[부엌닐→부엉닐]
물+약→물약[물냑→물략]
서울+역→서울역[서울녁→서울력]

当符合以上条件的两个词素或单词连在一起发音时，尽管不是合成词，也会产生中间音现象。例如：

할 일→[할닐→할릴]
잘 입다→[잘닙다→잘립따]

❓ 练习

● 朗读下列句子，注意双收音的读音。

(1) 옆 사람의 발을 밟지 마세요.

(2) 여덟 장의 종이를 넓게 펴세요.

(3) 밝고 맑은 세상을 만들어야지요.

(4) 닭고기와 돼지고기를 싫어해요.

(5) 그 젊은이는 넋 나간 사람처럼 앉아 있었다.

(6) 돈이 없어서 값도 물어보지 못했습니다.

(7) 개는 핥아야 먹지 핥지 않고는 먹을 수 없답니다.

(8) 그 젊은이는 항상 굶으며 책을 읽고 시를 읊습니다.

● 将句中出现语音变化之处用横线标注出来，并写明发生何种语音变化。

(1) 옷에 흙이 많이 묻었습니다.

(2) 달빛이 밝아서 낮인 것 같아요.

(3) 박물관에 가면 희귀한 물건이 많습니다.

(4) 일 년 전에 종로서점에서 심리학 교과서를 샀습니다.

(5) 우리 집 앞마당에 있는 꽃나무는 목련입니다.

(6) 물난리가 나서 실내에 있던 난로가 못 쓰게 되었다.

(7) 설날에 친구한테서 연락이 왔네요.

(8) 굳이 같이 할 필요가 있을까?

(9) 밭이 넓어서 여러 명이 같이 일을 해도 다 못해요.

(10) 나는 석 달 동안 학교문법만 배웠습니다.

第四节 韩国语标准发音法

韩国语"标准发音法"载于韩国文教部1988年1月19日颁布的"标准语规定"第2部，对韩国语的字母发音、收音发音及语音变化等作了较为详细的规定。本节将简要介绍"标准发音法"中前面章节没有涉及的部分内容，以期达到对前面各节内容进行有效的补充，加深学生对韩国语语音规定的理解之目的。

一、"标准发音法"的基本原则及内容体系

如果仔细听韩国人的发音就会发现，即便都是在说自己的母语，但每个人的发音也都不尽相同。例如의자一词，有人将其发成[으자]，也有的人将其发成[이자]；여덟一词，有人发成[여덜]，有人发成[여덥]。尤其是近年来，ㅚ与ㅙ、ㅐ与ㅔ音混用的现象更是屡见不鲜。"标准发音法"正是为了防止因发音不同而造成的混乱而制定的，其主要目的是制定一种国民可以共同遵守的发音标准。在韩国语"标准发音法"的总则中，明确规定了"标准发音法"的基本原则，那就是"遵照标准语的实际发音，以保持国语的传统性及合理性为原则"。

"标准发音法"共包括7章30条。其内容体系如下。

"标准发音法"的内容体系

第一章 总则
第二章 辅音与元音
第三章 音的长短
第四章 收音的发音
第五章 音的同化
第六章 紧音化
第七章 音的添加

二、与字母相关的规定

1. 音节져、쪄、쳐的发音

ㅕ虽为复元音，但在谓词的活用形中出现的져、쪄、쳐则应分别发成[저、쩌、처]。例如：

가지어→가져[가저]　　　찌어→[쪄]　　　다치어→다쳐[다처]

2. 元音ㅖ的发音

除예、례以外的ㅖ，既可以发成其原音[ㅖ]，也可以发成[ㅔ]音。例如：

계집[계집/게집]   계시다[계시다/게시다]   시계[시계/시게]
연계[연계/연게]   예별[예별/예별]   개폐[개폐/개페]
혜택[혜택/헤택]   지혜[지혜/지혜]

3. 元音ㅢ的发音

ㅢ在实际发音时，有以下四种情况：

❶ 当ㅢ作为词的首音时，发成其本音[ㅢ]。例如：

  의사[의사]   의자[의자]   의미[의미]

❷ ㅢ尽管在第一个音节，但其前有辅音时，发[ㅣ]音。例如：

  띄어쓰기[띠어쓰기]   씌어[씨어]   희망[히망]

❸ 由ㅢ单独构成的音节位于词中或词末时，既可发成[ㅢ]音，也可发成[ㅣ]音。例如：

  회의[회의/회이]   주의[주의/주이]   협의[혀븨/혀비]

❹ 의作为表示所属关系的助词出现时，发成[ㅢ]音或[ㅔ]音。例如：

  우리의[우리의/우리에] 그의[그의/그에]   강의의[강의의/강이에]

三、与收音相关的规定

1. 收音ㄼ的发音

一般来说，双收音ㄼ在做词的尾音或在辅音前时发成[ㄹ]音，但也有例外。

❶ 밟-在辅音前发成[밥]，例如：

  밟다[밥따]   밟소[밥쏘]   밟지[밥찌]
  밟는[밥는→밤는]   밟게[밥께]   밟고[밥꼬]

❷ 넓-在以下情况下发成[넙]，例如：

  넓죽하다[넙쭈카다]   넓둥글다[넙뚱글다]

2. 收音ㄺ的发音

一般来说，双收音ㄺ在做词的尾音或在辅音前时发成[ㄱ]音，但谓词词干的尾音ㄺ在以ㄱ为首音的词尾前发成[ㄹ]。例如：

  맑게[말께]   묽고[물꼬]   얽거나[얼꺼나]

3. 收音ㅎ的发音

❶ ㅎ(ㄶ、ㅀ)作为前一个音，与后面的ㄱ、ㄷ、ㅈ相连时，两个音结合在一起，发成[ㅋ、ㅌ、ㅊ]。例如：

  놓고[노코]   좋던[조턴]   쌓지[싸치]
  많고[만코]   않던[안턴]   닳지[달치]

收音ㄱ(ㄺ)、ㄷ、ㅂ(ㄼ)、ㅈ(ㄵ)作为前一个音节的尾音，与后一音节的首音ㅎ相连时，两个音结合在一起，发成[ㅋ、ㅌ、ㅍ、ㅊ]。例如：

  각하[가카]   밝히다[발키다]   맏형[마텽]
  좁히다[조피다]   꽂히다[꼬치다]   앉히다[안치다]

发成ㄷ音的收音ㅅ、ㅈ、ㅊ、ㅌ也适用于此规则。例如：

  옷 한 벌[오탄벌]   낮 한때[나탄때]
  꽃 한 송이[꼬탄송이]   숱하다[수타다]

❷ ㅎ(ㄶ、ㅀ)与后面的ㅅ相连时，ㅅ发成[ㅆ]。例如：

  닿소 [다쏘]   많소[만쏘]   싫소[실쏘]

❸ ㅎ与后面的ㄴ相连时，发成[ㄴ]。例如：

  놓는[논는]   쌓네[싼네]

ㄶ、ㅀ与后面的ㄴ相连时，ㅎ不发音。例如：

  않네[안네]   않는[안는]
  뚫네[뚤네→뚤레]   뚫는[뚤는→뚤른]

❹ ㅎ(ㄶ、ㅀ)后与以元音为首音的词尾或后缀相结合时，ㅎ不发音。例如：

  낳은[나은]   쌓이다[싸이다]   많아[마나]
  않은[아는]   닳아[다라]   싫어도[시러도]

4. 收音与元音结合时的发音

❶ 单收音与以元音为首音的助词、词尾、词缀相结合时，收音按照其原来的音值作为后一音节的首音发音。例如：

  깎아[까까]   있어[이써]   낮이[나지]
  꽂아[꼬자]   꽃을[꼬츨]   밭에[바테]
  옷이[오시]   앞으로[아프로]   덮이다[더피다]

❷ 双收音与以元音为首音的助词、词尾、后缀相结合时，双收音中的后一个音作为后一音节的首音发音，此时ㅅ发成其对应的紧音。

  넋이[넉씨]   앉아[안자]   닭을[달글]
  젊어[절머]   곬이[골씨]   핥아[할타]
  읊어[을퍼]   값을[갑쓸]   없어[업써]

❸ 收音与以元音"ㅏ、ㅓ、ㅗ、ㅜ、ㅟ"为首音的词素相连时，变为其各自的代表音之后移到后一音节，作为后一音节的首音发音。

  밭 아래[바다래]   늪 앞[느밥]   꽃 위[꼬뒤]
  맛없다[마덥따]   겉옷[거돋]   헛웃음[허두슴]

❹ 맛있다、멋있다既可以发成[마딛따]、[머딛따]，也可以发成[마싣따]、[머싣따]。

四、与同化现象相关的规定

"标准发音法"中除了介绍同化现象的一般规则之外,还有如下发音规则。

1. "ㄴ+ㄹ"的发音

ㄴ在ㄹ的前面或后面时,通常都发成[ㄹ]音。例如:

난로[날로]	신라[실라]	천리[철리]
광한루[광할루]	대관령[대괄령]	칼날[칼랄]
물난리[물랄리]	줄넘기[줄럼끼]	핥는지[할른지]

首音ㄴ在ᆭ、ᆶ后时也按照此规则发音。例如:

| 닳는[달른] | 뚫는[뚤른] | 핥네[할레] |

但是,在以下情况中ㄴ不发生音变,而是后一个音节的ㄹ发成[ㄴ]音。例如:

의견란[의견난]	임진란[임진난]	생산량[생산냥]
결단력[결딴녁]	동원령[동원녕]	상견례[상견녜]
횡단로[횡단노]	이원론[이원논]	입원료[이붠뇨]

2. 谓词词尾어/오的发音

谓词词尾어原则上发成[어],但也可发成[여],例如:

피어[피어/피여]   되어[되어/되여]

이오、아니오也适用于此规则,也可发成[이요]、[아니요]。

五、与紧音化现象相关的规定

"标准发音法"中除了介绍紧音化现象的一般规则之外,还有如下发音规则。

1. 汉字词中"ㄹ + ㄷ、ㅅ、ㅈ"的发音

汉字词中,与收音ㄹ相连的ㄷ、ㅅ、ㅈ发成紧音。例如:

갈등[갈뜽]	발동[발똥]	절도[절또]
말살[말쌀]	불소[불쏘]	일시[일씨]
갈증[갈쯩]	물질[물찔]	발전[발쩐]
몰상식[몰쌍식]	불세출[불쎄출]	

但是,在由汉字重叠构成的汉字词中不适用此规则。例如:

허허실실[허허실실](虛虛實實)   절절하다[절절하다](切切-)

2. 定语词尾"-(으)ㄹ + ㄱ、ㄷ、ㅂ、ㅅ、ㅈ"的发音

与定语词尾-(으)ㄹ相连的ㄱ、ㄷ、ㅂ、ㅅ、ㅈ发成紧音。例如:

할 것을[할꺼슬]　　갈 데가[갈떼가]　　할 바를[할빠를]
할 수는[할쑤는]　　할 적에[할쩌게]　　갈 곳[갈꼳]
할 도리[할또리]　　만날 사람[만날싸람]

3. 合成词中后一词素首音ㄱ、ㄷ、ㅂ、ㅅ、ㅈ的发音

在标记时虽没有中间音ㅅ，但在前一词素或词具有修饰功能的合成词中，后一词素或词的首音ㄱ、ㄷ、ㅂ、ㅅ、ㅈ发成紧音。例如：

문-고리[문꼬리]　　눈-동자[눈똥자]　　길-가[길까]
산-새[산쌔]　　　　손-재주[손째주]　　강-가[강까]
물-동이[물똥이]　　발-바닥[발빠닥]　　신-바람[신빠람]
술-잔[술짠]　　　　바람-결[바람껼]　　굴-속[굴쏙]
아침-밥[아침빱]　　잠-자리[잠짜리]　　그믐-달[그믐딸]
초승-달[초승딸]　　등-불[등뿔]　　　　강-줄기[강쭐기]

六、与添加音现象相关的规定

在合成词或派生词中，前一个词根或前缀的尾音为辅音，后一个词根或后缀的第一个音节是이、야、여、요、유时，添加ㄴ音，分别发成[니、냐、녀、뇨、뉴]。

홑-이불[혼니불]　　막-일[망닐]　　　신-바람[신빠람]
삯-일[상닐]　　　　맨-입[맨닙]　　　꽃-잎[꼰닙]
내복-약[내봉냑]　　한-여름[한녀름]　신-여성[신녀성]
색-연필[생년필]　　직행-열차[지캥녈차]　늑막-염[능망념]
눈-요기[눈뇨기]　　콩-엿[콩녇]　　　영업-용[영엄농]
초승-달[초승딸]　　담-요[담뇨]　　　남존-여비[남존녀비]
식용-유[시굥뉴]　　국민-윤리[궁민뉼리]　밤-윷[밤뉻]

收音ㄹ后添加的ㄴ发成[ㄹ]。

들-일[들릴]　　　　솔-잎[솔립]　　　설-익다[설릭따]
물-약[물략]　　　　불-여우[불려우]　서울-역[서울력]
물-엿[물렫]　　　　휘발-유[휘발류]　유들-유들[유들류들]

两个单词相连构成一个词组时，也适用于添加音规则。

한 일[한닐]　　　　옷 입다[온닙따]　서른 여섯[서른녀섣]
먹은 엿[머근녇]　　할 일[할릴]　　　잘 입다[잘립따]
먹을 엿[머글렫]　　스물 여섯[스물려섣]

❓ 练习

● 对照"标准发音法"的内容，试读下列句子。

(1) 이 빵은 맛이 없어요.
(2) 꽃 위에 나비가 있어요.

(3) 어머니는 밭에서 일하고 계십니다.
(4) 대관령에 있는 친구한테서 연락이 왔어요.
(5) 종로서점에서 심리학에 관한 책을 샀습니다.
(6) 추운 겨울에는 난로가 꼭 필요해요.
(7) 많고 많은 재산을 다 잃어 버렸어요.
(8) 괜찮다고 말했는데도 가기 싫으면 싫다고 말하래요.
(9) 저에게 꽃 한 송이만 주세요.
(10) 짙은 안개가 걷히기 시작했다.

● 在空格处写出画线部分的发音。

(1) 돈이 <u>없어서</u> <u>값도</u> 물어 보지 못했습니다.
　　　[　　] 　[　　]
(2) <u>값진</u> 물건도 있고 <u>값</u> 싼 물건도 있습니다.
　　[　　]　　　　　　[　　]
(3) <u>젊고</u> 예쁜 아가씨가 계란을 <u>삶아서</u> 들어왔습니다.
　　[　　]　　　　　　　　　　　[　　]
(4) 바지를 <u>짧게</u> 해달라고 했더니 너무 <u>짧아서</u> 입을 수가 <u>없어요</u>.
　　　　　[　　]　　　　　　　　　　[　　]　　　　　　[　　]
(5) <u>굵고</u> 낮은 목소리로 책을 <u>읽으니까</u> 꼭 <u>늙은이</u> 같습니다.
　　[　　]　　　　　　　　　　[　　]　　　[　　]
(6) 달 <u>밝은</u> 밤에 눈을 <u>밟고</u> 또 <u>밟으면서</u> 시를 <u>읊었어요</u>.
　　　[　　]　　　　　[　　]　[　　]　　　　　[　　]

● 练习朗读下列绕口令, 注意收音的发音。

(1) 내가 그린 기린 그림은 잘 그린 기린 그림이고, 네가 그린 기린 그림도 잘 그린 기린 그림이다.
(2) 생각하면 생각할수록 생각나는 것이 생각이므로, 생각하지 않는 생각이 좋은 생각이라 생각한다.
(3) 저기 계신 저 분이 박 법학박사이시고, 여기 계신 이 분이 백 법학 박사이시다.
(4) 멍멍이네 꿀꿀이는 멍멍해도 꿀꿀하고, 꿀꿀이네 멍멍이는 꿀꿀해도 멍멍하네.

● 参见"韩文标记法"中所载词典中的**字母顺序**, 试用韩语词典练习查上一题中出现的生词。

韩文标记法

第4条 [붙임 2] 사전에 올릴 적의 자모 순서는 다음과 같이 정한다.

자음: ㄱ ㄲ ㄴ ㄷ ㄸ ㄹ ㅁ ㅂ
　　　ㅃ ㅅ ㅆ ㅇ ㅈ ㅉ ㅊ ㅋ
　　　ㅌ ㅍ ㅎ
모음: ㅏ ㅐ ㅑ ㅒ ㅓ ㅔ ㅕ ㅖ
　　　ㅗ ㅘ ㅙ ㅚ ㅛ ㅜ ㅝ ㅞ
　　　ㅟ ㅠ ㅡ ㅢ ㅣ

第三章　韩国语的词与词类

本章导读：

　　词是语言里能够独立运用的、具有一定意义的最小单位。探讨词的结构和词的分类是我们全面理解韩国语语法的基础。了解词的构成，特别是派生词的构成特点及其中一些前缀、后缀的意义，对于迅速提高词汇量、准确了解韩国语单词的含义等都具有非常重要的意义。了解韩国语九大词类的定义、特点与分类对今后的韩国语学习也将大有裨益。

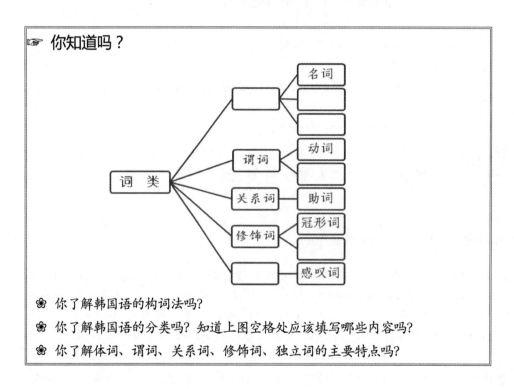

☞ 你知道吗？

❀ 你了解韩国语的构词法吗？
❀ 你了解韩国语的分类吗？知道上图空格处应该填写哪些内容吗？
❀ 你了解体词、谓词、关系词、修饰词、独立词的主要特点吗？

☞ **学习目的：**

1. 了解韩国语的构词法。
2. 了解韩国语词的主要分类情况。
3. 了解各种词类的定义与主要特点。

☞ **本章要点：**

✱ 词的构成与分类
   1. 词素与词
   2. 词的构成
   3. 词的分类

✱ 韩国语的体词
   1. 韩国语的名词
   2. 韩国语的代词
   3. 韩国语的数词

✱ 韩国语的谓词
   1. 韩国语的动词
   2. 韩国语的形容词
   3. 韩国语的辅助谓词
   4. 韩国语谓词的活用

✱ 韩国语的修饰词
   1. 韩国语的冠形词
   2. 韩国语的副词

✱ 韩国语的关系词
   1. 助词的定义与特点
   2. 助词的分类

✱ 韩国语的独立词
   1. 感叹词的定义与特点
   2. 感叹词的分类
   3. 感叹词的兼类

第一节 词的构成与分类

一、词素与词

"词素(형태소，形態素)"是具有一定词汇意义或语法意义的最小语言单位，是构成词的基本要素。例如："날씨가 따뜻하다。"这句话由날씨、가、따뜻하-、-다等词素构成，其中表示词汇意义的是날씨和따뜻하-，表示语法意义的是가和-다。

날씨가 따뜻하다			
날씨	가	따뜻하-	-다
名词	助词	形容词词干	终结词尾

词素根据其能否独立使用和意义的虚实又有如下分类。

词素的分类

	分类标准	分类情况
词素	独立性与否	自立词素（자립 형태소）
		依存词素（의존 형태소）
	意义的虚实	实质词素（실질 형태소）
		形式词素（형식 형태소）

具体来说，在根据独立性与否的标准进行分类时，像上例中的날씨这样可以独立使用的词素为自立词素，像가、따뜻하-、-다这样必须与其他成分一起使用的词素为依存词素。在根据意义的虚实进行分类时，像上例中的날씨、따뜻하-这样的表示具体的对象或状态的词素为实质词素，像가、-다这样只具有语法意义的词素为形式词素。

> 汉字词中的每一个汉字都是一个词素吗？
> 韩国语中绝大多数的汉字词，每个汉字都有一定的意义，所以一个汉字就是一个词素。

在本章的前言中已经提到，词是能够独立使用的，具有一定意义的最小单位。词可以表示一定的词汇意义、语法意义或感情色彩。有的词由一个词素构成，像하늘这样的自立词素其本身就是一个单词；也有的由两个或两个以上词素构成，像따뜻하-、-다这样的依存词素必须合在一起构成따뜻하다时才能独立使用。因此，由两个词素合在一起构成的따뜻하다才能称之为一个词。从此种意义上讲，词素与词的关系可以表示为：

词素 ≤ 词

二、词的构成

1. 词根与词缀

在词中表示基本词汇意义的词素被称为"词根(어근，語根)"，词根是词的核心部分。附加在词根的前后，表示一定附加意义的词素被称为"词缀(접사，接辭)"。词缀根据其在词中所处的位置可分为"前缀(접두사，接頭辭)"和"后缀(접미사，接尾辭)"。

(1) 前缀+词根：맏아들、헛수고、올감자、풋고추
(2) 词根+后缀：나무꾼、지우개、놀이、기쁨
(3) 前缀+词根+后缀：군손질、날도둑질
(4) 词根+词根：소나무、숯불、낮잠、고무신

从以上例子中可以看出，前缀和后缀从所处位置上看，二者的位置是固定的，彼此不能互换。从功能上看，前缀只给词根添加一定的词汇意义，如맏아들、헛수고中的前缀맏(年长、老大)、헛(白白的、无用的)等给词根添加了新的意义色彩。后缀既可以只添加一定的词汇意义，又可以改变原词的词性，起到一定的语法作用。如나무꾼、지우개中的后缀-꾼、-개只添加了意义色彩，而놀이、기쁨中的后缀-이、-ㅁ则分别将动词놀다与形容词기쁘다变为名词。

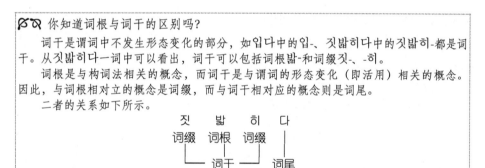

2. 单纯词与复合词

从词的构成方式来看，词可分为"单纯词(단일어，單一語)"和"复合词(복합어，複合語)"。其中由一个词素构成的词被称为单纯词，由两个或两个以上的词素构成的词被称为复合词。复合词又可以分为两类，其中由两个或两个以上词根构成的复合词被称为"合成词(합성어，合成語)"，由词根与词缀结合而构成的复合词被称为"派生词(파생어，派生語)"。这几个概念的关系及相应的具体例词如下。

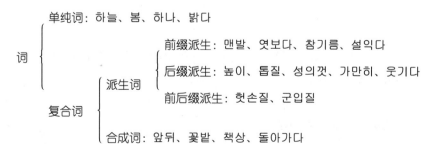

> ✎ 밝다是单纯词还是复合词？
> 　　前面在讲解词素时曾经提到따뜻하다的-다是一个依存词素，或称形式词素。既然如此，就会有读者提出"既然由一个词素构成的词是单纯词，那像밝다这样的词由两个词素构成，是不是应将其归于复合词呢？"事实上，的确有部分学者认为밝다、따뜻하다这样的谓词是复合词。但在规范语法中，却将此类词作为单纯词处理。也就是说，在讨论构成词的词素的个数时，不将-다这样的词尾计算在内。

由于单纯词在构成上非常简单，在此不予赘述。重点介绍构成复合词的派生词与合成词。

❶ 派生词

通过前面的讲解已经知道，词根与前缀或后缀组合而成的词为派生词。派生词可以分为前缀派生词、后缀派生词和前后缀派生词三大类。

▶ 前缀派生词

构成前缀派生词的前缀因其位于词根前而得名，韩国语的前缀主要有如下几个特点。

❖ 前缀的数量明显少于后缀。
❖ 前缀只起添加一定词汇意义的作用，不能改变词性。
❖ 前缀只出现在名词、动词及形容词中。
❖ 部分前缀既可在名词前，也可在动词前。

韩国语前缀派生词的部分例词如下。

(1) 派生名词：
　　군-：군-말、군-살、군-소리、군-식구、군-침……
　　맨-：맨-발、맨-손、맨-주먹、맨-입、맨-몸……
　　들-：들-장미、들-깨、들-기름、들-국화、들-소、들-쥐……

(2) 派生动词：
　　치-：치-솟다、치-뜨다、치-감다、치-밀다……
　　짓-：짓-누르다、짓-뭉개다、짓-밟다、짓-이기다……

(3) 派生形容词：
　　드-：드-세다、드-높다、드-넓다……

헛-、덧-、갓-、올-等部分前缀既可与名词结合也可与动词结合，但不管其与名词结合还是与动词结合，结合后所形成的派生词都未能改变其原有的词性，而只是赋予其新的词汇意义而已。具体例词如下。

(1) 헛-：헛-고생、헛-걸음、헛-기침、헛-수고、헛-일……
　　　　헛-늙다、헛-듣다、헛-먹다、헛-보다……
(2) 덧-：덧-문、덧-신、덧-옷、덧-니……
　　　　덧-나다、덧-대다、덧-붙이다、덧-묻다……

▶ 后缀派生词

构成后缀派生词的后缀因其位于词根后而得名，韩国语的后缀主要有如下几个特点。

❖ 后缀的数量明显多于前缀。
❖ 后缀既可以起到添加词汇意义的作用，又可以改变词性。
❖ 后缀可以与各种词类相结合构成派生词。

韩国语后缀派生词的部分例词如下。

(1) 派生名词
- 名词+后缀：잠-꾸러기、욕심-꾸러기、장사-꾼、노름-꾼、모양-새、쓰임-새
- 动词+后缀：덮-개、싸-개、지우-개、말하-기、더하-기、웃-음、믿-음
- 形容词+后缀：기쁨(기쁘+ㅁ)、슬픔(슬프+ㅁ)、높-이、넓-이
- 副词+后缀：개구리(개굴+이)、깜박이(깜박+이)、덜렁이(덜렁+이)

(2) 派生动词
- 名词+后缀：공부-하다、노래-하다、운동-하다、출발-하다
- 动词+后缀：보-이다、막-히다、쫓-기다、물-리다、풀-리다
- 形容词+后缀：좁-히다、넓-히다、낮-추다、밝-히다
- 副词+后缀：깜박-이다、출렁-이다、덜컹-대다、속삭-이다

(3) 派生形容词
- 名词+后缀：복-스럽다、정-답다、인간-답다、향기-롭다、해-롭다
- 动词+后缀：놀랍다(놀라+ㅂ다)、아깝다(아끼+압다)、미덥다(믿+업다)
- 形容词+后缀：넓-적하다、높-다랗다
- 副词+后缀：반듯반듯-하다、울퉁불퉁-하다、울긋불긋-하다
- 冠形词+后缀：새-롭다

(4) 派生副词
- 名词+后缀：양-껏、성의-껏、마음-껏、진실-로、정말-로
- 动词+后缀：매우(맵+우)、마주(맞+우)、하여-금、도로(돌+오)
- 形容词+后缀：빨리(빠르+이)、고이(곱+이)、많-이
- 冠形词+后缀：새-로

(5) 派生助词
- 名词+后缀：밖-에
- 动词+后缀：부터(붙+어)、조차(좇+아)

❷ 前后缀派生词

韩国语中还有在词根的前后分别添加前缀和后缀而构成的派生词。通过这样的方式派生的词，既可是名词，也可是动词或形容词。

(1) 派生名词
- 前缀+名词+后缀：헛-손-질、군-입-질、군-것-질

(2) 派生动词
- 前缀+动词+后缀：치-받-히다

(3) 派生形容词
- 前缀+形容词+后缀：새빨갛다(새-발가-앟다)、시퍼렇다(시-퍼러-엏다)

❸ 合成词

前面已经提到，合成词是由两个或两个以上的词根相结合而构成的，其类型与具体构成方法如下。

❶ 合成词的类型

合成词从构成方式上可以分为规则合成词与不规则合成词两种。"规则合成词(통사적 합성어，统辞的合成语)"是指由两个单纯词构成，且其排列顺序与韩国语短语的一般排列顺序一致的合成词；不规则合成词(비통사적 합성어，非统辞的合成语)"是指通过两个词根相结合、两个动词词干相结合，以及在两个词之间添加中间音ㅅ等不符合韩国语短语构成规则的方式构成的合成词。

(1) 规则合成词：새해、큰아버지、힘들다、애쓰다、마주서다、손쉽다
(2) 不规则合成词：콧물、늦잠、검붉다、부슬비、좀더

韩国语单词的一般排列顺序有"定语+体词"、"主语+宾语+谓语"、"状语+谓语"、"主语+谓语"、"宾语+谓语"等，而"谓语+体词"、"状语+体词"等排列顺序则被视为不符合语法规则的排列顺序。由上例可以看出，例(1)中的规则合成词与其下面的相应短语在构成方式上基本一致。而上例中所示的不规则合成词其"名词+ㅅ+名词"、"谓词词干+名词"、"谓词词干+谓词词干"、"副词+名词"、"副词+副词"等构成方式与韩国语短语的构成方式不一致。

下面将具体介绍这两种合成词的具体构成方法和例词。

❷ 合成词的构成方式

用合成法构成的词类主要有名词、动词、形容词、副词、冠形词等，其构成方式如下。

(1) 合成名词
  ❖ 规则合成名词：
  ◆ 名词+名词: 길-바닥、앞-뒤、고무-신、앞-치마、꽃-잎
  ◆ 冠形词+名词: 새-언니、첫-사랑、이-것、저-것
  ◆ 定语+名词: 작은-형、늙은-이、큰-집、굳은-살、건널-목、볼-일
  ❖ 不规则合成名词：
  ◆ 名词+ㅅ+名词: 촛불、바닷가、반딧불、담뱃대、콧물
  ◆ 词干+名词: 늦-잠、늦-더위、접-칼、곶-감、흔들-바위
  ◆ 副词+名词: 부슬-비、볼록-거울、산들-바람、척척-박자
  ◆ 副词+副词: 잘-못

(2) 合成动词
  ❖ 规则合成动词：
  ◆ 主语+动词: 힘-들다、재미-나다、정-들다、빛-나다
  ◆ 宾语+动词: 힘-쓰다、애-쓰다、춤-추다、맛-보다、본-받다
  ◆ 动词+连结词尾+动词: 알아-보다、돌아-가다、찾아-보다、살펴-보다
  ◆ 状语+动词: 뒤-서다、앞-세우다、마주-서다、가로-지르다
  ❖ 不规则合成动词：
  ◆ 动词词干+动词词干: 굶-주리다、뛰-놀다、오르-내리다、붙-잡다、빼-앗다

(3) 合成形容词
  ❖ 规则合成形容词：
  ◆ 主语+形容词: 낯-설다、값-싸다、배-부르다、재미-있다、형편-없다
  ◆ 状语+形容词: 잘-나다、못-나다
  ❖ 不规则合成形容词：
  形容词词干+形容词词干: 굳-세다、검-붉다、희-부옇다、재-빠르다

(4) 合成副词
  ❖ 规则合成副词：
  ◆ 名词+名词: 밤-낮、곧-잘
  ◆ 冠形词+名词: 한-바탕、어느-덧、이토-록、저-만큼、온-종일
  ◆ 定语+名词: 그런-즉
  ◆ 副词+副词: 죄-다、곧-잘、더욱-더、골-고루、이리-저리
  ❖ 不规则合成副词：
  ◆ 名词+副词: 하루-바삐、철-없이

(5) 合成冠形词
  ❖ 规则合成冠形词：
  ◆ 冠形词+名词: 온-갖
  ❖ 不规则合成冠形词：
  ◆ 冠形词+冠形词: 몇-몇、두-서너、한-두、서-너
  ◆ 形容词+形容词: 긴-긴

除了上面介绍的合成词外，还有一种合成词被称为重叠式合成词。所谓"重叠式合成词(반복합성어，反復合成語)"，是指由相同的词根重叠而成的合成词。重叠的方式既有像下例(1)那样的词根完全重叠，也有像(2)中所示的在两个词根之间添加-디-或-나-之后的重叠，还有像(3)那样前后的词根发生一定的语音变化，在读音上不完全一致的重叠。

(1) 곳곳、집집、가지가지、고루고루、굽이굽이、둥글둥글、깡충깡충、소곤소곤
(2) 차디차다、쓰디쓰다、붉디붉다、곱디곱다、크나크다、머나멀다、기나길다
(3) 울긋불긋、얼룩덜룩、싱글벙글、실룩샐룩、싱숭생숭、허겁지겁

三、词的分类

把具有某种共同特征的词按照一定的划分标准分成的若干类叫"词类(품사，品詞)"。韩国语根据词在句中的功能、词的形态特征及意义上所具有的共同属性，首先将词分为体词、谓词、修饰词、关系词和独立词五大类。

"体词(체언，體言)"，是指在其后面可以接助词，在句中可以做主语、宾语或补语等句子成分的词。体词根据其表示命名对象、指示对象及数量等不同意义，又可分为名词、代词和数词。

"谓词(용언，用言)"，是指可在其后面接词尾，在句中做谓语，用来说明主语的动作变化或性状的词。谓词根据其表示动作或事物的变化过程或事物的性质、状态的不同，又可分为动词和形容词。

"修饰词(수식언，修飾言)"，是指在句中对中心语起修饰或限定作用的词。修饰词再其根据修饰和限定的是体词还是谓词分为冠形词和副词。

"关系词(관계언，關係言)"，是指依附于体词后，表示一定语法意义的词。韩国语的关系词中只包括一种词类，即助词。

"独立词(독립언，獨立言)"，是指相对独立于其他句子成分之外，与其他句子成分相比独立性较强的词。韩国语的独立词专指感叹词。

尽管学界关于韩国语共有几种词类这一问题众说纷纭，莫衷一是，但在韩国语规范语法中，通常按照以上所述，将韩国语词类共分为如下九类。

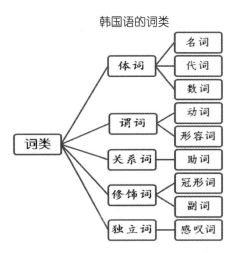

韩国语的词类

练习

● 将以下单词按单纯词、派生词、合成词分类。

> 뛰어나다、앞뒤、놀이、풋사랑、하늘、행복하다、창의적、새파랗다、
> 학교、지우개、덮밥、꽃답다、나무、어깨동무、멋쟁이、얼굴、헛기침

(1) 单纯词：_____

(2) 派生词：_____

(3) 合成词：_____

● 按要求选择填空。

(1) 以下单词中词缀的位置与其他词不同的是_____。
   ① 날음식　② 햇곡식　③ 개살구　④ 베개

(2) 以下单词中构词法与其他单词不同的是_____。
   ① 개구리　② 겁쟁이　③ 깜박이　④ 늙은이

(3) 以下单词中不是由两个词根构成的词是_____。
   ① 봄나물　② 밤나무　③ 밤송이　④ 햇나물

(4) 以下每组单词中两个单词的构词法不同的是_____。
   ① 밤낮、군밤　② 깊이、빨리　③ 앞뒤、물병　④ 군살、들깨

(5) 以下单词中不是派生词的是_____。
   ① 설익다　② 오가다　③ 치밀다　④ 새롭다

(6) 以下单词中不是规则合成词的是_____。
   ① 늦잠　② 접칼　③ 콧물　④ 큰집

● 从以下单词中选出合适的词，与所给前缀结合构成复合词。

> 과일、며느리、출발、형、눈、감자、날、쌀、
> 고추、사랑、딸、입、인상、발、곡식、손、주먹

첫-	맨-	풋-	햇-	맏-

第二节 韩国语的体词

同属于体词的名词、代词、数词,具有无形态变化,都可在句中做主语、宾语和补语,都可与格助词相结合,都可受定语修饰等共同特点,但在意义上所具有的差别又分别赋予其不同的词性。下面将对名词、代词及数词这三种词类的定义、分类及主要特点做简要介绍。

一、韩国语的名词

1. 名词的特点

表示人或事物名称的词被称为"名词(명사,名词)"。其特点可以通过如下例句得以体现。

(1) 이 예쁜 꽃은 아버님께 드리는 꽃입니다.
   这些漂亮的花是送给父亲的。
(2) 그는 아침마다 꽃에 물을 준다.
   他每天早晨给花浇水。
(3) 스승의 날에 학생들은 교수님께 꽃을 선물했어요.
   教师节学生给教授送花。
(4) 그것은 제가 가져온 꽃이 아닙니다.
   那些花不是我带来的。
(5) 이 꽃의 이름을 알려 주시겠어요?
   您能告诉我这种花叫什么吗?
(6) 이 꽃 주세요.
   请给我这种花。

通过以上例句可以看出,韩国语的名词具有如下几个主要特点。
❶ 名词可以与助词结合,充当主语、宾语、补语、定语、状语、谓语等句子成分。
❷ 名词可受冠形词或定语的修饰。
❸ 不管做何种成分,其形态固定不变。
❹ 名词也可以不附加助词及任何形态,单独做句子成分。

2. 名词的分类

韩国语名词按照不同的标准可以有不同的分类。

首先,根据其在句子中能否独立充当句子成分可分为自立名词和依存名词。"自立名词(자립명사,自立名词)"也叫"完全名词(완전명사,完全名词)",有一定的独立性,能够独立充当句子成分;"依存名词(의존명사,依存名词)"也叫"不完全名词(불완전명사,不完全名词)",在句子中不能单独做句子成分,必须与在前面修饰它的限定词一起构成句子成分。例如:

이 사전은 누구의 것이에요?
这本词典是谁的?

以上例句中的사전是自立名词,것是依存名词。

你知道依存名词有哪些种类吗?

依存名词根据其在句子中的语法功能又可以有如下分类。

依存名词的种类	特点	例词
普遍性依存名词	可以在句中做各种成分。	것、데、분、이……
主语性依存名词	在句中只能做主语。	지、수、리、따위……
叙述性依存名词	在句中只能做谓语。	때문、나름、뿐、터……
副词性依存名词	在句子只能做状语。	대로、듯、만큼、뻔……
单位性依存名词	即量词,表示数量单位,前面常接数词。	개、마리、자루、채……

韩国语名词根据其所表示对象的性质还可分为活动体名词和非活动体名词。"活动体名词(유정명사,有情名詞)",也叫"动物名词",表示人或动物的名称,如사람、교수님、사장、어머니、호랑이、새、개等,韩国语中的에게、한테、께等助词只能与此类名词相结合。"非活动体名词(무정명사,無情名詞)",也叫"非动物名词",表示没有活动能力的具体事物或抽象事物,如침대、학교、하늘、바람、꽃、도시、슬픔、의견等。

自立名词还可以根据其所指范围分为普通名词和专有名词。"普通名词(보통명사,普通名詞)",是指一类事物共同的、概括的名称,如학생、사람、나무等;而"专有名词(고유명사,固有名詞)",则指某一特定的人或物的名称,如서울、한강、규장각、제주도等。

综上所述,韩国语名词分类情况可以整理如下。

韩国语名词的分类

	分类标准	种类及例词
名词	是否具有独立性	自立名词:학생、사람、다리……
		依存名词:것、따위、뿐……
	是否具有活动能力	活动体名词:동생、새、코끼리……
		非活动体名词:건물、꽃、바람……
	是否特指某一事物	普通名词:침대、나무、대학교……
		专有名词:서울、경복궁、심청……

二、韩国语的代词

1. 代词的特点与分类

代替人或事物名称的词被称为"代词(대명사,代名詞)"。代词作为体词的一种,它具有体词所具有的普遍特征,同时还具有其独有的特点,这些特点可以通过如下例句得以体现。

(1) 저는 어제 집에서 쉬었습니다.
我昨天在家里休息了。
(2) 우리 모두가 그를 반대했어요.
我们都反对他。
(3) 집에 아무도 없습니다.
家里一个人都没有。
(4) 그것은 제 것이 아닙니다.
那不是我的东西。

(5) 여기는 우리 대학입니다.
　　这里是我们大学。

通过以上实例可以看出，韩国语的代词具有如下几个特点。

❶ 代词与名词不同，前面不能受冠形词的修饰。

(1) 모두 우리 (☹)　　우리 모두 (☺)

❷ 其后不能跟이다的定语形式인。

(2) 저인 학생 (☹)　　학생인 저 (☺)

❸ 其前不能受数词修饰。

(3) 다섯 우리 (☹)　　우리 다섯 (☺)

❹ 其前不能受名词修饰。

(4) 건강 그이 (☹)　　건강한 그이 (☺)

韩国语的代词根据其所代替对象的不同，又可以分为人称代词和指示代词。"人称代词(인칭대명사，人稱代名詞)"用来代替人的名称，如우리、나、자네等；"指示代词(지시대명사，指示代名詞)"用来代替事物或场所的名称，如이것、여기、어디等。

2. 人称代词

人称代词根据其指示对象的不同可分为第一人称代词、第二人称代词和第三人称代词。第一人称是指说话人，第二人称是指听话人，第三人称是指说话人与听话人以外的第三者。根据指代对象的特点，第三人称代词又可以分为"近称代词(근칭대명사，近稱代名詞)"、"中称代词(중칭대명사，中稱代名詞)"、"远称代词(원칭대명사，遠稱代名詞)"、"不定称代词(부정칭대명사，不定稱代名詞)"和"反身代词(재귀대명사，再歸代名詞)"。每一类代词的具体实例如下。

(1) 第一人称代词：나、저、본인、소인、우리、저희
(2) 第二人称代词：너、자네、그대、당신、귀하、여러분、너희
(3) 第三人称代词：ㄱ. 近称代词：이이、이분、
　　　　　　　　　ㄴ. 中称代词：그、그이、그분
　　　　　　　　　ㄷ. 远称代词：저이、저분
　　　　　　　　　ㄹ. 不定称代词：누구、아무
　　　　　　　　　ㅁ. 反身代词：저、저희、자기、당신

在理解韩国语的人称代词时，如下几点值得关注。

❶ 人称代词的阶称

根据说话人与听话人的社会关系，韩国语的人称代词有谦称、敬称和非敬称之分。例如与第一人称代词나、우리相对应的谦称是저和저희。与表示第二人称的非敬语너相对应的敬语是자네、당신、그대、귀하等。第三人称이이、그이、저이与이분、그분、저분在阶称关系上也有所不同。其基本情况如下表。

韩国语人称代词的分类

分类	阶称	例词
第一人称	谦称	저、저희
	非敬称	나、우리
第二人称	非敬称	너、너희
	敬称	자네、그대、당신
第三人称	非敬称	그、이이、그이、저이
	敬称	이분、그분、저분

❷ 人称代词的复数

与汉语相比，韩国语人称代词的复数形式较为丰富。其主要构成方式有如下几种。

(1) 单数、复数形式完全不同：나：우리
(2) 单数形式+复数词缀-희：저희、너희
(3) 单数形式+复数词缀-들：이분들、자네들、그들
(4) 复数形式+复数后缀-들：우리들、저희들、너희들

❸ 第二人称的表达方式

在韩国语中，除了너之外，表示第二人称的代词还有자네、그대、당신等。这些代词都可以表示对听话人的尊重，但这几个词的使用范围都受到一定的限制。자네用于对朋友或晚辈说话时，그대用于对朋友或晚辈表示尊敬时，당신只有在需要对同辈人表示尊重时或夫妻之间对话时才能使用，也可用于与对方发生争执时，表示对对方的蔑视。在与同辈或比自己年龄小的人说话时则不能使用该词。

由于韩国语的第二人称代词在使用时受到一定的限制，在指称需要尊敬的第二人称时，通常用表示对方的职衔或身份的词来代替第二人称代词。例如：

(1) 내일 사장님도 같이 가요?
 明天社长您也一起去吗？
(2) 선생님께 전화 드릴게요.
 我给您打电话。

❹ 反身代词

反身代词在再次提到前面出现的主体时使用。韩国语的反身代词主要有자기、저、저희、당신等。其中자기最为常用，저用于指代比自己身份、地位低的人；저희用来指代包括自己在内的团体，表示一种谦卑的语气；당신用来代替身份、地位比说话人高的人。

(1) 그는 이제 자기의 잘못을 깨달았다.
 他现在意识到了自己的错误。
(2) 걔는 제 이익만 챙긴다.
 他只顾及自己的利益。
(3) 저희들을 믿어 주세요.
 请相信我们。
(4) 어머님은 당신의 생각만 하고 계셨다.
 母亲正沉浸在自己的想法中。

❺ 人称代词저、나、너的形态变化

人称代词저、나、너在与表示主语的助词가及表示所属关系的助词의连用时，分别写做제、내、네。

(1) 제가 할게요.
    我来干。
(2) 내가 가겠습니다.
    我去。
(3) 네가 오라.
    你来吧。
(4) 제(내、네) 우산
    我的(我的、你的)雨伞

> 你知道代词"우리"的用法吗？
> 韩国语中，在表达"我家"、"我国"、"我丈夫"等意思时，通常不说成내 집、내 나라、내 남편，而说成우리 집、우리나라、우리 남편等。우리的这种特殊用法反映了韩国自古以来重视家庭、村庄、国家的共同体意识，是韩国的文化传统在语言中的表现。

3. 指示代词

指示代词是指示事物、场所的代词。指示代词根据其指示对象的不同可分为指示事物的"事物代词(사물대명사，事物代名詞)"和指示场所的"处所代词(처소대명사，處所代名詞)"。根据指示对象距离的不同又可以分为近称、中称和远称和不定称等几种情况。其分类情况如下表。

韩国语指示代词的分类

对象＼距离	近称	中称	远称	不定称
事物代词	이、이것	그、그것	저、저것	무엇、아무것
处所代词	여기	거기	저기	어디、아무데

三、韩国语的数词

1. 数词的分类

表示事物的数量和顺序的词叫"数词(수사，數詞)"。数词又分为基数词和序数词两种。"基数词(양수사，量數詞)"表示事物的数量，如하나、둘、셋、일、이等；"序数词(서수사，序數詞)"表示事物的顺序，如첫째、둘째、셋째、제일、제이、제삼等。韩国语的数词根据来源的不同，又可以分为固有数词和汉字数词两种。具体分类情况可见下表：

韩国语数词的分类

分类	例词	例词
基数词	定数(정수)	固有词：하나、둘、셋、넷、다섯、여섯、일곱、여덟、아홉 열(하나、둘、셋……아홉)……아흔(하나、둘、셋……아홉) 스물、서른、마흔、쉰、예순、일흔、여든、아흔
		汉字词：영(공)、일、이、삼、사、오、육、칠、팔、구、십 십(일、이、삼……구)、이십、삼십……구십、백、천、만、억、조……

序数词	定数 (정수)	概数 (부정수)	固有词: 한둘、두셋、서넛、너덧、댓、대여섯、예닐곱……
			汉字词: 일이、삼사、오륙、칠팔……
		固有词: 첫째、둘째、셋째、넷째、다섯째、여섯째、일곱째、여덟째、아홉째、열째 열한째、열두째……스무째……아흔아홉째
		汉字词: 제일、제이、제삼、제사、제오、제육、제칠、제팔、제구、제십 제십일、제십이……제이십……제구십구
	概数 (부정수)	固有词: 한두째、두세째……서너째、여러째……
		汉字词: 일이 (등)、삼사 (위)……

一般来说，百以内的数字既可以用汉字数词来读，也可以用固有数词读，百以上的数词通常用汉字数词来读。

2. 数词的用法

❶ 数词与量词结合时的用法

韩国语的数词在与表示数量单位的量词相结合时，其用法可以整理为如下几方面。

◐ 数词 + 固有量词

一般来说，在固有量词前面，通常只能用固有数词，例如：

연필 한 자루　　　　나무 두 그루
꽃 세 송이　　　　　신발 다섯 켤레

◑ 数词 + 汉字量词

数词与词源是汉字词的量词结合时，其用法较为复杂。

▶ 汉字量词"년(年)、분(分)、초(秒)、세(岁)、원(元)"等只能与汉字数词结合，而不能与固有数词结合。

(1) 지금은 2011년 6월 28일 10시 22분 10초입니다.
现在是2011年6月28日10点22分10秒。
(2) 내 나이는 사십오 세이다.
我今年45岁。
(3) 이 입장권은 한화로 5만 원입니다.
这种门票每张韩币5万元。

▶ 汉字量词"근(斤)、개(个)、대(台、辆、架)、병(瓶)、시(时)、잔(盏)、장(张)、필(匹)"等与20以内数词结合时，与固有数词结合；与20以上数词结合时，既可以与固有数词相结合，也可以与汉字数词相结合。

(1) 근: 한 근 ☺　　일 근 ☹　　스무 근 ☺　　이십 근 ☺
(2) 개: 두 개 ☺　　이 개 ☹　　마흔 개 ☺　　사십 개 ☺
(3) 대: 세 대 ☺　　삼 대 ☹　　스무 대 ☺　　이십사 대 ☺
(4) 병: 네 병 ☺　　사 병 ☹　　서른 병 ☺　　삼십 병 ☺

▶ 汉字量词"권(卷)、번(番)、층(层)"等与数词连用时，既可用固有数词，也可以用汉字数词，但后者表示一定的序列或顺序。

(1) 권: 두 권 (表示数目)，이 권 (表示序列)
(2) 번: 세 번 (表示数目)，삼 번 (表示序列)
(3) 층: 다섯 층 (表示数目)，오 층 (表示序列)

❸ 数词 + 外来词量词

外来词量词与数词结合时，既可用固有数词，也可以用汉字数词。

(1) 50kg : 오십 킬로그램/ 쉰 킬로그램
(2) 20m : 이십 미터/ 스무 미터

在很多韩国语语法书中，通常将以上这些与量词连用的表示数量的词称作数量冠形词。为读者理解方便，在此仍将其作为数词处理。

❷ 数学符号的读法

韩国语中小数、分数、百分数的读法如下。

韩国语数学符号的读法

分类	符号	读法	例词
小数	.	점	10.4: 십 점 사、2.5: 이 점 오
分数	a/b	b 분의 a	1/4: 사 분의 일、3¾: 삼과 사 분의 삼
百分数	%	퍼센트	98%: 구십팔 퍼센트、200%: 이백 퍼센트

> ८७ 你知道韩国语运算符号的读法吗?
> +: 더하기 -: 빼기 ×: 곱하기 ÷: 나누기
> 예: 20 × 12 = 240 -- 이십 곱하기 십이는 이백사십

❸ 日期、时间的表示方法

❶ 年、月、日的表示法

韩国语的年、月、日用汉字数词来读，即"汉字数词+년 汉字数词+월 汉字数词+일"。例如:

(1) 1999. 5. 15 (천구백구십구년 오월 십오일)
(2) 2006. 6. 28 (이천육년 유월 이십팔일)
(3) 2012. 10. 1 (이천십이년 시월 일일)

> ८७ 你知道韩国语中"6月"和"10月"的特殊读法吗?
> 6和10在与表示月份的월相连时，收音ㄱ和ㅂ分别脱落，读成유월和시월。

在统计月份的时候读法与说年、月、日时不同，可以有"固有数词+달"和"汉字数词+개월"两种方法。例如:

(1) 한 달、두 달、석 달、넉 달、다섯 달、열 달、열두 달
(2) 일 개월、이 개월、삼 개월、사 개월、십 개월、십이 개월

❷ 星期的表示法

韩国语中星期的读法与汉语完全不同，而是用代表五行的金、木、水、火、土和日、月来代表一个星期的七天。具体情况如下。

韩国语星期的表示法

	星期日	星期一	星期二	星期三	星期四	星期五	星期六
对应汉字	日曜日	月曜日	火曜日	水曜日	木曜日	金曜日	土曜日
韩语读法	일요일	월요일	화요일	수요일	목요일	금요일	토요일

时间表示法

在表示"时"的时候用固有数词，表示"分"、"秒"的时候用汉字数词，即"固有数词 + 시 汉字数词 + 분 汉字数词 + 초"。

(1) 1:50:35 ：한 시 오십 분 삼십오 초
(2) 12:55:29 ：열두 시 오십오 분 이십구 초
(3) 11:21:40 ：열한 시 이십일 분 사십 초

3. 数词的变化

韩国语的固有数词在与部分量词连用时，会发生一定变化，与其原形不同。例如：

(1) 하나 → 한 (개、사람、명、대……)
(2) 둘　 → 두 (개、사람、명、대……)
(3) 셋　 → 세 (개、사람、명、대……)
　　　　　　석 (달、자、단……)
　　　　　　서 (되、말、근……)
(4) 넷　 → 네 (개、사람、명、대……)
　　　　　　넉 (달、자、단……)
　　　　　　너 (되、말、근……)
(5) 스물 → 스무 (개、사람、명、대、근、그릇……)

在用固有数词表示概数时，原有的数词也会发生一定的变化，例如：

하나 + 둘 → 한둘　　　둘 + 셋 → 두셋
셋 + 넷 → 서넛　　　　둘 + 셋 + 넷 → 두서넛
다섯 + 여섯 → 대여섯　여섯 + 일곱 → 예닐곱

 练习

● 找出下文中的名词、代词与数词，并将其按要求分类。

그 후 또 10여 년이 지났다. 그 동안 제 2차 세계 대전이 있었고, 우리나라가 해방이 되고, 또 한국 전쟁이 있었다. 나는 어쩌다 아사꼬(朝子) 생각을 하곤 했다. 결혼은 하였을 것이오. 전쟁 통에 어찌 되지나 않았나, 남편이 전사하지나 않았나 하고 별별 생각을 다 하였다. 1954년, 처음 미국 가던 길에 나는 동경을 들러 미우라(三浦) 선생 댁을 찾아갔다. 뜻밖에 그 동네가 고스란히 그대로 남아 있었다. 그리고, 미우라 선생 네는 아직도 그 집에 살고 있었다. 선생 내외분은 흥분된 얼굴로 나를 맞이하였다. 그리고, 한국이 독립이 되어서 무엇보다도 잘 됐다고 치하를 하였다. 아사꼬는 전쟁이 끝난 후 맥아더 사령부에서 번역 일을 하고 있다가, 거

기서 만난 일본인 2세와 결혼을 하고 따로 나가 산다는 것이었다. 아사꼬가 전쟁 미망인이 되지 않은 것은 다행이었다. 그러나, 2세와 결혼하였다는 것이 마음에 걸렸다. 만나고 싶다고 그랬더니, 어머니가 아사꼬의 집으로 안내해 주었다.

피천득: 《인연》에서

名词: _____
_____

* 普通名词: _____
  专有名词: _____
* 依存名词: _____
  自立名词: _____

代词: _____
_____

* 人称代词: _____
  指示代词: _____

数词: _____
_____

* 基数词: _____
  序数词: _____

● 根据下面所给的普通名词与专有名词的具体实例，试着总结两种名词的主要区别。

> 普通名词: 학교、전화、하늘、침대、마을、산、강、사람、이름、기관
> 专有名词: 이순신、백제、서울、경주、낙동강、한라산、국립국어원

● 判断下列句子中画线部分的代词使用得正确与否，在正确的句子后标√，错误的句子后标×。

(1) 전는 오늘 학교에 갔다. (　)
(2) 난에게 전화했니? (　)
(3) 저 가방은 내 것이다. (　)
(4) 나가 그곳에 갈게. (　)
(5) 녀가 어제 뭐 했어? (　)
(6) 녀의 선물이야. 열어 봐. (　)
(7) 여러분이 이 책을 읽어야 해. (　)
(8) 여러분, 오래간만이에요. (　)
(9) 그 여자는 자기에게 불리한 말을 했다. (　)
(10) 네가 그렇게 하고 싶으면 자기 생각대로 해. (　)
(11) 영희의 동생은 당신밖에 몰라. (　)
(12) 당신, 언제 귀국하셨습니까? (　)

● 读下列句子，对比汉语第二人称"你、您"，体会韩国语第二人称的用法。

  (1) 그대는 나의 희망, 나의 생명이오.
  (2) 그대와 함께라면 아무리 험한 길이라도 기꺼이 가겠소.
  (3) 이번 일은 자네가 책임을 지고 맡아 주었으면 좋겠네.
  (4) 나는 자네를 믿고 있네.
  (5) 난 당신이 내 곁에 있어 주어서 정말 행복해.
  (6) 나도 당신 같은 사람하고는 더 이상 말하기 싫어.
  (7) 지금 너의 도움이 필요해.
  (8) 얘야, 너는 밖에 나가서 놀아라.
  (9) 이번에 좋은 성적을 거둔 것은 다 선생님 덕분입니다. 감사합니다.
  (10) 이 일은 민우 씨가 하시지요. 제가 옆에서 도와 드리지요.

● 选择正确的答案填空。

  (1) 사과 ___ 개를 샀습니다.
   ① 다섯 ② 오
  (2) ___ 분 후에 가겠습니다.
   ① 서른 ② 삼십
  (3) 맥주 ___ 병을 마셨어요.
   ① 두 ② 둘 ③ 이
  (4) ___ 일 동안 쉬었어요.
   ① 스무 ② 스물 ③ 이십
  (5) 주유소에서 기름 ___ 리터를 넣었다.
   ① 열 ② 십
  (6) 이 일을 하는 데 모두 ___ 시간 걸렸어요.
   ① 넷 ② 네 ③ 사

第三节 韩国语的谓词

在句中做谓语，用来对主语进行说明的词被称为"谓词(용언，用言)"。谓词又可以分为表示动作或事物变化过程的动词及表示事物性质、状态的形容词。下面将对动词和形容词的定义、主要特点及分类等作简要介绍。

一、韩国语的动词

1. 动词的特点

表示动作、行为或变化的词称为"动词(동사，動詞)"。动词的主要特点可以通过如下例句得以体现。

(1) 그분은 오늘 도착하셨습니다.
他昨天到了。
(2) 그 학생은 복숭아를 하나 먹었다.
那个学生吃了一个桃子。
(3) 나는 우는 동생을 업어 주었다.
我背起了哭着的弟弟。
(4) 내일 일찍 오세요. 그때 만납시다.
明天早点儿来。到时见。
(5) 그는 책을 많이 읽었어요?
他读了很多书吗？
(6) 부모님께서는 딸이 집에 돌아오기를 기다리신다.
父母等着女儿回家。
(7) 듣기가 아주 좋아요.
非常好听。

通过以上例句可以看出，韩国语的动词具有如下几个主要特点。

❶ 动词在句中主要做谓语，也可通过各种形式变化充当定语、主语和宾语。
❷ 动词可以受副词或狀语的修饰。
❸ 在句子中不能以词干的形态单独存在，必须与词尾相结合才能使用。
❹ 表示动作的动词可以用于命令式和共动式。

2. 动词的分类

根据分类标准的不同，韩国语动词可以有多种分类方式。

首先，动词根据其前面是否接宾语可以分为他动词和自动词。像먹다、입다、쓰다、안다、고치다、잡다、만들다这样，其所表示的动作涉及某种对象，即可以带宾语的动词被称为"他动词(타동사，他動詞)"；像가다、웃다、놀다、뛰다、떨어지다、날다、서다这样，其所表示的动作不涉及某种对象，即不能带宾语的动词被称为"自动词(자동사，自動詞)"。例如：

(1) 학생들은 교실에서 책을 읽는다.
学生在教室里读书。

(2) 그는 많은 음식을 만들었다.
    他做了很多吃的。
(3) 책이 바닥에 떨어졌다.
    书掉在地上了。
(4) 물이 졸졸 흐른다.
    水潺潺地流。

  从以上例句可以看出，例句(1)与(2)中出现的动词읽다、만들다不仅分别是对主语학생与그的说明，而且还要求有宾语글和음식与其对应。而例句(3)与(4)中出现的动词떨어지다、흐르다只是对句中主语책与물情况的叙述，没有涉及其他对象。

  此外，动词根据其行动的自发性与否，即动词所表现的动作是能动还是被动，可以分为"能动词(능동사，能動詞)"与"被动词(피동사，被動詞)"。根据行动的自觉性与否，即动词所表现的动作是主语主动发出的，还是主语让某一对象做的，可以分为"主动词(주동사，主動詞)"与"使动词(사동사，使動詞)"。根据其是否具有完整意义，在句中是否可以单独构成句子成分，还可以分为"独立动词(본동사，本動詞)"和"辅助动词(보조동사，輔助動詞)"。有关辅助动词，将在稍后单独说明。动词的使动、被动形式将在本书的第6章中予以详细介绍。

  综上所述，韩国语动词分类可以整理如下。

韩国语动词的分类

	分类标准	分类及例词
动词	是否要求有宾语	他动词：짓다、만들다、배우다……
		自动词：서다、웃다、날다……
	是否具有能动性	能动词：잡다、업다、쫓다……
		被动词：잡히다、업히다、쫓기다……
	是否具有自觉性	主动词：먹다、깨다、앉다……
		使动词：먹이다、깨우다、앉히다……
	是否具有独立性	独立动词：오다、버리다、주다……
		辅助动词：(-아/어여) 오다、버리다、주다……

二、韩国语的形容词

1. 形容词的特点

  表示事物的性质或状态的词称为"形容词(형용사，形容詞)"。与动词同为谓词的形容词，在"可在句中做谓语，必须与词尾结合才能使用，可以受副词或状语修饰，与词尾结合后可在句中充当谓语、定语、主语、宾语成分"等方面与动词有很多相似之处。但与此同时，形容词与动词在用法上又有一定的不同。对于韩国语学习者而言，了解二者的区别对于准确地理解和使用韩国语谓词具有非常重要的意义。

  形容词所具有的不同于动词的特点可以整理如下。

  ❶ 除个别形容词之外，大部分形容词不能用于命令式和共动式。

  韩国语动词中，除늙다、썩다、발전되다、식다、맞다等表示自然属性或状态变化的动词不能用于命令式或共动式之外，绝大部分都可以用于命令式和共动式。而形容词则与之相反，

除건강하다、행복하다、조용하다、침착하다、신중하다、충실하다等个别形容词外，绝大部分不能用于命令式或共动式。

  (1) 밝다 → 밝으십시오. ☹ / 밝읍시다. ☹
  (2) 예쁘다 → 예쁘십시오. ☹ / 예쁩시다. ☹

❷ 形容词在句子中不能带宾语。
由于形容词用来表示事物的性质或状态，是对主语情况的说明，因此不带宾语。

  (1) 저는 그 책을 좋다. ☹
    나는 그 책이 좋다. ☺
    我喜欢那本书。
  (2) 그는 제 도움을 필요하다. ☹
    그는 내 도움이 필요하다. ☺
    他需要我的帮助。

❸ 与词尾的连用规则和动词有明显的区别。
有关谓词活用的内容，将在本节后面的内容中予以详细论述，在此只从对动词和形容词进行比较的层面上简要提及此问题。

▶ 动词和形容词在与现在时终结词尾连用时，二者有明显区别。

  (1) 动词：词干+ㄴ/는다： 가다→ 간다、먹다→먹는다
  (2) 形容词：词干+다   똑똑하다→똑똑하다、좋다→좋다

▶ 动词与形容词在与表示现在时间的定语词尾连用时，连用规则不同。

  (1) 动词：词干+는： 가다→가는、먹다→먹는
  (2) 形容词：词干+ㄴ/은： 바쁘다→바쁜、좋다→좋은

▶ 形容词不能与表示意图的"-려"及表示目的的"-러"等词尾连用。

  (1) 교실에 공부하러 간다. ☺
    去教室学习。
  (2) 영화를 보려고 하였다. ☺
    想去看电影。
  (3) 예쁘러 화장을 한다. ☹
  (4) 높으려 하였다. ☹

2. 形容词的分类

  形容词可以有多种分类方法，简单来说，按照其意义可以分为表示人或事物性质或状态的"性状形容词(성상형용사，性狀形容詞)"和指代前面提及事物的性质、状态的"指示形容词(지시형용사，指示形容詞)"；按照其是否独立充当句子成分，可分为"独立形容词(본형용사，本形容詞)"和"辅助形容词(보조형용사，輔助形容詞)"。具体分类情况及例词如下表。

韩国语形容词的分类

	分类标准	分类及例词
形容词	词汇所表达的意义	性状形容词：좋다、넓다、많다、붉다、크다……
		指示形容词：이렇다、그렇다、저렇다、어떻다……
	是否具有独立性	独立形容词：맑다、나쁘다、급하다、건강하다……
		辅助形容词：싶다、있다、아니하다、못하다……

性状形容词又可以分为客观形容词和主观形容词两类。"客观形容词(객관적 형용사,客觀的形容詞)",指一种客观存在的性质或状态,如높다、밝다、빠르다、조용하다等;而"主观形容词(주관적 형용사,主觀的形容詞)"所表示的性质或状态可在某些心理或其他作用的影响下发生变化,如밉다、기쁘다、그립다、싫다等。由于主观形容词大部分与说话人的心理状态有关,所以也称之为"心理形容词(심리형용사,心理形容詞)"。心理形容词用于陈述句时,要求主语应为第一人称。

   나는 그가 왔다는 소식에 무척 기쁘다. ☺
   我听到他来的消息非常高兴。
   너는 그가 왔다는 소식에 무척 기쁘다. ☹

3. 形容词的动词化

韩国语形容词与某些词尾、后缀及动词结合后可变为动词,这种现象叫做"形容词的动词化"。了解这一现象,对于准确掌握动词、形容词的各种形态变化及扩大词汇量都大有裨益。

形容词转化为动词的方法主要有转化法、派生法及合成法三种。

❶ 转化法

这里所说的转化法是指词类间的转化,即有些词兼有动词与形容词双重词性,在表示事物的性质时为形容词,而表示事物性质的变化时则为动词。这样的词主要有늦다、밝다、흐리다等。这类词在韩国语中并不多,在句子中究竟是动词还是形容词还要通过上下文来判断。这类词根据其所充当词类的不同,其后面所接的现在时制终结词尾也不相同,例如:

(1) 이 아이는 성장 속도가 남보다 늦다.(形容词)
    这个孩子的成长速度比别人慢。
(2) 그는 약속 시간에 항상 늦는다.(动词)
    他约会时常迟到。
(3) 달이 참 밝다.(形容词)
    月亮非常亮。
(4) 어느새 날이 밝는다.(动词)
    天不知不觉亮了。

❷ 派生法

在形容词词干后加구、리、우、이、추、히等后缀时,形容词变成相应的他动词。变化后,不再表示性质或状态,而表示某种行动。

(1) 구: 걸다(肥沃)→걸구다(使……肥沃)
(2) 리: 부르다(饱)→불리다(填饱)、빠르다(快)→빨리다(加快)
(3) 우: 비다(空的)→비우다(腾空)、크다(大)→키우다(养大)
(4) 이: 높다(高)→높이다(提高)、녹다(湿、软)→녹이다(弄湿、弄软)
(5) 추: 낮다(低)→낮추다(降低)、늦다(慢)→늦추다(拖延)
(6) 히: 넓다(宽阔)→넓히다(加宽)、좁다(窄)→좁히다(弄窄)

❸ 合成法

合成法是形容词词干加-아/어/여之后再与动词지다、하다等结合成词的方法,主要结合情况可见下表:

形容词的动词化（合成法）

合成方法	意义	例词	
形容词词干+-아/어/여 +지다	表示形容词所表示的性质或状态的形成	강하다→강해지다 넓다→넓어지다	길다→길어지다 맑다→맑아지다
形容词词干+-아/어/여 +하다	表示心理状态的变化与感觉的形成过程	그립다→그리워하다 두렵다→두려워하다	귀엽다→귀여워하다 좋다→좋아하다

> 你知道"있다、없다"的用法吗？
> 动词있다与形容词없다在使用时有一些特殊用法，现整理如下。
> 1. 现在时态时：있다.(☺)　있는다.(☹)
> 　　　　　　　 없다.(☺)　없는다.(☹)
> 2. 做定语词尾时：있는 학생(☺)　있은 학생(☹)
> 　　　　　　　　 없는 학생(☺)　없은 학생(☹)
> 3. 与命令形、共动形终结词尾连用时：있어라.(☺)　있자.(☺)
> 　　　　　　　　　　　　　　　　　 없어라.(☹)　없자.(☹)

三、韩国语的辅助谓词

前面已经介绍过，韩国语的动词与形容词根据其在句中是否可以独立使用，分别可分为独立动词与辅助动词、独立形容词与辅助形容词。像辅助动词与辅助形容词这样，在句中不能独立构成句子成分，必须与其他动词结合才能构成句子成分的谓词称为"辅助谓词(보조용언，輔助用言)"。

韩国语的辅助谓词通常具有如下特点。

❶ 除极个别词之外，大部分由独立谓词转化而来，如가다、하다、버리다、있다、보다等。

❷ 辅助谓词其作为独立谓词时原有的词义丧失或消弱，没有独立的词汇意义，只起到添加某种概念或语气的作用。如해 보다中的보다与먹어 버리다中的버리다已经丧失其原来"看"或"扔掉"的词义，分别表示"试行、尝试"或"完成、终结"的含义。

❸ 辅助谓词不能单独充当句子成分，只能与其前面的谓词一起构成句子成分，二者中间通常要有-아/어/여、-고、-게等连结词尾将其结合起来。

韩国语中的主要辅助谓词及其意义见下表。

韩国语的主要辅助谓词及其意义

意义	辅助谓词	示例
否定	(-지) 아니하다、말다、못하다	하지 못하다，보지 말다……
使动	(-게) 하다、만들다	가게 하다、오게 만들다……
被动	(-게) 되다；(-어) 지다	보게 되다、만들어지다……
进行	(-어) 가다、오다；(-고) 있다	돼 가다、지내 오다、하고 있다……
终结	(-어) 내다、버리다；(-고) 말다	해 내다、먹어 버리다、성취하고 말다……
推测	(-는가、-나、-을까) 보다、싶다	좋은가 보다、있나 싶다、떨어질까 싶다……
状态	(-어) 있다、계시다	앉아 있다、누워 계시다……
当为	(-어) 하다	보아야 하다、들어야 하다……
认可	(-기는) 하다	오기는 하다、자기는 하다……
试图	(-어) 보다	가 보다、먹어 보다……

保持	(-어) 두다、놓다	해 놓다、만들어 두다……
愿望	(-고) 싶다	먹고 싶다、보고 싶다……
服务	(-어) 주다、드리다	읽어 주다、봐 드리다……
担心	(-을까) 보다	깨질까 봐、추울까 봐……
反复强势	(-어) 대다	웃어 대다、떠들어 대다……

四、韩国语谓词的活用

1. 谓词的不规则活用

韩国语的谓词在句中的各种语法意义主要通过在谓词的"词干(어간, 語幹)"上添加各种不同的"词尾(어미, 語尾)",即谓词的形态变化来实现。谓词的形态变化被称为谓词的"活用(활용, 活用)"。例如:

(1) 그 학생이 <u>갑니다</u>.
    那个学生去。
(2) 저는 불을 <u>껐습니다</u>.
    我关灯了。
(3) 부모님께서는 내일 <u>오십니다</u>.
    父母明天来。
(4) 민우가 제게 <u>물었습니다</u>.
    敏佑问我了。
(5) 언니는 맛있는 밥을 <u>지었습니다</u>.
    姐姐做了非常好吃的饭。

韩国语的绝大部分谓词在与词尾结合时,其词干的形态保持原形,或者即使变化,也符合韩国语一般性语音变化规律,如(1)、(2)、(3)例中的가다、끄다、오다等,这些词的形态变化属于"规则活用(규칙 활용, 規則活用)"。而有个别谓词则不然。它们的词干在与词尾结合时,其形态变化很难用韩国语的语音变化规则来解释,人们很难根据其变化后的形态推测出其基本形态,如例(4)、(5)中的묻다、짓다等,这些词的形态变化则属于"不规则活用(불규칙 활용, 不規則活用)"。

韩国语中谓词的不规则活用主要分为词干发生变化的"词干不规则活用"、词尾发生变化的"词尾不规则活用"、词干词尾皆发生变化的"词干词尾不规则活用"三种。其具体变化规则及主要例词如下。

韩国语的不规则活用

	分类	变化情况	例词
词干的不规则活用	"ㅅ"不规则活用	元音词尾前,词干的ㅅ脱落。	짓다→지어、지었다 낫다→나아、나았다
	"ㄷ"不规则活用	元音词尾前,词干的ㄷ变为ㄹ。	듣다→들어、들었다 걷다→걸어、걸었다
	"ㅂ"不规则活用	元音词尾前,词干的ㅂ变为오/우。	돕다→도와、도우니、도왔다 덥다→더워、더우니、더웠다
	"르"不规则活用	词干末音节르与元音词尾结合时,르中的一脱落,其前一音节词干上添加ㄹ。	흐르다→흘러요、흘렀다 다르다→달라、달랐다

词尾的不规则活用	"우"不规则活用	元音词尾前，词干的우脱落。	푸다→퍼
	"여"不规则活用	하다或-하다谓词的词干与元音词尾结合时，词尾不取아而取여，结合为하여或해。	하다→하여/해 일하다→일하였다/일했다
	"러"不规则活用	以르为末音的谓词词干与元音词尾结合时，元音词尾变成러。	이르다→이르러 푸르다→푸르러
	"거라"不规则活用	가다等部分谓词在与表示命令的词尾-아라结合时，-아라变为-거라。	가다→가거라 자다→자거라
	"너라"不规则活用	오다等部分谓词在与表示命令的词尾-아라结合时，-아라变为-너라。	오다→오너라 들어오다→들어오너라
	"오"不规则活用	달-/다-的命令形词尾变为오。	달다→다오
词干词尾的不规则活用	"ㅎ"的不规则活用	词干末音为ㅎ的形容词，在与以ㄴ、ㄹ、ㅁ、ㅂ、시为首音的词尾或元音오结合时，ㅎ脱落。 与-아서或-아지다结合时，词干末音ㅎ前的아、어与词尾的아、어合成为애。	가맣다→가마니、가마면 그렇다→그래、그랬다 파랗다→파란、파래지다 노랗다→노래、노랬다

在韩国语常用谓词中，有一部分谓词从词形上看与不规则谓词具有相同的特点，但与词尾连用时却并不相同。为便于今后的使用，现将韩国语主要不规则谓词及规则谓词整理如下。

韩国语的规则谓词与不规则谓词

分类	主要谓词
"ㅅ"不规则谓词	잇다(连接)、짓다(做、盖)、붓다(倾倒)、긋다(划)、젓다(挥动)、낫다(痊愈)、낫다(好一些)……
"ㅅ"规则谓词	빗다(梳)、솟다(升起)、빼앗다(抢)、씻다(洗)……
"ㄷ"不规则谓词	걷다(走)、듣다(听)、싣다(载)、깨닫다(领悟)、묻다(问)、일컫다(叫)……
"ㄷ"规则谓词	믿다(相信)、얻다(获得)、쏟다(倒)、닫다(关)、묻다(埋)、돋다(冒)……
"ㅂ"不规则谓词	눕다(躺)、돕다(帮助)、굽다(烤)、깁다(缝)、곱다(漂亮)、덥다(热)、춥다(冷)、가깝다(近)、맵다(辣)、밉다(丑)、쉽다(容易)、줍다(拾，拣)、우습다(可笑)……
"ㅂ"规则谓词	뽑다(拔)、입다(穿)、접다(折叠)、잡다(抓)、씹다(嚼)、좁다(窄)、수줍다(害羞)、굽다(弯曲)……
"르"不规则谓词	모르다(不知道)、흐르다(流淌)、오르다(上)、이르다(告诉)、찌르다(刺)、기르다(养)、가르다(分)、고르다(挑选)、누르다(按压)、나르다(搬运)、게으르다(懒惰)、다르다(不同)、빠르다(快)、부르다(饱)、바르다(正)、이르다(早)……
"르"规则谓词	따르다(跟随)、다다르다(到达)、치르다(支付)、들르다(顺便去)……
"우"不规则谓词	푸다(盛、舀、汲)
"우"规则谓词	주다(给)、누다(屙)
"여"不规则谓词	하다(做)、공부하다(学习)、사랑하다(爱)、정리하다(整理)、건강하다(健康)、행복하다(幸福)……
"러"不规则谓词	이르다(到达)、누르다(黄)、푸르다(绿、蓝)……
"거라"不规则谓词	가다(去)、자다(睡)、자라다(长)、일어나다(起来)、들어가다(进去)、올라가다(上去)、있다(在)、서다(站)、듣다(听)、앉다(坐)……
"너라"不规则谓词	오다(来)、나오다(出来)、들어오다(进来)……
"ㅎ"不规则谓词	까맣다(黑)、꺼멓다(黑)、거멓다(黑)、노랗다(黄)、누렇다(黄)、발갛다(红)、빨갛다(红)、벌겋다(红)、파랗다(绿)、퍼렇다(绿)、하얗다(白)、허옇다(白)、보얗다(灰)、멀겋다(稀)……
"ㅎ"规则谓词	낳다(生)、놓다(放)、닿다(到达)、찧다(捣)、좋다(好)……

2. 韩国语的词尾

前面已经提到，韩国语谓词的活用是通过在词干后附加词尾实现的。词尾在词干后添加语法意义，表示其在句中的语法功能。据统计，韩国语中有500余个词尾。具有丰富的词尾，是韩国语的主要语法特点之一。对中国学生而言，如何准确地理解与使用数目繁多且用法各异的词尾，是韩国语学习的重点与难点之一。

❶ 词尾的分类

韩国语的词尾根据其所处位置的不同可分为词末词尾与非词末词尾。例如：

(1) 산은 높고 물은 맑다.
山高水清。
(2) 그분께서 그 일을 하셨겠다.
他可能已经做那件事了。

词末词尾(어말어미，語末語尾)"接在词干后，可以单独与词干构成活用形，如例(1)中的-고、-다。"非词末词尾(선어말어미，先語末語尾)"位于词干与词末词尾之间，不能单独与词干构成活用形，必须与词末词尾相结合才能构成完整的活用形，如例(2)中的-시-、-었-、-겠-"。

韩国语的词尾又有很多下级分类，其具体分类情况大体如下。

韩国语词尾的分类

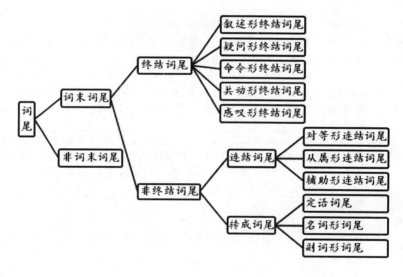

❷ 词末词尾

根据语法功能的不同，词末词尾又可分为终结词尾与非终结词尾。

Ⅰ) 终结词尾

出现在句尾，具有完结句子的功能，因此被称为"终结词尾(종결어미，終結語尾)"。

(1) 나는 학교에 간다. (陈述形)
我去学校。
(2) 고향에 가니? (疑问形)
你回老家吗？

(3) 빨리 집에 <u>가라</u>. (命令形)
　　赶快回家吧。
(4) 얼른 <u>가자</u>. (共动形)
　　快走。
(5) 벌써 <u>갔구나</u>! (感叹形)
　　已经走了啊!

终结词尾根据其完结句子方式的不同可分为"陈述形(평서형，平敍形)"、"疑问形(의문형，疑問形)"、"命令形(명령형，命令形)"、"共动形(청유형，請誘形)"及"感叹形(감탄형，感嘆形)"。

(1) 나는 학교에 <u>간다</u>.
　　我去学校。
(2) 저는 학교에 <u>갑니다</u>.
　　我去学校。
(3) 저는 학교에 <u>가요</u>.
　　我去学校。

从上例可以看出，终结词尾不仅可以表示句子的终结，还可以表示对听话者尊敬与否。有关终结词尾构成的句子类型与敬语法的相关内容将在本书后面章节中具体介绍。

▶ 非终结词尾

不出现在句尾，而是用来连接句子与句子或起到转变词性功能的词尾被称为"非终结词尾(비종결어미，非終結語尾)"。非终结词尾又分为连结词尾与转成词尾。

"连结词尾(연결어미，連結語尾)"用来连结分句与分句、谓词与谓词，在句中起连结作用。连结词尾根据其语法功能的不同，可分为对等形连结词尾、从属形连结词尾及辅助形连结词尾。

(1) 노래를 하<u>며</u> 일을 한다.
　　边唱歌边干活。
(2) 봄이 오<u>면</u> 꽃이 핀다.
　　春天到了，花开了。
(3) 이럴 때 커피를 마시<u>고</u> 싶다.
　　这个时候很想喝咖啡。

上例(1)中的-며表示同时进行，像这样连结两个或两个以上分句，表示并列、对立、选择等对等关系的词尾为"对等形连结词尾"；例(2)中的-면表示假设，像这样位于分句与分句之间，表示因果、条件、意图、让步、前提等从属关系的词尾为"从属形连结词尾"；像例(3)中的-고这样，用于连结独立谓词与辅助谓词，为独立谓词添加各种语法意义的词尾被称为"辅助形连结词尾"，辅助形连结词尾主要有-아/-어、-고、-게、-지等。

接在谓词词干后，改变谓词的语法功能，使其临时具有其他词性特点的词尾被称为"转成词尾(전성어미，轉成語尾)"。转成词尾根据其使谓词所具有性质的不同，可分为定语词尾、名词形词尾、副词形词尾三类。

(1) 옛날에 <u>예쁜</u> 공주가 살고 있었다.
　　从前有一个美丽的公主。
(2) 정말 <u>가기</u> 싫어요.
　　真不愿意去。
(3) 우리는 <u>행복하게</u> 삽니다.
　　我们生活得很幸福。

像上述例(1)中的-ㄴ这样，接在谓词词干或叙述格助词后，使其具有冠形词性质，在句中可以充当定语成分的词尾被称为"定语词尾(관형사형어미，冠形詞形語尾)"。定语词尾有-는、-(으)ㄴ、-던、、-(으)ㄹ等，这些词尾在句中还可以表示相对时制。像上述例(2)中的-기这样，使谓词或叙述格助词具有名词性质的词尾被称为"名词形词尾(명사형어미，名詞形語尾)"。名词形词尾主要有-기、-(으)ㅁ。像上述例(3)中的-게这样，使谓词或叙述格助词具有副词性质的词尾被称为"副词形词尾(부사형어미，副詞形語尾)"。副词形词尾主要有-게等。

❸ 非词末词尾

前面已经介绍过，非词末词尾因其位于词干与词末词尾之间而得名。与词末词尾相比，非词末词尾的数目非常有限，只有表示主体尊敬的-(으)시-与表示时间的-았-/-었-/-였-、-겠-、-더-等几个。

> 그분은 보셨겠다.
> 他可能已经看到了。

两个或两个以上的非词末词尾可以连用。上例中的-시-、-었-、-겠-都是非词末词尾，其中-시-表示对句子主体的尊敬，-었-与-겠-结合起来，表示对过去事情的猜测。此外，谓词词干后必须要有词末词尾与其结合才能行使一定的语法功能，而非词末词尾则不是必需的，在句中既可以出现，也可以缺失。

 练习

● 找出下文中的动词、形容词，并按要求分类。

> 아름다운 웃음
>
> 세상에는 아름다운 보석이 많습니다.
> 그중에서 가장 아름다운 보석은
> 사랑하는 이들의 웃음인 것 같습니다.
> '웃음'이라는 것. 참으로 신비한 힘을 지녔지요.
>
> 삶이 힘들고 지칠 때면
> 내 모든 것을 이해하고 감싸 주는
> 그대의 웃음을 마음에 담아 봅니다.
> 그러면 어느새 마음은 평안해지지요.
>
> 불안해질 때마다 그대의 믿음직한 웃음으로 인해
> 든든함을 얻습니다.
> 순간순간 그려지는 사랑하는 이의 웃음은
> 삶의 샘물 같습니다.
>
> 나를 바라보며,

나의 못난 모습까지도 웃음으로 안아 주는 이들이 있어
나는 행복합니다.
나 또한 그들에게 함박웃음으로
힘이 되고 싶습니다.

그들에게 다가가 속삭여 보려 합니다.
"당신의 웃음을 살며시 안았더니
당신의 심장이 나의 가슴에서 뜁니다"라고……

《아름다운 55가지 이야기》에서

动词: _____

　* 他动词: _____
　　自动词: _____
　* 独立动词: _____
　　辅助动词: _____

形容词: _____

　* 独立形容词: _____
　　辅助形容词: _____

● 找出下列各组词中与其他词活用形式不同的词。

(1) ① 잇다　② 짓다　③ 솟다　④ 젓다　(　)
(2) ① 걷다　② 듣다　③ 싣다　④ 믿다　(　)
(3) ① 잡다　② 눕다　③ 굽다　④ 돕다　(　)
(4) ① 누르다　② 흐르다　③ 따르다　④ 오르다　(　)

● 找出下文中所有的词尾，并试着按下面的要求将其分类。

마음이 통하는 사람

　마음이 통하는 사람을 만났습니다. 자신의 '부족함'에 대해 이야기하더군요. 하지만 나는 그 사람의 얼굴에서, 말에서, 몸짓에서 넘쳐나는 '충족함'을 보았습니다.
　전화 목소리만 들어도 왠지 편안해지는 사람을 만났습니다. 자신의 '조급함'에 대해 이야기하더군요. 하지만 나는 그 사람의 일상에 깃들어 있는 '여유로움'을 읽었습니다.
　자주 얼굴이 붉어지는 사람을 만났습니다. 자신의 '우유부단함'에 대해 이야기하더군요. 하지만 나는 자신에게는 말할 수 없이 엄격하면서도 다른 사람들에게는 늘 이해와 아량으로 대하는 그 사람의 삶에서 진정한 '단호함'이란 무엇인가를 느꼈습니다.
　사람 향기가 물씬 묻어나는 사람을 만났습니다. 자신의 '교만함'에 대해 이야기하더군요. 하지만 나는 약하고 보잘것없는 사람들 앞에서는 자신을 한없이 낮추면서도, 힘으로 남을 억누르려 하는 자들 앞에서는 한 치도 물러서지 않는 그 사람의 행동에서 진짜 '겸손함'을 배웠습니다.

　문득문득 그리워지는 사람을, 비로소 만났습니다. 자신의 '좁은 식견'에 대해 이야기하더군요. 하지만 나는 그 사람의 눈동자에서 원대한 '꿈과 이상'을 엿보았습니다.

　참, 흐뭇한 날이었습니다. 이렇듯 좋은 사람을 친구로 둔 나는 정말 행복한 사람임에 틀림없습니다.

《아름다운 55가지 이야기》에서

词末词尾: _____
_____

终结词尾: _____
非终结词尾: _____

非词末词尾: _____
_____

第四节 韩国语的修饰词

修饰词是指在句中对中心语起修饰或限定作用的词。修饰词根据其修饰与限定的是体词还是谓词分为冠形词与副词。下面将对冠形词与副词的定义、主要特点及分类情况等作简要介绍。

一、韩国语的冠形词

1. 冠形词的特点

用于体词前，修饰体词，表明体词的性质、分量的词，被称为"冠形词(관형사，冠形詞)"。如별、헌、어느、무슨、각、온、모든等。其主要特点可以通过如下例句得以体现。

(1) 내일부터 <u>새</u> 학기가 시작합니다.
从明天开始新学期开学。
(2) <u>저</u> 키 큰 사람은 <u>어느</u> 나라 사람이에요?
那位高个的是哪国人啊?
(3) <u>온</u> 세상 모두 하얗게 변했다.
整个世界都变成了白色。
(4) 학생이 <u>약</u> 30명 정도 왔어요.
来了大概30名学生。

通过以上例句可以看出，韩国语的冠形词具有如下几个主要特点。
❶ 冠形词在体词前，修饰体词，在句中做定语。
❷ 冠形词在使用时没有任何形态变化。
❸ 冠形词不能与助词或词尾相结合。

2. 冠形词的分类

冠形词可分为指示冠形词、性状冠形词与数量冠形词三类。
❶ 指示冠形词

"指示冠形词(지시관형사，指示冠形詞)"通常用来指示在谈话现场或谈话中提及的某一对象，例如：

이 그림(这幅画)　　　　저 사람(那个人)
그런 일(那种事)　　　　어느 도시(哪个城市)
무슨 책(什么书)　　　　어떤 선물(什么样的礼物)
본 연구소(本研究所)　　귀 대학(贵大学)

指示冠形词从来源上看，可以分为固有词系列与汉字词系列两类，其具体分类及例词可参考下表。

指示冠形词的分类及例词

分类			主要例词
指示冠形词	固有词系列	近称	이、요、이런
		中称	그、고、그런
		远称	저、조、저런
		不定称	어느、어떤、아무、무슨
	汉字词系列	第一人称	본(本)、당(當)、차(此)……
		第二人称	귀(貴)
		第三人称	해(該)、피(彼)、타(他)……

> 你知道冠形词이、그、저与代词이、그、저的区别吗?
>
> 指示冠形词이、그、저与指示代词이、그、저在形态上完全相同，其主要区别在其后所接的成分。代词与助词结合可以构成句子的主要成分，而冠形词则不能与助词结合。
>
> 이는 사실이다. (代词)
> 这就是事实。
> 이 사실은 다 아는 것이다. (冠形词)
> 这个事实大家都知道。

❷ 性状冠形词

"性状冠形词(성상관형사，性狀冠形詞)"通常用来指示体词所指事物的性质或状态，例如：

새 집(新家)　　　　　헌 책(旧书)
온 가족(全家)　　　　순 한국식(纯韩国式)
각 계절(各个季节)　　만 20세(满20岁)
과학적 판단(科学的判断)　현실적 문제(现实问题)

性状冠形词的具体分类及主要词例如下。

性状冠形词的分类及例词

	分类	主要例词
性状冠形词	固有词系列	새、맨、옛、첫、헌、헛、참、거짓、윗、오른……
	汉字词系列	순(純)、잡(雜)、신(新)、초(超)、고(故) 각(各)、단(單)、만(滿)、-적(的)……

以上汉字词系列例词中带后缀"-적(的)"的冠形词有时还兼有名词、副词的词性，其在句中的词性因其后面所跟成分的不同而不同。一般来说，如果其后面接体词时是冠形词，而其后面接助词时则为名词，其后面接谓词时为副词。例如：

(1) 이 문제는 참 현실적인 문제이다. (冠形词)
　　这个问题真是一个很现实的问题。
(2) 그 사람은 잘생겼지만 정말 이기적이다. (名词)
　　那人虽然长得很好，但非常自私。
(3) 비교적 쉬운 문제부터 해결합시다. (副词)
　　我们先解决稍微容易点的问题吧。

❸ 数量冠形词

"数量冠形词(수관형사，數冠形詞)"通常用来表示后续体词的数量或顺序，例如：

한 사람(一个人)　　　　곰 세 마리(三只熊)
사과 스무 개(二十个苹果)　　여러 번(好几次)
첫째 사람(第一个人)　　　　모든 학생(所有学生)
삼 형제(三兄弟)　　　　　　사 학년(四年级)
오 개월(五个月)　　　　　　반 년(半年)

大部分的数量冠形词都用在表示计量单位的单位性依存名词之前，但也有一些数量冠形词可以直接用在自立名词前面。

数量冠形词的主要分类与例词如下。

数量冠形词的分类及例词

分类			主要例词
数量冠形词	固有词系列	定数	한、두、세(서、석)、네(너、넉)、열한、스무……
		概数	한두、서너、여러、모든、온、온갖、갖은……
	汉字词系列	定数	일、이、삼、이십……
		概数	일이(一二)、사오(四五)、전(全)、반(半)……

> 你知道数量冠形词与数词的区别吗？
> 数量冠形词与数词在形式上非常相似，但二者在使用时却各不相同。区分二者的最主要标准是看其后是否可以带助词，可以带助词的是数词，反之则为数量冠形词。例如：
> 저의 가족은 모두 셋입니다. （数词）
> 종이 석 장을 가져오세요. （数量冠形词）
> 우리집 둘째는 작년에 대학에 입학했다. （数词）
> 둘째 사람은 제 친구이다. （数量冠形词）

3. 冠形词的排列顺序

在实际使用中，经常会出现两种或两种以上冠形词连用的情况，此时，这些冠形词的排列需要有一定的顺序。例如：

(1) 指示冠形词+性状冠形词
　　이 새 옷(这件新衣服)
(2) 指示冠形词+数量冠形词
　　저 두 사람(那两个人)
(3) 指示冠形词+数量冠形词+性状冠形词
　　이 세 옛 친구(这三个老朋友)
(4) 指示冠形词+数量冠形词+性状冠形词
　　저 모든 헌 집(所有的那些旧房子)

从以上例子可以看出，指示冠形词通常要出现在性状冠形词与数量冠形词前面，三种冠形词的排列顺序为："指示冠形词+数量冠形词+性状冠形词"。

二、韩国语的副词

1. 副词的特点

用于谓词前，修饰谓词，使其意义更加明确的词，被称为"副词(부사，副词)"。如매우、

빨리、높이、갑자기、아마、그러나、못等。副词的主要特点可以通过如下例句得以体现。

(1) 발이 아파서 <u>빨리</u> 걸을 수가 없어요.
    脚疼，走不快。
(2) <u>아주</u> 새 옷인데, 왜 버려요?
    挺新的衣服，干嘛扔掉？
(3) 여기가 <u>바로</u> 제 집입니다.
    这就是我的家。
(4) <u>가장</u> 일찍 일어났습니다.
    起得最早。
(5) 이 선물이 <u>너무도</u> 마음에 듭니다.
    这个礼物非常称心。
(6) 고향의 하늘 <u>그리고</u> 바다가 그립습니다.
    想念故乡的天空和大海。
(7) 밥을 먹었다. <u>그러나</u> 배가 부르지 않다.
    吃饭了，但是没吃饱。
(8) <u>어서</u>들 오세요.
    大家快请进。

通过以上例句可以看出，韩国语的副词具有如下主要特点。

❶ 副词一般修饰或限制其后续的成分。
❷ 副词不仅可以修饰谓词，也可以修饰其他副词、冠形词、体词以及句子。
❸ 副词不仅具有连接词语及词组的功能，还具有连接句子的功能。
❹ 副词后可以与补助词连用，但不能与格助词连用。
❺ 副词后可带表示复数的后缀-들，表示主体为复数。

2. 副词的分类

副词根据其修饰范围的不同可分为成分副词和句子副词两类。

❶ 成分副词

"成分副词(성분부사，成分副詞)"通常用来修饰句子内部的某一个成分，例如：

(1) 한국어는 <u>아주</u> 재미있다.
    韩国语非常有趣。
(2) <u>이리</u> 오세요.
    请到这边来。
(3) 저는 <u>못</u> 가 봤어요.
    我没去过。

成分副词从意义上看，可以分为性状副词、指示副词与否定副词，其具体分类与例词如下。

成分副词的分类及例词

	分类	主要例词
成分副词	性状副词	잘、매우、빨리、높이、천천히、거의、가장、바로、겨우、아주、열심히、깡충깡충、졸졸、꿀꿀、멍멍……
	指示副词	이리、그리、저리、여기、거기、저기、이리로、가까이、멀리、아까、이미、벌써、요즘、지금……
	否定副词	안、못

❶ 性状副词

"性状副词(성상부사, 性狀副詞)"一般用来修饰或限定谓词的状态或程度, 有时也可以修饰表示程度、位置或数量的体词。例如:

(1) 정문 바로 건너편에 한식당이 하나 있어요.
    正门正对面有一家韩餐厅。
(2) 겨우 셋만 가는구나.
    才三个人去啊。

模仿事物声音的"拟声副词(의성부사, 擬聲副詞)"与模仿事物动作的"拟态副词(의태부사, 擬態副詞)"也被包括在性状副词之内, 拟声词和拟态词通称为"象征副词(상징부사, 象徵副詞)", 它们可以修饰动词, 表示事物的声音或动作的形态。

(1) 시냇물이 졸졸 흐른다.
    溪水潺潺流淌。
(2) 나비가 훨훨 날아갑니다.
    蝴蝶翩翩起舞。

❷ 指示副词

用来指示处所、方向或时间的词被称为"指示副词(지시부사, 指示副詞)", 主要例词如下。

(1) 处所: 여기、거기、저기、이리、그리、저리、요리、고리、조리、이리로、그리로、저리로、가까이、멀리、높이……
(2) 时间: 아까、방금、금방、즉시、곧、지금、인제、당장、차차、이미、요즘、벌써、먼저、이후、나중、오늘、어제、그저께、엊그저께、작년、재작년、어느새、삽시에、영영……

指示处所的指示副词也可以指示行为的方式, 例如:

(1) 사나이가 저리 울 수가 있나?
    男子汉怎么能哭成那样?
(2) 요새 왜 이리 피곤하냐?
    最近怎么这么累?

여기、거기、저기、어디等词原为代词, 在其后不带助词时成为指示副词, 例如:

(1) 여기(거기、저기)에 앉으세요. (代词)
    请坐这儿(那儿、那儿)。
(2) 여기(거기、저기) 있는 물건은 누구 거니? (副词)
    在这儿(那儿、那儿)的东西是谁的?

오늘、어제、내일等词原为名词, 但在以下句子中, 其所属词类发生变化, 成为副词。

(1) 내일은 제 생일입니다. (名词)
    明天是我生日。
(2) 내일 일찍 일어나세요. (副词)
    明天早点儿起床。

❸ 否定副词

用否定的方式修饰动词或形容词的词被称为"否定副词(부정부사, 否定副詞)", 否定副词只有안、못两个, 例如:

(1) 그는 숙제를 한 번도 안 냈어요.
    他一次都没交作业。
(2) 그는 어제 많이 아파서 숙제를 못 냈어요.
    他昨天病得很厉害,没能交上作业。
(3) 나는 학교에 안 간다.
    我不去学校。
(4) 나는 학교에 못 간다.
    我去不了学校。

从上例中可以看出,안表示有意的否定,相当于汉语的"不";而못则表示因客观条件或自身能力所限而无法做某事,相当于汉语的"不能、没能"。

当几个副词并列使用时,否定副词通常在最后,其排列顺序一般为"指示副词+性状副词+否定副词"。

저리 잘 안 먹는 아이도 있어요?
有那么不爱吃饭的孩子吗?

❷ 句子副词

与修饰或限制某一句子成分的成分副词不同,"句子副词(문장부사,文章副詞)"通常用来修饰整个句子,表示说话人的心理态度。

句子副词又可以分为样态副词与接续副词两类,具体分类情况及主要例词如下。

句子副词的分类及例词

	分类	主要例词
句子副词	样态副词	과연、설마、아마、만일、설사、비록、아무리、제발、부디、아무쪼록、도저히、혹시、마치……
	接续副词	및、또、또는、또한、혹은、그리고、그러나、그러면、그러므로、아무튼、게다가……

❶ 样态副词

"样态副词(양태부사,樣態副詞)"一般用来表示说话人的态度或意图,通常有如下几种类型。

(1) 表示断定或肯定:과연、정말、실로、모름지기、물론……
(2) 表示假设或猜测:설마、설령、가령、비록、만일、만약、아무리、아마、혹시……
(3) 表示希望或请求:부디、제발、아무쪼록……

样态副词在使用时常与其后面的成分相呼应。一般来说,表示断定或肯定的样态副词常与陈述形相呼应,表示假设或猜测的样态副词常与表示假设、让步、转折、推测关系的连结词尾或疑问形相呼应,而表示希望或请求的样态副词则多与命令形或表示条件的连结词尾相呼应。例如:

(1) 과연 훌륭한 분이다.
    他果真是一个非常优秀的人。
(2) 설마 혼자 오는 게 아니겠지?
    该不会是一个人来的吧?
(3) 만일 내일 비가 온다면 등산을 못 할 것이다.
    假如明天下雨的话就不能登山了。
(4) 아마 그는 내일 올 것이다.
    可能他明天来。

(5) 제발 가지 마세요.
　　请您千万别走。

接续副词

"接续副词(접속부사，接續副詞)"一般用来连接词语或句子并修饰其后的内容，主要功能与类型大体如下。

(1) 连接词语：또、또는、및、혹은……
(2) 连接句子：顺接：왜냐하면、그러므로、그러니까、따라서、그러면、그래서、이른바……
　　　　　　　逆接：그러나、그렇지만、하지만、그런데……
　　　　　　　并列或添加：그리고、또한、또는、게다가、더욱이、즉……

连接词语的接续副词및、또는等多用于书面语，其功能与助词나/이나或와/과等相似。一般来说，连接词语的副词在句中做状语，而连接句子的副词则在句中做独立语。例如：

(1) 지식 <u>또는</u> 지혜가 필요하다.
　　需要知识与智慧。
(2) 봄이 왔다. <u>그러나</u> 따뜻하지 않다.
　　春天来了，但天气并不暖和。

练习

● 在下文中的冠形词下画"＿＿＿"，副词下画"≈"。

　　봄, 여름, 가을, 겨울, 두루 사시(四時)를 두고 자연이 우리에게 내리는 혜택에는 제한이 없다. 그러나 그 중에도 그 혜택을 풍성히 아낌없이 내리는 시절은 봄과 여름이요, 그 중에도 그 혜택을 가장 아름답게 나타내는 것은 봄, 봄 가운데도 만산(萬山)에 녹엽(綠葉)이 싹트는 이 때일 것이다. 눈을 들어 하늘을 우러러 보고 먼 산을 바라보라. 어린애의 웃음 같이 깨끗하고 명랑한 5월의 하늘, 나날이 푸르러 가는 이 산 저 산, 나날이 새로운 경이(驚異)를 가져오는 이 언덕 저 언덕, 그리고 하늘을 달리고 녹음을 스쳐 오는 맑고 향기로운 바람—우리가 비록 빈한하여 가진 것이 없다 할지라도, 우리는 이러한 때 모든 것을 가진 듯하고, 우리의 마음이 비록 가난하여 바라는 바, 기대하는 바가 없다 할지라도, 하늘을 달리어 녹음을 스쳐 오는 바람은 다음 순간에라도 곧 모든 것을 가져올 듯하지 아니한가？
　　오늘도 하늘은 더할 나위 없이 맑고, 우리 연전(延專) 일대를 덮은 신록은 어제보다도 한층 더 깨끗하고 신선하고 생기 있는 듯하다. 나는 오늘도 나의 문법 시간이 끝나자, 큰 무거운 짐이나 벗어 놓은 듯이 옷을 훨훨 떨며, 본관 서쪽 숲 사이에 있는 나의 자리를 찾아 올라간다. 나의 자리래야 솔밭 사이에 있는, 겨우 걸터앉을 만한 조그마한 소나무 그루터기에 지나지 못하지마는, 오고 가는 여러 동료가 나의 자리라고 명명(命名)하여 주고, 또 나 자신도 하룻동안에 가장 기쁜 시간을 이 자리에서 가질 수 있으므로, 시간의 여유가 있을 때마다 나는 한 특권이나 차지하는 듯이, 이 자리를 찾아 올라와 앉아 있기를 좋아한다.

　　　　　　　　　　　　　　　　　　　　　　　　이양하: 《신록예찬》

● 从所给冠形词中选择填空。

> 이、그런、어느、아무、무슨、어떤、본、귀、새、
> 헌、옛、첫、전、한、세、여러、모든、온、온갖

(1) 눈이 오면, ___ 세상은 하얗게 변합니다.
(2) 영희 씨, ___ 계절을 가장 좋아해요?
(3) ___ 일도 없을 테니까 걱정하지 마세요.
(4) 부모님은 ___ 정성을 쏟아 우리를 키우셨습니다.
(5) 한국에서는 식사를 할 때 ___ 사람이 찌개를 같이 먹어요.
(6) 요즘 ___ 노래가 유행입니다.
(7) 오랜만에 만난 그녀는 ___ 모습 그대로였다.
(8) 나는 오늘 ___ 월급을 받았다.
(9) 동생은 ___ 신발을 사자마자 ___ 신발을 버렸다.
(10) ___ 사람 처음 봤어요.
(11) 그의 말은 ___ 뜻인지 잘 모르겠어요.
(12) ___ 세계가 이 사건을 주목하고 있다.
(13) 커피 ___ 잔과 차 ___ 잔 주세요.
(14) ___ 학과에서는 학생을 모집하고 있습니다.
(15) ___ 기관의 무궁한 발전을 진심으로 기원합니다.
(16) 걱정하지 마세요. ___ 일이 다 잘 될 거예요.
(17) 친구 생일 때 ___ 선물을 주면 좋을지 잘 모르겠네요.

● 选择合适的副词填空。

(1) 나는 어제 하루 종일 집에서 쉬었다. _____ 오늘도 여전히 피곤하다.
　　① 그리고　② 그러므로　③ 그런데　④ 그래서
(2) 영희는 숙제를 했다. _____ 설거지를 시작했다.
　　① 그리고　② 그러므로　③ 그런데　④ 그래서
(3) 북경에 오신 지 넉 달이 되었다고요? _____ 자금성에 가 보셨겠네요?
　　① 그리고　② 그러므로　③ 그런데　④ 그러면
(4) 토요일에는 야근을 해야 한다. _____ 그날에는 약속을 잡지 않는다.
　　① 그리고　② 그러나　③ 그런데　④ 그래서

● 标出画线部分单词的词性，根据例句体会其在作为不同词性的词使用时各自的特点。

(1) 가까이: 그녀는 가로등 가까이에 서 있다.
　　　　　 가방을 좀 가까이 놓아라.
(2) 지금: 지금은 너무 바빠서 영화 볼 시간을 낼 수가 없습니다.
　　　　 지금 막 나가려는 참이에요.
(3) 바로: 개인의 발전이 바로 나라의 발전이다.
　　　　 공장 정문 바로 앞에 우리 학교가 있다.

第五节 韩国语的关系词

前面已经提到，本身不具有独立性，必须接在具有独立性的其他词后面，表示一定语法关系的词被称为关系词。助词是韩国语关系词的代表性词类。在这一部分中，将对韩国语助词的定义、特点及分类情况等作简要介绍。

一、助词的定义与特点

"助词(조사，助詞)"通常与体词或具有体词功能的成分相结合，表示该词与其他词之间的语法关系。尽管助词没有独立的词汇意义，不能单独充当句子成分，但其与体词结合后，即可表示该词在句中的地位，帮助其实现各种语法意义。

(1) 나는 과일과 야채만 좋아한다.
我只喜欢水果和蔬菜。
(2) 소아는 새벽부터 도서관에서 한국어를 공부해요.
小雅从清晨开始在图书馆学习韩国语。

在例(1)中，助词는接在代词나后，表示谓语说明的主体；助词과用来连接名词과일与야채；助词만接在과일과 야채后，表示限制。在例(2)中，助词는接在人名소아后，表示说明的对象；助词부터接在名词새벽后，表示时间的起点；助词에서接在名词도서관后，表示动作进行的场所；助词를接在名词한국어后，使其在句中充当宾语。

助词在具体使用时，具有如下区别于其他词类的特点。

❶ 助词一般接在体词后，但有时也可以接在副词或连结词尾后。例如：

(1) 날씨가 몹시도 덥다.
天气非常热。
(2) 일이 그리 쉽지는 않아요.
事情不太容易。

❷ 助词一般没有形态变化，但叙述格助词이다则可以活用，在使用时具有形容词的一些特征。例如：

(1) 소아는 정말 미인이에요.
小雅真是一位美女。
(2) 그는 원래 의사였습니다.
他以前是一位医生。
(3) 교수인 그는 좋은 시도 많이 쓰셨다.
身为教授的他还写了很多好诗。

❸ 具有相同语法功能的助词根据与其相结合的体词末尾音节的不同而采取不同的变体。这样的助词主要有가/이、는/은、를/을、와/과、로/으로等，例如：

저는 학교에서 한국어를 공부하고 형은 은행에서 일을 합니다.
我在学校学习韩国语，哥哥在银行工作。

上例中的는/은、를/을就是因其前体词尾音的不同而出现的不同变体，在元音后接는或를，在收

音后接은或을。

❹ 格助词가、의、에게与部分代词结合时，使这些代词在形态上发生一些变化。具体变化情况如下。

(1) 나、저、너、누구 + 가 → 내가、제가、네가、누가
(2) 나、저、너 + 의 → 내(나의)、제(저의)、네(너의)
(3) 나、저、너 + 에게 → 내게(나에게)、제게(저에게)、네게(너에게)

❺ 部分助词可以与其他助词连用，构成复合助词。但这种结合并非任意的，而是受一定规则的支配。

(1) 어머니는 남동생만을 좋아하십니다.
    妈妈只喜欢弟弟。
(2) 집에서도 공부할 수 있다.
    在家里也可以学习。
(3) 친구로부터 초청을 받아 한국에 갑니다.
    接受朋友的邀请去韩国。

❻ 根据口语、书面语等语体的不同，在助词的使用上有一定的差异。例如한테、한테서、하고、랑/이랑等部分助词与其相对应的에게、에게서、와/과意义相同，但前者只用于口语中，后者则多用于书面语。

(1) 친구한테서/에게서 편지가 왔어요.
    朋友来信了。
(2) 오빠하고/와 같이 서울에 다녀왔어요.
    和哥哥一起去了一次首尔。

❼ 在口语中，主格助词、宾格助词等常被省略或缩略。例如：

(1) 밥(을) 먹었니?
    吃饭了吗?
(2) 절(→저를) 믿어 주세요.
    请相信我。

但是，一般来说，副词格助词即使在口语中也不能被省略。

❽ 根据助词前面体词属性的不同，即使表达相同的语法意义，其所用的助词也不尽相同。一般来说에게(더러、한테)、에게서常用于活动体体词后，에、에서则常用于非活动体体词后。例如：

(1) 나무에 물을 주었다.
    给树浇水。
(2) 동생에게 가방을 주었다.
    给弟弟书包。
(3) 그 책은 집에 있어요.
    那本书在家里。
(4) 그 책은 친구에게 있어요.
    那本书在朋友那里。

由于汉语不是靠助词，而是靠语序来表示一定的语法关系的，所以对于以汉语为母语的中国学生来说，如何理解与使用韩国语中纷繁复杂的助词是学习中的重点与难点。只有准确地理解每一个助词的语法意义，才能在实际使用中避免遗漏或误用助词。

二、助词的分类

助词一般可分为格助词、接续助词和添意助词三类。助词的大体分类情况如下。

韩国语助词的分类

	分类	例词
助词	格助词	主格助词	가/이、께서
		宾格助词	를/을
		叙述格助词	이다
		补格助词	가/이
		属格助词	의
		副词格助词	에、에게、한테、로/으로、에서、에게서……
		呼格助词	아/야
	接续助词	와/과、하고、랑/이랑、(에)다、며/이며
	添意助词	는/은、만、뿐、도、까지、마저、조차、나/이나、든지/이든지……

接下来将对这三类助词做简要介绍。

1. 格助词

所谓"格(격，格)"，是指名词、代词与句中其他词的关系。韩国语中的格通过格助词得以表现。"格助词(격조사，格助詞)"用于体词后，表示该词与其他词之间的关系，在句中充当某一成分。格助词又可以分为主格助词、宾格助词、叙述格助词、补格助词、属格助词、副词格助词和呼格助词七类。

❶ 主格助词

"主格助词(주격조사，主格助詞)"是使体词或相当于体词的成分具有主语资格的助词，表示主语。韩国语的主格助词主要有가/이、께서。其中가/이是主格助词中最典型的形态，在表示对其前体词的尊敬时，用께서代替가/이。例如：

(1) 민우가 학교에 갑니다.
   敏佑去学校。
(2) 말하기가 쉽지 않아요.
   不太好说。
(3) 할아버지께서 신문을 읽으십니다.
   爷爷读报纸。

需要强调的是，使用主格께서时，其谓语要与非语末词尾시/으시相结合。

助词에서有时也跟在一些表示团体的名词后，表示该词的主语地位，但由于还有许多例外情况，因此将其排除在主格助词之外。

(1) 정부에서 이번 조사를 주도하였다. ☺
   政府主持进行了此次调查。
(2) 우리 학교에서 오랜 역사를 가졌다. ☹ (→우리 학교가)
   我们学校具有悠久的历史。

❷ 宾格助词

"宾格助词(목적격조사, 目的格助词)", 也称作目的格助词, 其主要功能是使其前面的体词成为句中的宾语。宾格助词有를/을。例如:

(1) 저는 한식당에서 불고기를 먹었습니다.
    我在韩餐厅里吃了烤肉。
(2) 김 선생님께서는 아침마다 운동을 하십니다.
    金老师每天早晨锻炼身体。

宾格助词를/을除表示宾语外, 还有以下几种特殊用法。

▶ 与오다、가다、떠나다、나서다、지나가다等表示位移的动词连用, 表示行动的目的、出发点、去向或行动经过的场所。例如:

(1) 그는 어제 벌써 여행을 떠났습니다. (行动的目的)
    他昨天已经去旅行了。
(2) 그녀는 오늘 새벽에 집을 나섰다.   (行动的出发点)
    她今天清晨离开了家。
(3) 한밤중에 어딜 가니?   (行动的去向)
    大晚上的你要去哪儿啊?
(4) 그들은 한강대교를 지나갔다.   (行动经过的场所)
    他们经过了汉江大桥。

▶ 用于一些以与动词同源的名词为宾语的固定词组中。例如:

    잠을 자다   꿈을 꾸다   춤을 추다

▶ 用于一些固定词组中, 尽管动词是不能带宾语的自动词, 但仍用宾格助词를/을。例如:

    시중을 들다   장가를 들다

▶ 和一些辅助动词结合, 构成固定句式。例如:

    를/을 위하다   를/을 향하다

▶ 接在一些连结词尾、副词等后面, 表示强调。

(1) 왜 아직 오지를 않니?
    怎么还不来?
(2) 빨리를 가거라.
    快点去。

❸ 叙述格助词

"叙述格助词(서술격조사, 敍述格助词)"이다接在体词后, 具有使体词变成谓词形的功能。但是, 与没有形态变化的其他助词不同, 이다在使用时与谓词一样具有可以活用的特点, 因而, 一直以来学界有关이다归属问题一直众说纷纭, 莫衷一是。有的语法论著中认为其相当于英语的"be"、汉语的"是", 将其称为"动词"、"系词"、"指定词"、"判断词"; 也有的学者将其称为"体词的谓词形"; 由于其活用规则与形容词相似, 近来也有部分韩国学者将其归为形容词中, 称其为"指定形容词"。考虑到이다与名词、代词等体词相结合的特点, 在本书中我们遵照韩国规范语法的观点, 称之为"叙述格助词"。例如:

(1) 그는 유명한 배우(이)다.
   他是有名的演员。
(2) 그녀는 전에 가수였다.
   她从前是一位歌手。
(3) 저분은 제 지도 교수님이십니다.
   那位是我的导师。
(4) 북경은 우리나라의 수도이며 정치, 문화의 중심지다.
   北京是我国的首都和政治、文化的中心。
(5) 의사인 언니는 매일 야근을 합니다.
   当医生的姐姐每天都值夜班。
(6) 그가 교수임을 오늘에서야 비로소 알았다.
   直到今天才知道他是一位教授。

从以上例子中可以看出，叙述格助词可以与终结词尾、连结词尾、定语词尾ㄴ、转成词尾ㅁ、기等词末词尾、表示尊敬的非词末词尾-시-及表示时间的非词末词尾-었-连用。另外，이다在与终结词尾及连结词尾结合时，如果体词的尾音是元音时，可以省略，但在正式的书面语中则不能省略。

❹ 补格助词

"补格助词(보격조사，補格助詞)"가/이在形态上与前面谈及的主格助词完全相同，但语法意义却并不一样。它通常与아니다和되다结合，使其前面的成分成为句子的补语。

当其与表示否定的形容词아니다连用时，表示否定，成为叙述格助词이다的否定形式，相当于汉语的"不是"。例如：

(1) 저는 바보가 아닙니다.
   我不是傻瓜。
(2) 제 동생은 은행원이 아니에요.
   我弟弟不是银行职员。

当其与表示"成为"之意的自动词되다连用时，表示转成的结果，相当于汉语的"成了"。例如：

(1) 물이 얼음이 되었다.
   水结成了冰。
(2) 아주 가난했던 민우 씨는 이제는 부자가 되었다.
   曾经非常贫穷的敏佑现在成了富人。

❺ 属格助词

"属格助词(관형격조사，冠形格助詞)"의接在体词后，表示所属关系，相当于汉语的"的"。由于这一助词的语法功能是使与其相结合的体词成为后续体词的定语，所以也称其为"冠形格助词"，也有学者将其称为"所有格助词"。除表示"所有"外，属格助词의还可表示多种语法意义。例如：

(1) 여기는 소아의 집이에요. (所有)
   这里是小雅的家。
(2) 너희들은 나라의 주인이다. (所属)
   你们是国家的主人。
(3) 이 사람은 나의(내) 친구이다. (关系)
   这位是我朋友。

(4) 북경의 오리구이는 아주 유명하다. (产地)
　　北京烤鸭非常有名。
(5) 우리들은 예술의 아름다움에 매료되었다. (性质)
　　我们被艺术之美所陶醉。
(6) 우리의 목표는 꼭 달성하겠습니다. (主体)
　　我们的目标一定能够实现。
(7) 최선의 노력을 다 해 보겠습니다. (程度)
　　我一定会尽最大的努力。
(8) 십 년의 세월은 눈 깜짝 할 사이에 지나가 버렸다. (数量)
　　十年的岁月，转瞬即逝。
(9) 물의 온도를 재 봤습니다. (属性)
　　测量了水温。
(10) 그녀는 철의 여인이다. (比喻)
　　她是女强人。
(11) 그녀는 절세의 미인이다. (特性)
　　她是一位绝代佳人。

❻ 副词格助词

"副词格助词(부사격조사，副詞格助詞)"是使体词成为状语的助词。副词格助词的数量很多，其语法意义也较为复杂。根据副词格助词所表达的意义，可将其分为如下几类。

韩国语副词格助词的分类

分类		主要例词
副词格助词	表示时间	에
	表示场所、地点	에、에서、로/으로
	表示动作涉及的间接对象	에、에게、한테、께、더러
	表示行为、动作的出发点	에게서、한테서、로부터/으로부터、께서
	表示工具、材料或手段	로/으로、로써/으로써
	表示资格	로/으로、로서/으로서
	表示比较的对象	와/과、하고、처럼、보다、만큼
	表示原因	에、로/으로
	表示引用	고、라고

副词格助词的一个显著特点，是一个副词格助词通常有多种意义，因此在以上分类中出现一个助词存在于几种分类中的现象。另一方面，由于一些副词格助词的意义非常多，以上所列举的分类无法涵盖部分助词所有词义的现象也在所难免。在此只对在词义上具有共同点的几类副词格助词的基本意义作简单介绍。

▶ 表示时间的助词: 에

에通常接在表示时间的名词后，表示时间。例如:

(1) 저는 일요일에 학교에 가요.
　　我周日去学校。
(2) 오늘 아침 6시에 일어났어요.
　　今天早上6点起床的。

需要注意的是，에不能与오늘、어제、지금、방금、금방、아까等词连用。例如:

(1) 내일에 떠날 거예요. ⊗
(2) 지금에 오세요. ⊗

❷ 表示地点、场所的助词：에、에서、로/으로

에、에서、로/으로都可以与表示地点、场所的词连用，例如：

(1) 우리 학교는 베이징<u>에</u> 있어요. （存在的场所）
我们学校在北京。
(2) 친구와 커피숍<u>에서</u> 만나기로 했어요. （动作进行的场所）
和朋友约好在咖啡厅见面。
(3) 오늘 백화점<u>에</u> 갈 생각이에요. （动作的目的地）
今天想去百货商场。
(4) 그는 어제 하루 종일 침대<u>에</u> 누워 있었어요. （动作到达的地点）
他昨天在床上躺了一天。
(5) 지금 회사<u>에서</u> 돌아오는 길입니다. （动作的出发点）
我现在正在从公司回家的路上。
(6) 일요일에 우리 집<u>으로</u> 오세요. （行动的目的地）
周日来我家吧。
(7) 민우는 이제 새로운 곳<u>으로</u> 떠났다. （行动的方向）
敏佑现在去了新地方。

这几个助词在表示地点、场所这一意义时的侧重点各有不同。首先看一下에与에서在表示这一意义时的主要区别：

▶ 에表示存在的场所，而에서则表示动作进行的场所。但当谓语是살다、머무르다、체류하다等词时，也可以用에서。例如：

저는 서울<u>에서/에</u> 십 년 동안 살았어요.
我在首尔生活了10年。

▶ 在与表示动作、行为的谓语连用时，에表示动作的目的地，而에서则表示出发点，此时，에서可以和부터连用。

(1) 그는 부산<u>에</u> 갔습니다.
他去釜山了。
(2) 어느 학교<u>에서</u> 오셨어요?
您是从哪个学校来的?
(3) 고향까지는 북경<u>에서부터</u> 2,000여 킬로미터나 된다.
从北京到老家有两千多公里的路程。

助词에和로/으로在行动的去向与到达或涉及的地点一致时，二者可以互换。但是，由于에表示的是到达或涉及的具体地点，而로/으로表示的是动作指向的方向或经过的地点，所以二者有很多时候不能彼此替代。在只表示去向而不表示具体地点时，只能用로/으로，而在只表示具体地点而不表示方向时，只能用에。

(1) 시간 있으면 제 사무실<u>로</u>/사무실<u>에</u> 오세요. ☺
有时间的话到我办公室来一下。
(2) 민우는 남쪽<u>으로</u> 걸어갔다. ☺
敏佑向南边走去。
민우는 남쪽<u>에</u> 걸어갔다. ☹
(3) 나는 공항<u>에</u> 일찍 도착했다. ☺
我很早就到机场了。
나는 공항<u>으로</u> 일찍 도착했다. ☹

❸ 表示动作涉及的间接对象：에、에게、한테、더러、께

以上助词都表示动作涉及的间接对象，但在使用时具体的用法有所不同。简而言之，에用于非活动体体词后；에게、한테、더러、께则用于活动体体词后，其中한테、더러只能用于口语中，에게、께既可用于口语中，也可用于书面语中；더러常用于表示发出某种指令，和말하다、요구하다、청하다、묻다等词连用，其使用范围要比에게和한테窄；而께在用法上与에게相同，但께有尊敬意义，只能接在表示被尊敬的对象的体词后面。具体用法可见下例：

　　(1) 나무에 물을 줍니다.
　　　　给树浇水。
　　(2) 아이에게 빵을 줍니다.
　　　　给孩子面包。
　　(3) 친구한테 편지를 쓰고 있어요.
　　　　正在给朋友写信。
　　(4) 회장님께 편지를 써 드렸어요.
　　　　给会长写信了。
　　(5) 동생더러 우유를 사 오라고 했다.
　　　　让弟弟买牛奶。

④ 表示行为、动作的出发点：에게、에게서、한테서、로부터/으로부터、께

　　以上助词都可以表示行为、动作的出发点、来源。其中除로부터/으로부터既可以与活动体体词相结合，也可以与非活动体体词相结合以外，其他几个助词都要求与活动体体词相结合。不同的是한테서主要用于口语中；께在此作为에게的敬语形式，用于需要表示尊敬的体词后。例如：

　　(1) 친구로부터 초청을 받아 미국에 갔습니다.
　　　　接受朋友的邀请去美国了。
　　(2) 그 일은 오빠한테서/에게서 전해 들었어.
　　　　我从哥哥那里听说了那件事。
　　(3) 나뭇잎이 가지로부터 떨어졌습니다.
　　　　树叶从树枝上掉落下来。
　　(4) 형에게 용돈을 받았다.
　　　　从哥哥那里拿到了零花钱。
　　(5) 이 반지는 외할머니께 받은 것입니다.
　　　　这个戒指是从外婆那里得到的。

⑤ 表示工具、材料或手段：로/으로、로써/으로써

　　以上助词在表示工具、材料或手段这一意义时用法相似，相当于汉语的"用"、"通过"等。로써/으로써比로/으로的意义更为明确、突出。例如：

　　(1) 제 차로 같이 가지요.
　　　　一起坐我的车去吧。
　　(2) 이 과자는 찹쌀로 만든 거예요.
　　　　这种点心是用糯米做的。
　　(3) 볼펜으로 쓰지 마세요.
　　　　别用圆珠笔写。
　　(4) 인간은 언어로써 소통을 한다.
　　　　人类通过语言来沟通。

⑥ 表示资格：로/으로、로서/으로서

　　로/으로与로서/으로서表示具有某种资格，相当于汉语的"作为"，二者有时可以通用，有时则不可以。例如：

(1) 그는 그 대학교의 대표로/대표로서 이번 회의에 참석하였다. ☺
他作为那所大学的代表出席了本次会议。
(2) 부모로서 의무를 다하여야 한다. ☺
作为父母, 应尽职尽责。
부모로 의무를 다하여야 한다. ☹

⑦ 表示比较对象的助词: 와/과、하고、처럼、만큼、보다

以上助词都表示比较的对象, 但侧重点各不相同。와/과、하고多用来表示异同、共同行动的对象或相关联的对象, 하고用于口语中。처럼、만큼表示两个对象彼此相近, 보다表示两个对象的程度差别。例如:

(1) 제 생각은 당신과 좀 다릅니다.
我的想法与你有些不同。
(2) 저는 부모님과/부모님하고 같이 삽니다.
我和父母一起生活。
(3) 우리 집 정원은 운동장처럼 넓어요.
我家的庭院像运动场一样宽敞。
(4) 저만큼 기억력이 나쁜 사람도 없을 겁니다.
恐怕没有人像我一样记忆力这么差吧。
(5) 금년 여름은 작년 여름보다 더워요.
今年夏天比去年夏天热。

⑧ 表示原因、理由的助词: 에、로/으로

에和로/으로除了以上的各种意义以外, 还可以表示原因、理由或根据。二者的区别是에前面的名词多是实际的、具体的事物, 而로/으로表示的是一种整体的、较为抽象的原因。

(1) 그 할머니께서는 추위에 떨고 계세요.
那位老奶奶因为寒冷而发抖。
(2) 거기서 사는 사람들은 태풍에 집을 잃었다.
生活在那里的人们因为台风而失去了家园。
(3) 무슨 일로 그렇게 수심이 많으세요?
您因为什么事那么忧虑呢?
(4) 부장님의 도움으로 이 일은 잘 처리될 수 있었습니다.
多亏部长帮助, 这件事才得以圆满解决。

⑨ 表示引用的助词: 고、라고

고和라고在做副词格助词用时, 表示引用。其中고通常接在-다、-냐、-라、-자等词尾后, 表示间接引用, 라고接在有引号的句末, 表示直接引用。例如:

(1) 그는 어제 집에서 쉬었다고 했어요.
他说昨天在家休息了。
(2) 그녀는 요새 바쁘냐고 제게 물었습니다.
她问我最近忙吗。
(3) 아이는 "엄마!"라고 큰 소리로 외쳤다.
孩子大声喊: "妈妈!"
(4) 종이에 "8시에 강의 있음"이라고 써 두세요.
请在纸上写上"8点有课"字样。

有关直接引用与间接引用的内容将在第6章中详细介绍, 在此不予赘述。

❼ 呼格助词

"呼格助词(호격조사，呼格助詞)"接在名词后，用来称呼一定的对象，使该名词成为独立语。呼格助词有아/야、여/이여。其具体用法如下。

❶ 呼格助词：아/야

아/야多用在名词，特别是人名后面，表示平辈之间或对下的称呼。在把动物或事物拟人化时也可以用该助词。아用在闭音节后，야用在开音节后。例如：

(1) 소아야, 지금 뭐 하니?
    小雅，你在干什么？
(2) 지은아, 빨리 일어나.
    知恩，快点儿起来。
(3) 바람아, 불어라!
    风啊，你吹吧！

❷ 呼格助词：여/이여

여/이여常用在文学作品中，表示庄严的称呼和感叹的语气，带有强烈的感情色彩，在口语中一般不用。还可以加上表示尊敬的词尾-시/으시-，表示尊敬，构成-시여/이시여。例如：

(1) 그대여, 부디 나를 용서해 주오.
    请您一定要原谅我。
(2) 신이여, 왜 저를 버리십니까?
    神啊，为什么抛弃我？
(3) 스승이시여, 우리들은 당신의 은혜를 영원히 잊지 않을 것입니다.
    老师啊，我们永远不会忘记您的恩情。

> 你知道韩国语中怎么称呼别人吗？
>
> 在韩国，如果不是非常近的朋友，成人之间通常不直呼其名，尤其是当对方比自己年龄大时，更不能称呼名字，而是要用부장님、사장님、교수님、선생님等表示职衔的词来称呼。如果对方比自己早入学或早参加工作的话，则称其为선배님。即使对比自己年龄小的同事或其他人，一般也不直接称呼其名字，而是在名字后面加씨，如소아 씨、지은 씨等。呼格助词只用于对下称呼，在아버지、할머니、삼촌等表示亲族关系的词或선생님、형님、선배님等带后缀-님的词后，一般不用呼格助词。

2. 接续助词

"接续助词(접속조사，接續助詞)"是使两个以上体词按照并列关系连接起来的助词。主要的接续助词有와/과、랑/이랑、하고、며/이며、에等。例如：

(1) 월요일과 화요일에 가장 바빠요.
    周一和周二最忙。
(2) 소아하고/소아랑 지은(하고/이랑)은 어릴 때부터 친한 친구이다.
    小雅与知恩从小就是好朋友。
(3) 고기며 생선이며 다 잘 먹어요.
    肉和鱼我都爱吃。
(4) 청소에 빨래에 얼마나 힘들었어요?
    又是打扫卫生，又是洗衣服，多辛苦啊！

(5) 커피 한 잔에 유자차 두 잔에 대추차 한 잔 주세요.
请给我一杯咖啡、两杯柚子茶和一杯枣茶。

需要说明的是，作为接续副词的와/과与作为副词格助词的와/과虽然词形完全相同，但它做接续助词时表示的是两个具有同等资格名词的并列，而做副词格助词时表示比较的对象，二者语法意义不同。

另外，와/과与랑/이랑、하고最明显的区别是后者只能用于口语之中，에(다가)表示在某种东西或某件事情上附加另一种东西或事情。

还要注意的是，와/과在连接并列的名词时，不能接在并列的最后一个名词后，而랑/이랑、하고、며/이며、에既可以接在最后一个名词后，也可以不接在最后一个名词后。

3. 添意助词

"添意助词(보조사，補助詞)"，是附加在体词后，为其添加一些辅助意义的助词，也被称为"补助词"。添意助词不能像格助词那样表示词与词之间的语法关系或决定体词在句中的地位，而是起到添加某种辅助意义的作用。

还有一点较为特殊的是，添意助词不仅可以接在体词后面，还可以接在副词、词尾或格助词等后面。例如：

(1) 아직도 몰라요?
还不知道吗？
(2) 저는 이 글을 쓰느라고 며칠 동안 쉬지도 못했어요.
我因为写这篇文章，几天都没休息了。
(3) 이 곳에서는 낚시를 할 수 없어요.
此处不能钓鱼。

根据其所表达意义的不同，添意助词大致可以有如下几种主要类型。

韩国语添意助词的分类

	分类	主要例词
添意助词	表示对照或主题	는/은
	表示限定或排他	만、뿐、밖에
	表示包括或添加	도、까지、마저、조차、마다
	表示选择或让步	나/이나、라도/이라도、든지/이든지、나마/이나마

下面将根据此分类，对韩国语添意助词的主要意义与功能作简要介绍。

❶ 表示对照或主题的添意助词：는/은

添意助词는/은是学习韩国语时最早接触的一个添意助词，但由于其与主格助词가/이的意义差别不是很分明，所以对该助词的理解与使用成为韩国语学习的一个难点。例如在下例中助词는/은与가/이的意义区别就不十分明显。

(1) 날씨가 좋다./ 날씨는 좋다.
天气很好。
(2) 하늘이 파랗다./ 하늘은 파랗다.
天空蔚蓝。

一般来说，添意助词는/은与主格助词가/이最明显的区别就在于前者具有对比(contrast)与主题或话题(topic)的意义。例如：

(1) 나는 교수이고 그는 회사원이다.
    我是教授，他是公司职员。
(2) 정환은 운동을 좋아합니다.
    正焕喜欢运动。

在例(1)中，用는表示나(我)与그(他)职业的不同，具有比较的作用；而例(2)中用은则表示对정환的进一步说明，起到提起某一话题的作用。

尽管如此，对于中国学生而言，要想准确地区分并使用는/은与가/이并非易事。现在再简单介绍几种区别添意助词는/은与主格助词가/이的方法：

▶ 는/은多用来说明已知的信息(old information)，而가/이多用来说明新的信息(new information)。也就是说，在介绍某一事物时，第一句话的主语后多用가/이，接下来对其进行说明的句子中，主语后多用는/은。例如：

(1) 소아가 내일 옵니다. 소아는 제 고등학교 동창입니다.
    小雅明天来，小雅是我高中同学。
(2) 옛날에 공주가 살고 있었다. 그 공주는 예쁘고 착했다.
    从前有一位公主，这位公主美丽而善良。

▶ 当句中所要强调的重点是谓语时，主语后接는/은；而当句中强调的重点是主语时，主语后接가/이。例如：

(1) 저는 북경대학 학생입니다.(强调是北京大学而非其他学校的学生。)
    我是北京大学学生。
(2) 제가 북경대학 학생입니다.(强调是我而非别人。)
    我是北京大学学生。

鉴于此，在对别人进行自我介绍时，由于要强调的重点是对自己情况的说明，因此应以저는开头，而不应该说成제가。

▶ 在回答疑问代词누구的问句时，一般用가/이而不用는/은。例如：

(1) -이 반에서 성적이 가장 좋은 학생은 누구예요?
    这个班里谁成绩最好？
    -민우 씨가 가장 성적이 좋아요.
    敏佑成绩最好。
(2) -누가 시장에 한 번 갔다 올 수 있습니까?
    谁能去一次市场？
    -제가 갔다 올게요.
    我去吧。

▶ 当는/은与가/이用在有两个主语的句子中时，一般来说，前一个主语后用는/은，后一个主语后用가/이。例如：

(1) 오늘은 날씨가 아주 좋습니다.
    今天天气非常好。
(2) 중국은 땅이 넓습니다.
    中国土地辽阔。

▶ 在包孕句中，主句的主语后一般接는/은，子句的主语后一般接가/이。例如：

(1) 저는 그 사람이 바로 사장님이라는 사실을 몰랐어요.
    我不知道他就是社长。
(2) 그 여배우는 제가 가장 좋아하는 배우입니다.
    那位女演员是我最喜欢的演员。

▶ 在陈述某种真理或原理时，通常用는/은而不用가/이。例如：

(1) 해는 동쪽에서 뜬다.
    太阳从东方升起。
(2) 지구는 둥글다.
    地球是圆的。

❷ 表示限定或排他的添意助词：만、뿐、밖에

以上三个助词都可以表示限制或排他的含义，例如在表示"昨天只有小雅一个人去学校了"这样的意义时，可以有如下三种表达方式。

(1) 어제 소아만 학교에 갔어요.
(2) 어제 학교에 간 사람은 소아뿐이에요.
(3) 어제 학교에 간 사람은 소아밖에 없어요.

但是，助词만、뿐、밖에在用法上有一定的区别。其中만直接接在要限定的体词后，뿐多用于뿐이다、뿐이 아니다句型中，밖에多用于否定句中，或与없다、모르다等具有否定意义的词连用。

❸ 表示包括或添加的添意助词：도、마저、조차、까지、마다

这一组助词都表示包含的含义，例如：

(1) 소아도 나를 못 믿는구나.
    小雅也不相信我。
(2) 소아마저(조차/까지) 나를 못 믿는구나.
    连小雅都不相信我。
(3) 사람마다 성격이 달라요.
    每个人的性格都不相同。

其中도除表示包含之外，还有让步、程度、强调、感叹等含义。例如：

(1) 밥이 없으면 죽도 괜찮아요. (表示让步)
    没有饭粥也可以。
(2) 한국어를 배운 지 2년도 채 안 되었다. (表示程度)
    学习韩国语还不到两年。
(3) 왜 아직도 안 와요? (表示强调)
    怎么还不来啊？
(4) 달도 참 밝구나. (表示感叹)
    月亮真亮啊！

마저、조차、까지都表示包含的意义，相当于汉语的"连……都"，但它们也有细微的区别。

마저表示"连最后一个也包括进去"的含义，有强调的意味，多用于带有否定或消极意义的句子中。例如：

(1) 사업 실패로 집마저 팔아 버렸다.
    由于生意失败，连房子都卖掉了。

(2) 그렇게 믿었던 너마저 나를 배신하니?
연这么信任的你也背叛我?

조차도 表示没有意料到的事实，既可以用于带有否定或消极意义的句子中，也可以用于带有肯定意义的句子中，但通常不用于命令句或共动句中，例如：

(1) 민우조차 그 문제를 틀렸다.
那个题连敏佑都错了。
(2) 고향의 풀이나 나무조차 정다웠다.
故乡的一草一木都那么很亲切。

까지与마저的区别是까지不像마저那样仅仅用于带有否定或消极意义的句子中，与조차的区别是也可以表示意料之中的事实。例如：

(1) 저는 막내까지 대학에 보내고 나니 시간이 많이 있어요.
我把最小的孩子也送上大学后，有很多闲暇时间。
(2) 오랫동안 만나지 못했던 친구까지 와서 제 졸업을 축하해 주었어요.
连久违的朋友都来祝贺我毕业了。

마다 表示包罗的含义，相当于汉语的"每"。例如：

저는 날마다 사무실에 도착하자마자 커피부터 마셔요.
我每天一到办公室就先喝一杯咖啡。

❹ 表示选择或让步的添意助词: 나/이나、라도/이라도、든지/이든지、나마/이나마

以上助词都表示从一定范围内的几种事物中选择一种的含义，但这几个助词在表示此含义时也各有不同。

假设可以利用的交通工具的种类及优先选择顺序是"자가용→택시→지하철→버스"的话，试从下面这组例句中体会这几个助词的意义差异。

(1) 자가용이 없으면 택시나 타자.
要是没有私家车的话，就坐出租吧。
(2) 택시가 없다면 지하철이라도 타자.
要是没有出租车的话，那就只好坐地铁了。
(3) 지하철이 없다면 버스나마 타고 가야지.
要是没有地铁的话，只能坐公共汽车去了。
(4) 자가용이든지, 택시든지, 지하철이든지 아무거나 타자.
或者是私家车，或者是出租车，或者是地铁，随便坐一样吧。

通过以上例句可以看出，虽然最想乘坐私家车，但如果没有的话，坐出租车即使不是最满意的选择，但也可以作为退而求其次的选择，所以用나/이나。而例(2)和例(3)中用的나마/이나마、라도/이라도表示的是虽然不愿意乘坐地铁或公共汽车，但在没有其他可选的时候不得已的、不情愿的、最终的选择。而例(4)中的든지/이든지表示从几种交通工具中随便选取一种。

练习

● 在下面空格处填上恰当的助词。

> 오늘 배우자____ 먼저 이렇게 말해 보라.
> "당신____ 참 좋은 사람이야. 당신____ 만난 것____ 행운이야!"
> 아이들____ ____ 말해 보라.
> "너희들____ 참 자랑스럽구나. 너희들 때문에 참으로 행복하단다."
> 직장 동료____ ____ 말해 보라.
> "나____ 당신____ 함께 일하게 되어서 마음____ 든든합니다."
> 당신 스스로____ 말해 보라.
> "내 앞____ ____ 언제나 좋은 일____ 기다리고 있다!
> 나____ 참 행복한 사람이다."
> 언젠가 그렇게 변해 있는 당신 모습____ 발견하고 놀랄 것이다.
>
> 　　　　　　　　　　　박요한:《여유 있는 삶을 위해 하루를 사는 지혜》

● 选择适当的助词填空。

(1) 그녀에게 딸은 생명_____ 같은 존재이다.
　　① 으로　　② 처럼　　③ 과도　　④ 만큼
(2) 그렇게 하고 싶은 사업이라면 지금_____ 시작해야지.
　　① 이라도　② 도　　　③ 에서야　④ 마저도
(3) 이번에 합격 못 한 사람은 너_____(이)다.
　　① 마다　　② 만큼　　③ 밖에　　④ 뿐
(4) 지금 아들_____ 필요한 것은 부모의 사랑이다.
　　① 에게　　② 에　　　③ 에서　　④ 에게서
(5) 그는 시골에서 가난한 농부의 아들_____ 태어났습니다.
　　① 로서　　② 로　　　③ 로써　　④ 으로
(6) 그는 이틀 간 걸어서 드디어 서울_____ 도착했다.
　　① 에서　　② 로　　　③ 에　　　④ 을

● 以下是一组发生在饭店里的对话。翻译下面的对话，体会助词나/이나、라도/이라도、나마/이나마、든지/이든지的用法。

> A: 우리 불고기 먹으러 가자.
> B: 그래? 좋아.
> A: 여기 불고기 2인분 주세요.
> C: 어떡하죠? 쇠고기가 아직 준비되지 못해서 불고기는 곤란한데.
> A: 그럼 삼겹살이나 주세요.
> C: 미안합니다만 삼겹살은 다 떨어졌는데요.
> A: 그럼 된장찌개라도 주세요.
> C: 어쩌지? 지금 김밥밖에 없는데요……
> A: 그럼 김밥이나마 먹고 가자.
> B: 지금 우리 배가 고프니까 김밥이든지 뭐든지 아무거나 주세요.

第六节 韩国语的独立词

独立词是指在句子中做独立成分，与句中其他成分没有直接关系的词。韩国语的独立词只有感叹词一种。本节主要针对感叹词的定义、主要特点及分类等作简要介绍。

一、感叹词的定义与特点

直接表达惊讶、喜悦、悲痛等说话人情感与态度的词以及表示呼唤、应答等的词，被称为"感叹词(감탄사，感歎詞)"，感叹词有오、응、아이고、네等。例如：

(1) 아이구, 큰 일 났구나!
哎呀，坏事了！
(2) 하하, 그렇군요.
哈哈，是这样啊。
(3) -대학생인가?
是大学生吗？
-네, 그렇습니다.
是的，我是。
(4) 어디지? 어, 생각이 안 나네.
是哪儿来着？嗯，想不起来了。

感叹词在"多用于口语中，在句中做独立成分，与其他句子成分没有直接关系"等方面与其他词类有明显的区别。

除此之外，感叹词还具有如下特点。

❶ 感叹词没有形态变化，且不能与助词或词尾连用。

(1) 야, 정말 예쁘다.
啊，真漂亮啊！
(2) 자, 어서 가자.
嗳，快走吧。

❷ 感叹词在句中所处的位置相对较灵活，在句首的情况最为常见，有时也用于句中和句尾。

아, 그래요? 책상이라든가 의자라든가 뭐 그런 게 많으면 많을수록 좋지, 뭐.
啊，是吗？桌子啊，椅子呀，嗯，这些东西当然是越多越好了。

❸ 感叹词可以独立成为句子。

(1) 아이구!
哎呀！
(2) 여보세요?
喂？

❹ 部分感叹词可以表示不同的尊卑关系。

(1) -할머니, 진지 드세요.
奶奶，请您用餐吧。
-오냐. 밥 먹자.
好吧，吃饭吧。

(2) -소아야, 손 씻고 밥 먹자.
小雅啊，洗手吃饭。
-네, 엄마.
好的，妈妈。

❺ 同一感叹词结合不同的语调、表情、手势等可表示悲伤、喜悦、惊讶等多种不同情感。

(1) 아, 이게 정말이에요? (表示惊讶)
啊？是真的吗？
(2) 아, 성적이 너무 좋구나. (表示喜悦)
啊，成绩真好啊。
(3) 아, 그분은 끝내 가셨네. (表示遗憾、惋惜)
唉，他还是走了。
(4) 아, 좀 더 일찍 올걸. (表示后悔)
唉，稍微早点来就好了。

二、感叹词的分类

韩国语的感叹词可分为感情感叹词、意志感叹词、口头禅或口吃感叹词三类。

"感情感叹词(감정감탄사，感情感歎詞)"主要用来表示说话人本能地表现出惊讶、喜悦、悲伤、愤怒、可惜、焦虑、厌恶、憎恨等感情。感情感叹词的主要例词及其所表示的情感如下。

(1) 表示喜悦：하、하하、허、허허、야……
(2) 表示悲伤：아이고、어이……
(3) 表示愤怒：에、엣、에끼……
(4) 表示惊讶：아、애고、에구머니、저런……
(5) 表示叹息：후、후유……
(6) 表示后悔：어、엉、아차、아뿔사……

"意志感叹词(의지감탄사，意志感歎詞)"主要用来表示说话人对听话人表达自己的想法。意志感叹词的主要例词及其所表达的想法如下。

(1) 表示对听话人的要求：자、아서라……
(2) 表示对对方的呼唤：여보세요∥여보、얘、이봐……
(3) 表示对对方所说内容的肯定：예、네、그래요、옳소∥아무렴、암、그래、응、오냐……
(4) 表示对对方所说内容的否定：아니오、아니에요、천만에요∥아니、아니다、천만에……
(5) 表示对对方所说内容的怀疑：글쎄요∥글쎄……

从以上例词中可以看出，意志感叹词在表示说话人的意志、欲求或对对方所说内容的肯定、否定或怀疑时，根据听话人的年龄及社会地位的不同采取不同的形式，通常"∥"之前部分的感叹词用在需对对方表示尊敬的场合，而之后部分的感叹词多用在不必对对方表示尊敬的场合。

除了感情感叹词和意志感叹词以外，还有一种感叹词没有特别的意义，只是单纯地表示一种口头习惯或说话过程的停顿、不连贯，这种感叹词被称为"口头禅"(입버릇 감탄사)或"口吃感叹词(더듬거림의 감탄사)"。例如：

(1) 口头禅：머、그래、말이지、말입니다……
(2) 口吃：에、어、저、뭐……

三、感叹词的兼类

感叹词中既有专门作为感叹词使用的词，也有一些是原为名词、代词、数词、形容词、副词、冠形词等其他词类，后来被用作感叹词的词。例如：

(1) 名词→感叹词
 만세를 누리소서! (名词)
 祝您万寿无疆！
 만세! 우리가 이겼다! (感叹词)
 万岁！我们胜利了！
(2) 代词→感叹词
 애가 어딜 갔지? (代词)
 这孩子去哪儿了？
 애, 너 어디 가니? (感叹词)
 孩子啊，你去哪儿？
(3) 数词→感叹词
 천만에 하나라도 있으면 되지. (数词)
 千万个里有一个也行啊。
 천만에! 난 그런 생각 전혀 없어. (感叹词)
 哪里，我压根就没有那种想法。
(4) 形容词→感叹词
 당신 말이 옳소. (形容词)
 你的话是对的。
 옳소, 나도 찬성이다. (感叹词)
 对，我也赞成。
(5) 副词→感叹词
 남들이 아무리 잘해 준다 해도 어디 부모님과 같을까. (副词)
 别人不管有多关照，又怎么能比得上父母呢。
 어디, 그게 어때서? (感叹词)
 哼，那又怎么样？
(6) 冠形词→感叹词
 저런 일이 어디 있어? (冠形词)
 哪儿有那样的事？
 저런! 왜 그랬을까? (感叹词)
 唉，为什么会那样？

与其他词类相比，感叹词因为没有形态变化，且词义、用法相对简单而成为中国学生较为容易掌握的内容，即便没有实际语言环境，也可以通过电影、电视剧中人物的对话理解其含义。但是，要想准确地使用韩国语感叹词却并非易事，必须要对韩国的社会、文化及韩国人的情感有深入的了解，对所处的语言环境有准确的把握才行。

 **练习**

● 找出下面短文中的感叹词。

"용아, 송편 먹자!"
용이 엄마는 반짝반짝 윤이 나는 송편을 내 왔어요. 송편에는 참기름이 발려 있었어요.
"냠냠, 엄마, 송편에 밤이 숨었어요! 냠냠, 에이, 이건 내가 제일 싫어하는 콩이잖아. 냠냠, 엄마, 이번에는 내가 제일 좋아하는 깨랑 설탕이 들었어요!"
용이는 제각각 다른 맛이 나는 송편이 재미있나 봐요.
"야, 정말 맛있겠는걸!"
허수아비는 꼴깍 침을 삼켰어요.
그날 밤 허수아비는 용이네 창고에서 잠을 잤어요. 다음날 아침이 되었어요.
"아함, 벌써 날이 밝았네……"
허수아비는 부스스 몸을 털고 창고를 나왔어요.
부엌에서는 지글지글 보글보글 맛있는 음식 냄새가 솔솔 풍겨 왔어요.
"꼬르르, 꼬르르."
허수아비 뱃속에서 나는 소리예요.
용이 네는 커다란 상 위에 음식을 차려 놓고 차례를 지내고 있었어요. 생선가게 아저씨 말대로 추수를 감사하는 건가 봐요. 용이는 송편이 제일 맛있나 봐요. 송편을 들고 마당을 이리저리 뛰어다녔어요.
"용아, 나도 좀 줄래?" 허수아비는 더 이상 참을 수가 없었어요. 용이가 깜짝 놀라 뒤돌아 보았어요.
"넌 누구니?"
"응, 난 허수아비야. 추수가 끝나서, 혼자 있는 게 너무 심심해 세상 구경을 나왔지."
용이는 허수아비에게 송편을 나누어 주었어요. 용이와 허수아비는 금세 친구가 되어 정답게 손을 잡고 밖으로 나왔어요.

신수진: 《허수아비의 추석》

感叹词: _____

_____

第四章 韩国语的词汇

本章导读：

在前一章已经谈到，词是语言里能够独立运用的、有一定意义的最小单位。而词汇，则是一定范围内词的集合。本章将要探讨韩国语词汇的体系与构成，了解韩国语词汇的主要情况。本章内容对于了解韩国语词汇的全貌及准确使用韩国语词汇具有重要意义。

☞ 你知道吗？

토마토를 샐러드로 즐길 때 양파와 함께 먹으면 좋다. 토마토는 양파와 함께 먹으면 각종 비타민은 물론 당질 등을 충분히 섭취할 수 있어 피로 회복에 도움이 된다. 토마토는 지용성비타민이 풍부하므로 생으로 먹기보다 올리브유와 함께 조리해서 먹으면 더욱 좋다.

❀ 你能谈一谈上面一段话体现了韩国语词汇的哪些特征吗？
❀ 你能谈一谈产生以上现象的原因及此现象对韩国语的影响吗？

☞ **学习目的：**

1. 了解固有词、汉字词、外来词的主要特点。
2. 了解韩国语的变异与扩展现象。
3. 了解韩国语词汇的几种词义关系。

☞ **本章要点：**

✽ 韩国语的词汇体系与分类
　1. 韩国语的词汇体系
　2. 固有词、汉字词与外来词

✽ 韩国语词汇的变异与扩展
　1. 词汇的变异
　2. 词汇的扩展

✽ 韩国语词汇的语义关系
　1. 近义关系
　2. 反义关系
　3. 上下义关系
　4. 多义词

第一节 韩国语的词汇体系与分类

一、韩国语的词汇体系

"词汇(어휘，語彙)"，又称语汇，是一种语言中词的总和。也就是说，如果说词(단어，單語)是语言里能够独立使用的、具有一定意义的最小单位的话，那么词汇则是一定范围内词的集合，词与词汇之间的关系是个体与总体之间的关系。

韩国语的词汇体系由约40~50万个词构成①。这些数量庞大且处在不断发展变化之中的词并非杂乱无章地存在，而是按照一定的标准归入一定的类别中，进而使得庞大的词汇体系变得井然有序。一般来说，韩国语的词汇体系根据语种、词类及词义的不同有三种不同的分类方法。

有关根据词类对韩国语词汇进行分类的问题已在前一章进行了详细论述，在此不予赘述。如果根据词义进行分类的话，韩国语词汇将可以有非常多样的类别。例如，地理词汇、经济词汇、建筑词汇、农业词汇、法律词汇等等。语种，是韩国语词汇论中经常使用的词汇分类标准，通常指词的来源。现代韩国语词汇按照语种可分为固有词、汉字词与外来词三类。《标准国语大辞典》中收录词条按语种分类的情况如下。

《标准国语大辞典》收录词条的语种别分类

	固有词	汉字词	外来词	混合型	合计
主词条	111,299	251,478	23,196	54,289	440,262
副词条	20,672	46,438	165	1,234	68,509
合计	131,971	297,916	23,361	55,523	508,771
比例	25.9%	58.5%	4.7%	10.9%	100%

固有词、汉字词及外来词的比例关系如下图。

韩国语词汇的语种别分类情况

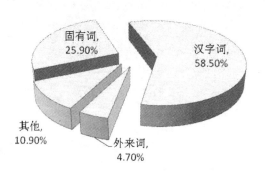

---

① 1999年韩国国立国语院编撰的《标准国语大辞典》共收入440,262个主词条，68,509个副词条，共计508,771个词条。

二、固有词、汉字词与外来词

1. 固有词

"固有词(고유어,固有語)",是指不是从其他国家传入的,韩国语中固有的词汇,如말、밥、먹다、웃다、좋다、예쁘다等。

通过前面的论述可以了解到,固有词在韩国语词汇中所占的比例只有25.9%,还不到词汇总量的三分之一。但是,固有词在韩国语词汇体系中却发挥着核心作用。韩国语固有词的主要特点如下。

❶ 由于固有词是韩国人长期以来一直使用的词汇,因而在日常生活用语中的使用频率高于汉字词和外来词。

❷ 在表达该民族特有的文化及情感时,固有词具有非常强的表现力。因此,对于韩国人而言,往往用固有词能更为恰切、更为形象地表达自己的情感。

❸ 韩国语中的前缀与后缀大部分都是固有词,固有词成为丰富与发展韩国语词汇的基础。

❹ 由于在日常生活中的使用频率较高,使得固有词的词义得到了发展。一般来说,固有词大多具有非常丰富的词义。如보다、타다等词都有几十种词义。

❺ 韩国语固有词中表示颜色、感觉、形态、声音等的词非常丰富。拟声拟态词几乎都为固有词。

❻ 韩国语固有词在语音上存在元音和谐现象,如주어、좋아、술술等。

❼ 双收音只存在于固有词中,如앉、잃다、없다等,在汉字词及外来词中则不存在双收音。

2. 汉字词

"汉字词(한자어,漢字語)",是以汉字为基础而产生的词汇,如국가[國家]、학생[學生]、할인[割引]、피곤[疲困]等。汉字词在韩国语词汇中所占的比例将近60%,是韩国语词汇中不可或缺的一部分。汉字词的主要特点如下。

❶ 从来源看,汉字词中的绝大部分是从中国汉语词汇中传入并融入韩国语词汇体系中的,如제자[弟子]、희망[希望]等。也有一部分汉字词是日本明治维新时期及日本占领朝鲜半岛时期传入的,如자전거[自轉車]、공해[公害]、역할[役割]、국회[國會]、화학[化學]等。还有一部分汉字词是韩国人根据自身需要,在汉字基础上创制的汉字词,如감기[感氣]、복덕방[福德房]、편지[便紙]、사돈[查頓]、식구[食口]、백일장[白日場]、절차[節次]、면도[面刀]、자가용[自家用]等。

在韩国语中,还有一部分词汇,尽管其来源于汉语词汇,但在长期的发展过程中在语音、词义等方面发生了一系列变化,使得一般人通常将其视为固有词,已经很难知道其汉字词词源了。有一些学者称这部分词汇为"归化词(귀화어,歸化語)",如사랑←사랑[思量]、가게←가가[假家]、김치←침채[沈菜]、잉어←리어[鯉魚]、재미←자미[滋味]等。

❷ 与固有词词义丰富的特点相比,汉字词所表达的词义则更为具体、单一。因此,在固有词与汉字词的对应关系中,普遍存在一个固有词与两个以上的汉字词相对应的现象,即固有词

与汉字词的"一对多"现象。例如：

固有词与汉字词的"一对多"现象

例词	汉字词
기쁨	낙[樂]、쾌락[快樂]、환희[歡喜]、환열[歡悅]、희열[喜悅]、열락[悅樂]、희락[喜樂]、가열[嘉悅]、유쾌[愉快]、환오[歡娛]、흔열[欣悅]、낙사[樂事]、창락[暢樂]、안락[安樂]、낙락[樂樂]
더위	폭염[暴炎]、폭서[暴暑]、혹서[酷暑]、고열[苦熱]、농서[濃暑]、맹서[猛暑]、서기[暑氣]、엄서[嚴暑]、융서[隆暑]、훈자[薰煮]、경열[庚熱]、경염[庚炎]、고염[苦炎]、구서[九暑]、극염[極炎/劇炎]、복열[伏熱]、복염[伏炎]、열서[烈暑]、혹열[酷熱]、혹염[酷炎]、극서[極暑/劇暑]、혹양[酷陽]
착하다	순진하다[純眞--]、순하다[順--]、기특하다[奇特--]、온순하다[溫純--]、선량하다[善良--]、선하다[善--]、순박하다[淳朴/醇朴--]、순탄하다[順坦--]、양순하다[良順--]、유순하다[柔順--]、가량하다[佳良--]、양선하다[良善--]、현량하다[賢良--]、정선하다[正善--]

❸ 汉字词中有许多表示概念或抽象意义的词，在表达上更为简洁、准确、细致。因此，在法律、哲学等领域的专业术语中汉字词占有相当高的比例。

❹ 在具有同义关系的一组固有词与汉字词中，一般来说汉字词表示更为尊敬的语气。例如 나이-연세[年歲]、이빨-치아[齒牙]、집-댁[宅]等。

❺ 汉字词大部分是双音节词，也有多音节词，只有极少部分汉字词是单音节词。这与汉语词汇中双音节词占绝大多数这一特点有关。

❻ 汉字词中有紧音的词只有쌍[雙]、씨[氏]2个，只有ㄱ、ㄴ、ㅂ、ㅁ、ㄹ、ㅁ、ㅇ等7个收音可以用在汉字词中。

❼ 汉字词具有较强的造词能力，在丰富韩国语词汇方面发挥了巨大的作用。

由于汉字词与汉语词汇有着千丝万缕的联系，所以，对中国学生而言，理解和使用汉字词具有得天独厚的优势。如果掌握好汉字的发音规律，还可以起到举一反三的效果，有利于记忆单词和扩大词汇量。但是，同时我们还应知道，汉字词毕竟不是汉语词汇，并非所有的汉字词都与其相对应的汉语词汇词义相同，在其融入韩国语词汇体系的漫长过程中，其词义与感情色彩等也发生了相应的变化。汉字词与汉语词汇主要对应关系如下。

汉字词与汉语词汇的主要对应关系

对应类型	具体分类	例词	
同形同义	AB:AB 同形同义	학교[學校]-学校 계속하다[繼續하다]-继续	개혁[改革]-改革 대표하다[代表하다]-代表
	A:A 同形同义	답하다[答하다]-答 답하다[答하다]-答	변하다[變하다]-变
同形逆顺同义	AB:BA 同形逆顺同义	소개[紹介]-介绍 운명[運命]-命运	구급[救急]-急救 전개하다[展開하다]-开展
同形异义	AB：AB 同形不完全异义	구속[拘束]-拘束+拘留 긴장하다[緊張하다]=긴박하다+넉넉하지 못하다-紧张	
	AB:AB 同形完全异义	세수하다[洗手하다]-洗漱 // 洗手-손을 씻다 약속[約束]-约会 // 约束-속박하다	

部分异形同义	AB:AC 部分异形同义	거역하다[拒逆하다]-拒绝 자문[諮問]-咨询	발견[發見]-发现 입국[入國]-入境
	AB:CB 部分异形同义	공연[公演]-表演 수영하다[水泳하다]-游泳	질문[質問]-提问 수교하다[修交하다]-建交
	AB:BC 部分异形同义	권장하다[勸獎하다]-奖励 세배하다[歲拜하다]-拜年	규탄[糾彈]-弹劾 수출[輸出]-出口
	AB:CA 部分异形同义	방송[放送]-播放 복구하다[復舊하다]-恢复	배급하다[配給하다]-分配 원망하다[怨望하다]-埋怨
	AB:A/AB:B 部分异形同义	도착하다[到着하다]-到 부탁하다[付託하다]-托	
	A:AB/A:BA 部分异形同义	금하다[禁하다]-禁止 노하다[怒하다]-愤怒	
异形异义	AB:CD 异形异义	인사하다[人事하다]-问候 사돈[査頓]-亲家	

3. 外来词

"外来词(외래어, 外來語)"是指从除中国以外的其他国家传入，用韩国语进行标记的词，如텔레비전(television)、컴퓨터(computer)、미터(meter)、모델(model)、보드카(vodka)、와이셔츠(white shirts)等。

从历史上看，在接触其他国家的文化，特别是比自己更为发达的文化的过程中，外来词也自然而然地进入到本国的词汇体系中。从19世纪中期以后，外来词大量传入韩国。如今，外来词的广泛使用已成为现代韩国语的主要特征之一。

在外来词中，来自英语的英源外来词所占比重最大。此外，还有一些外来词则来源于其他各个语种，例如：

(1) 英语：버스(bus)、슈퍼마켓(supermarket)、아이스크림(ice cream)
(2) 俄语：페치카(pechka)、빨치산(partizan)、트로이카(troika)
(3) 拉丁语：스타디움(stadium)、알리바이(alibi)
(4) 德语：세미나(seminar)、아르바이트(Arbeit)、알레르기(Allergie)
(5) 法语：콩트(conte)、아카시아(acacia)、앙코르(encore)
(6) 意大利语：스파게티(spaghetti)、첼로(cello)、오페라(opera)
(7) 葡萄牙语：담배(tabacum)、빵(pão)、카스텔라(castella)
(8) 希腊语：데이터(data)、로고스(logos)、파토스(pathos)
(9) 挪威语：스키(ski)
(10) 梵语：보살(Bodhisattva)、열반(Nirvana)、찰나(kshana)
(11) 蒙古语：수라(Sülen)、송골(šonqor)

以上这些外来词中，绝大部分是直接传入朝鲜半岛的，也有一些是经由其他国家间接传入的，例如담배(tabacum)是葡萄牙语传入日本后再传入朝鲜半岛的，열반(涅槃)、보살(菩薩)等佛教用词则是梵语传入中国后，再经中国传入的。

韩国语中还有一部分词，人们一般将其看做是英源外来词，但这些词却并不符合英语的发音或语法规则，而是韩国人根据自己对英语的错误理解造出来的，这些词就如同中国的"洋泾浜英语"一样，被称为"콩글리시(konglish→broken English, 韩式英语)"。例如：

(1) 다이어리　　diary→schedule book、appointment book
(2) 믹서　　　　mixer→blender、juicer
(3) 볼펜　　　　ball pen→pen、ballpoint pen
(4) 매스컴　　　masscom→media、mass media
(5) 서비스　　　service→free、extra
(6) 아이쇼핑　　eye shopping→window shopping
(7) 컨닝　　　　cunning→cheating on the exam
(8) 탤런트　　　talent→actress、entertainer、TV actor
(9) 파이팅　　　fighting→Go!、Go for it!、Way to go!
(10) 프로　　　 pro→percent
(11) 핸드폰　　 handphone→mobile (phone)、cellphone、cellular phone

外来词传入朝鲜半岛后，并不是随意地进行标记，而是按照一定的规则来用韩文标注其读音。在韩国语语文规范中，规定外来词标记方法的规则被称为"外来词标记法"。标记外来词的基本原则是根据其原来的读音用韩国语中现有的24个字母进行标记，用韩国语标记外来词的规律及具体方法将在本书第7章中详细介绍。

外来词是各民族、国家间文化交流的产物，体现了他民族的先进文明对本国文化的影响。外来词丰富了韩国语词汇，在帮助韩国人接受他国文化方面也起到了一定的积极作用。与此同时，过度地使用外来词，本来可以用固有词或汉字词表达的内容也一味地使用外来词，甚至于直接用韩国读音化的外语进行表述等现象的出现，也会在一定程度上破坏韩国语的纯洁性与规范性，进而产生一定的负面影响，以至于影响到韩国人对自身文化的认同。

4. 混合词

混合词(혼종어，混種語)是指由固有词、汉字词与外来词相互结合而成的词。其构成方式主要有如下几种。

(1) 固有词+汉字词：헛고생(헛+苦生)、밥상(밥+床)
(2) 固有词+外来词：찐빵(찐+pão)、딸기잼(딸기+jam)
(3) 汉字词+外来词：계란빵(鷄卵+pão)、좌석버스(座席+bus)
(4) 汉字词+固有词：산나물(山+나물)、세숫비누(洗漱+비누)
(5) 外来词+固有词：가라말(qara+말)、노크하다(knock+하다)、
(6) 外来词+汉字词：잉크병(ink+瓶)、실버산업(silver+産業)
(7) 外来词+外来词：월드컵(world+cup)、커피숍(coffee shop)

练习

● 分别找出下面诗中的固有词、汉字词和外来词。

> 일하다 잠시 쉬는 시간에 자판기 앞에서
> 사람들과의 대화와 함께 마시는 커피 한 잔.
> 화창한 가을날의 신선한 바람.
> 기대하지 않은 사람에게서 어느 날 받게 된 편지.

외로울 때 어김없이 걸려오는 친구의 전화벨 소리.
어느 추운 겨울날 오랜만에 내리는 함박눈.
잠들기 전에 무심코 컨 라디오에서 들려오는 귀 익은 음악 소리……
때론 이런 것들에 나는 행복감을 느끼며
지쳐 있던 몸을 추스르며 다시 내일을 살아가게 됩니다.
이런 사소한 일들 하나가 나의 가슴을
따스하게 데워 주는 위로가 되는 이유는
우리를 힘들게 하고 괴롭히는 것들은
언제나 이보다 더 사소한 일들이라는 것을 나는
너무나 잘 알고 있기 때문입니다.

박성철:《조그만 행복》

(1) 固有词: _____

(2) 汉字词: _____

(3) 外来词: _____

- 查词典，了解下列外来词的含义，并按词源将其分类。

넥타이、데생、이데올로기、리포트、테마、챔피언、아리아
모델、템포、보드카、펭귄、샹송、필름、툰드라、노이로제

영어	프랑스어	독일어	이탈리아어	러시아어

- 以下是固有词마음对应的汉字词，将下列各句中的마음替换成相应的汉字词，比较其语感的区别。

심(心)、심리(心理)、내면세계(內面世界)、내면(內面)、의식(意識)、심정(心情)、심기(心氣)、심사(心思)、심경(心境)、기분(氣氛)、감정(感情)、심성(心性)、심성정(心性情)、성정(性情)、심통(心統)、인정(人情)、인심(人心)、정(情)、의향(意向)、의사(意思)、의지(意志)、용의(用意)、심중(心中)、흉중(胸中)、의중(意中)、내심(內心)、본심(本心)、심의(心意)、염두(念頭)、성격(性格)、성질(性質)、천성(天性)、본성(本性)、성품(性品)、인품(人品)、심덕(心德)、심지(心地)、정신(精神)、신성(神性)、관심(關心)、흥미(興味)、흥취(興趣)、심안(心眼)、판단력(判斷力)、분별력(分別力)、심금(心琴)、심근(心根)、성의(誠意)、정성(精誠)、도량(度量)

(1) 내 동생은 놀기만 좋아하고 공부에는 마음/_____이(가) 없다.
(2) 마음/_____이(가) 뒤숭숭하여 잠이 오지 않는다.
(3) 은지는 이번 일을 성사시키고자 하는 마음/_____이(가) 매우 강했다.
(4) 마음/_____을(를) 곱게 써야 사람들과 좋은 관계를 유지할 수 있다.

● 读下面的报道，了解韩国语中外来词的使用情况，谈一谈你对过度使用外来词现象的看法。

우리나라 회의석상은 외래어 천국(?)
직장인 10명 중 5명은 회의석상에서 외국어·외래어를 남발한다고 생각해

무역 전문 취업 포털 트레이드인은 직장인 546명을 대상으로 "회의석상에서의 외국어·외래어 사용"에 대해 설문조사 한 결과, 직장인 51.28%는 회의석상에서 외국어·외래어를 많이 사용하고 있다고 생각하는 것으로 나타났다.

회의석상에서 외국어·외래어를 많이 사용하고 있냐는 질문에, 전체 응답자의 51.28%가 "그렇다."고 응답을 했으며, "아니다."(41.88%), "잘 모르겠다."(6.84%)의 순으로 응답해 직장인 10명 중 5명은 외국어·외래어를 많이 사용하고 있다고 생각하는 것으로 나타났다. 연령대별로 살펴보면, "그렇다"고 응답한 응답자를 연령대별로 살펴보면, 20대(45.24%), 30대(53.73%), 40대(60.00%), 50대 이상(66.67%)이 "그렇다"고 응답을 해 연령대가 높아질수록 회의석상에서 외국어·외래어를 많이 사용하고 있다고 생각하는 비중이 증가하는 것으로 나타났다.

외국어·외래어를 남발하는 사람들을 어떻게 생각하느냐는 질문에, 전체 응답자의 43.59%가 "우리말로 표현이 가능한데 굳이 쓰는 이유를 모르겠다."고 응답해 가장 높게 나타났다. 그 다음으로, "아무렇지도 않다."(13.68%), "외국어를 잘 할 것 같이 느껴진다."(9.40%), "의미나 제대로 알고 쓰는지 궁금하다."(8.55%), "유식해 보인다."(5.98%), "우리말도 제대로 못하는 사람처럼 느껴진다."(5.13%)의 순으로 나타나, 외국어·외래어를 남발하는 사람에 대한 긍정적인 인식보다는 부정적인 인식이 더 높은 것으로 나타났다.

외국어·외래어를 많이 사용한다면 그 이유를 묻는 질문에, 전체 응답자의 30.17%가 "마땅히 우리말로 대체할 말이 없어서"로 응답해 가장 높게 나타났다. 그 다음으로 "전문적이라는 느낌이 들어서"(20.69%), "더 강하게 표현할 수 있어서"(18.10%), "다른 사람들이 쓰니까"(12.93%), "TV, 언론매체에서 쉽게 접하기 때문"(6.03%)의 순으로 나타났다.

트레이드인 ○○○ 본부장은 "회의석상에서 적절한 외국어·외래어의 사용은 강한 의사 표현을 할 수 있는 장점이 있는 반면, 듣는 사람에게 오히려 반감만 줄 수도 있다"며 "외국어·외래어를 통해 의사표현을 강조하기 보다는, 자신만의 강한 의사표현 방법을 개발하는 것이 중요하다"고 조언했다.

연합뉴스 보도 자료, 2012.1.26

第二节 韩国语词汇的变异与扩展

韩国语词汇根据其词性与来源形成一定的体系，在词汇体系内部又可以根据不同的分类标准分成若干个较小规模的集合。在探讨韩国语词汇的分类标准与主要类型时，最有代表性的就是"词汇的变异"与"词汇的扩展"观点。本节将从这两方面，简要介绍几种与韩国语学习密切相关的、具有代表性的词汇类型。

一、词汇的变异

所谓"词汇的变异(변이，variation，變異)"，是指具有相同词义的词因为其使用者所处的地域或集团的不同而产生出不同的变体。例如：根据所处地域的不同，有方言词汇与标准语词汇之分；根据社会集团、年龄、性别等的不同，又有隐语、俚语、禁忌语、儿童用词、男性用词、女性用词、老人用词以及委婉语、惯用语等。在此，将对其中的几种词汇类型作简单介绍。

1. 方言词汇

语言学中所说的"方言(방언，方言)"，既包括根据地域不同而产生分化的"地域方言"，也包括根据社会阶层的不同而产生分化的"社会方言"。而我们一般所说的方言，多指地域方言。

方言是一种语言中相对于标准语而言的，只在一定区域内使用的非标准语、地方话，是全民语言在不同地域的变体。我们都知道，韩国是一个单一民族国家，国土面积较为狭小，各地民众之间的语言交流没有太大障碍，但是，即便如此，韩国语仍有标准语与方言之分。位于朝鲜半岛的韩国与朝鲜两个国家，分别将首尔话与平壤话定为各自的标准语。在朝鲜，也称标准语为"文化语(문화어，文化語)"。在韩国语方言区域的划分上，通常将整个朝鲜半岛划分为东北方言、西北方言、中部方言、东南方言、西南方言及济州方言六个不同的方言区。各方言区主要分布情况如下图。

韩国方言区域图

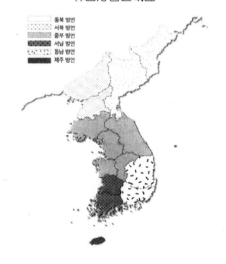

各方言区语言的不同特征在语音、语法及词汇等各方面都有体现，但其中当属词汇方面的区别最为明显，这些具有明显地方特征的词统称为方言词汇。词义相同的词，在不同的方言区往往会有不同的表达方式。例如주머니(口袋)一词在不同的方言区就有如下迥然不同的说法。

各方言区词汇的差异

标准语词汇	东北方言	西北方言	中部方言	东南方言	西南方言
주머니	거르마니(함북) 거르망(함남)	훙보/훙복/겟집(평북)	옆차개/춤치(충청) 염주머니(강원)	개야주머니(경북) 개야주무이/개야줌치/개쭘치/갬치/개무치(경남)	봉창(잔라) 개비(전남)

我们不应因存在标准语与方言的区别，就简单地认为标准语就优于方言。应该认识到，标准语之所以具有较大的影响力且更易于广泛普及，主要是因为它是一个国家政治、经济、文化中心地区的地域方言。尽管标准语在普及该国文化，帮助国民进行顺畅的语言沟通方面的优势显而易见，但因此就取消方言或以说方言为耻的做法也不可取。方言不仅可以真实地反映出当地的语言特点，还承载着浓郁而富有特色的地方文化，具有特殊的文化内涵。此外，在加强同一地区居民凝聚力与归属感方面所起的作用也不可小觑。

2. 隐语与俗语

❶ 隐语

"隐语(은어，隱語)"是特定的社会集团为了维护自己所在集团的利益或对其他集团保守秘密而使用的词汇，所以又称为"秘密语(비밀어，秘密語)"。在汉语中我们通常称这样的词为"暗语"或"黑话"。隐语通常用于商人、军人、犯罪团伙或学生等社会集团中。例如：

(1) 水果批发商计数时使用的隐语：먹주(1)、대(2)、삼패(3)、을씨(4)、을씨본(5)、살(6)、살본(7)、땅(8)、땅본(9)、주(10)、주본(11)、주손(12)、손위본(13)、꽁(14)……
(2) 采参人用隐语：심(산삼，山参)、쿨쿨이(산돼지，野猪)、넙대/넙대기(곰，熊)、서산/서산이(쥐，老鼠)、진대마니(뱀，蛇)、심벗군(산삼채취인，采参人)……
(3) 犯罪团伙用隐语：별장/빵간(교도소，监狱)、가방끈(학력，学历)、강아지(담배꽁초，烟头)、학삐리(학생，学生)、똘마니/시다바리(부하，部下)……
(4) 青少年、学生用隐语：만방(만화방，漫画室)、재끼다(밤새껏 놀다，玩通宵)、만두집(오락실，娱乐厅)、새우깡(담배，香烟)、담탱이(담임선생，班主任)……

从上面的例子可以看出，即使是一般词汇，如果在一个特定的集团作为一种暗语使用的话，那么这些一般词汇也会成为这个特定集团的隐语。隐语一旦被其他社会集团所知晓，其作为隐语的功能即已消失，必须用其他的词来替代。

❷ 俗语

"俗语(속어，俗語)"，也叫"卑俗语(비속어，卑俗語)"或"卑语(비어，卑語)"，指比较卑俗、不够文雅的词汇。也正因为俗语的这一特性，使得其无法作为标准语使用，也不能用于书面语或正式场合。近年来，伴随着产业化、城市化进程的不断加快及大众传媒的普及，俗语的内涵也发生了一些变化，不再是生活在社会底层阶级的特定用词。因其在表达上生动、形象且富有幽默感，真实地反映了现实社会，具有一定的反抗性与讽刺性，所以在青少年中得到

较为广泛的使用。例如：

> 青少年、学生用俗语：쪽 팔리다(창피하다，丢人)、끝내주다(최고다，最棒)、새끈하다(세련되다，干练)、왕따(왕 따돌림，受孤立的人)、공자(공장에 다니는 사람，在工厂上班的人)、귀공자(귀한 공부 시간에 잠만 자는 학생，在宝贵的上课时间睡觉的人)、식빵(네모난 얼굴，方脸)、미인(미친 인간，疯子)、나이키(나 이쁘면 키스해 줘，觉得我漂亮就吻我吧)、링컨 대통령(컨닝 대왕，抄袭大王)、형광등(눈치 없는 사람，没眼力见儿的人)……

3. 禁忌语与委婉语

人们对神圣的、不洁的、危险的事物所持态度而形成的某种禁制被为称"禁忌(taboo)"。禁忌本是古代人敬畏超自然力量或因为迷信观念而采取的消极防范措施，随着人们对被禁物的神秘感和迷信观念的消除，许多禁忌已经逐渐消亡，但仍有不少禁忌遗留下来了，并且影响着人们的生活。这种行为在语言上的表现，往往是尽量不提及有关死亡、疾病、犯罪、危险、性、排泄等令人不快、厌恶或恐惧的词。这些不愿提及的词被称为禁忌语(금기어，禁忌語)。人们在语言交流过程中，在无法回避，必须要表达禁忌语所包含的内容时，通常会用一些较为委婉的说法，以避免可能产生的不愉快、尴尬或恐惧。这些代替禁忌语使用的词被称为"委婉语(완곡어，婉曲語)"。

禁忌语与委婉语的对照

禁忌语	委婉语
쥐(老鼠)	며느리、서생원(鼠生員)
감옥(监狱)	형무소(刑務所)、교도소(矯導所)
보신탕(狗肉汤)	영양탕(營養湯)
천연두(天花)	마마、손님、손님마마、고운 손님
청소부(清洁工)	도시미화원(都市美化員)
후진국(落后国家)	개발도상국(開發途上國)

在日常生活中，不加忌讳地使用禁忌语会使对方感到尴尬或不愉快。此时，若能根据当时的具体语境恰当地使用相应的委婉语的话，将会有助于双方进行顺畅的交流。但是，我们应该认识到，即使使用了委婉语，其所指事物本身的本质是不变的，该事物带给人的负面印象不会因委婉语的使用而消失。

4. 惯用语与谚语

在韩国语中，有非常丰富多样的"惯用结构(관용 표현，慣用表現)"。这些惯用结构既包括惯用语、谚语，也包括诸如"안녕하세요?"、"죄송합니다"等习用套话及诸如"말은 신중하게 하고 행동은 민첩하게 한다"、"인내는 쓰나, 그 열매는 달다"等流行语句。这些固定结构都是在语言的长期运用中约定俗成的词组和句子。在此主要介绍惯用结构中的两种类型——惯用语与谚语。

❶ 惯用语

由两个以上的词结合在一起，具有一定特殊意义，在句中通常被作为一个词使用的固定结构被称为"惯用语(관용어，慣用語)"。在韩国语中，与表示身体部位的词相结合构成的惯用

语非常常见。例如：

(1) 손: 손이 크다(大手大脚)、손이 작다(吝啬)、손이 맵다(手重)、손을 떼다(放弃)、손에 넣다(据为己有)、손을 걸다(惹是生非)、손이 거칠다(粗枝大叶)
(2) 발: 발을 끊다(一刀两断，不相往来)、발을 빼다(收手，抽身)、발을 벗고 나서다(竭尽全力)、발이 넓다(门路广)、발이 묶이다(受束缚)
(3) 코: 코가 높다(自命不凡)、코가 납작해지다(威信扫地)
(4) 귀: 귀가 밝다(耳聪目明)、귀가 아프다(震耳欲聋)、귀에 거칠다(不堪入耳)
(5) 눈: 눈이 높다(眼光高)、눈을 끌다(抢眼，引人瞩目)、눈도 깜짝 안 하다(无动于衷)
(6) 얼굴: 얼굴이 간지럽다(自惭形秽)、얼굴이 깎이다(丢人现眼)
(7) 어깨: 어깨가 무겁다(任重道远)、어깨를 겨누다(你追我赶)、어깨를 낮추다(放下架子)、어깨가 가볍다(如释重负)
(8) 배: 배가 부르다(悠然自得)、배가 아프다(嫉妒)、배가 맞다(气味相投)、배를 내밀다(刚愎自用)
(9) 가슴: 가슴이 타다(忧心如焚)、가슴을 태우다(忧心如焚)、가슴이 미어지다(悲痛欲绝)、가슴이 아프다(痛心疾首)、가슴이 흐뭇하다(心满意足)
(10) 간: 간을 녹이다(心烦意乱)、간이 떨어지다(心惊肉跳)、간이 마르다(愁肠百结)、간이 콩알만 하다(胆小如鼠)

从以上的例子中可以看出，惯用语所要表达的意义并非其构成要素的表面意义，而是在其组成成分意义的基础上，通过比喻、引申、抽象概括而成。因此，其表达的意义是概括性的、完整的，并非其字面意义的简单相加。例如"코가 높다"所要表达的并非真正的"鼻梁高"，而是"自以为是、洋洋自得"。惯用语的意义都是抽象概括的，否则它就只能是一般的词组，而非惯用语了。例如"손이 크다"，当它表示"(花钱)大手大脚"时是惯用语，而当它表示"手很大"时，就是一般的词组了。

在结构形式方面，其构成相对固定，且除了以上例子中出现的主谓结构外，也有一些体词结构。如개밥에 도토리(狗食里的橡子——讨人嫌)、독안에 든 쥐(瓮中之鳖)等。

由于惯用语多源于日常生活用语，富有生活气息，比喻性强，表达上生动形象而富有风趣，具有非常独特的表现效果和鲜明的修辞效果，所以其使用范围相当广泛。

在惯用语方面，中韩两国语言也有一些相似的表达方式，例如눈이 높다在汉语中也有"眼光高"的含义，但这样的内容毕竟是少数，绝大部分的惯用语体现的是韩国人独特的表现方式和韩国人独有的文化特点。所以，对中国学生而言，在学习时需要理解和掌握其抽象意义，而不要按照其字面意义望文生义，更不要凭借自己的汉语知识做出主观臆断。

❷ 谚语

正如汉语中有"众人拾柴火焰高"、"种瓜得瓜，种豆得豆"等固定结构一样，韩语中也有诸如백지장도 맞들면 낫다、콩 심으면 콩 나고 팥 심으면 팥 난다等类似的表达方式。这种具有特定意义内容与固定结构形式的句子被称为"谚语(속담，俗談)"，也被称为"俚谚(이언，俚諺)"或"俗谚(속언，俗諺)"。谚语源于生活，是人们对长期生活经验的总结，简洁生动，内容丰富、深刻且富有哲理，具有一定的讽刺意义与教育意义，具有大众性、俚俗性、随意性等特点。同时，谚语也反映了韩国人的文化与思想意识，其本身就是宝贵的文化财富。

从结构方式上看，与惯用语相比，谚语多用较为完整的句子形式表现出来，其构成方式主要有如下几种。

(1) 叙述式：등잔 밑이 어둡다. (灯下黑。灯光照人不照己)
  배보다 배꼽이 더 크다. (喧宾夺主)
(2) 疑问式：한술 밥에 배부르랴? (一口吃不成胖子，欲速则不达)
  외손뼉이 울랴? (孤掌难鸣)
(3) 命令式：올라가지 못할 나무 쳐다보지도 말라. (不要好高骛远)
  돌다리도 두드려 보고 건너라. (石桥也要敲着过，处事要小心谨慎)
(4) 体词式：물 밖에 난 고기 (涸水之鲋)
  흉년에 윤달 (凶年加闰月，雪上加霜)
  누워서 떡 먹기 (易如反掌)
  눈 가리고 아웅 하기 (掩耳盗铃)
(5) 修饰式：고양이 세수하듯 (像猫洗脸一样，敷衍了事)
  가난한 집에 제삿날 돌아오듯 (越穷越见鬼，屋漏偏逢连夜雨)

二、词汇的扩展

如果说词汇的变异是指存在着与通用词汇相对应的其他词汇的话，那么"词汇的扩展(팽창，extension，膨胀)"，则是指存在着与通用词汇不同的词汇或出现新词这一现象。专业术语、新词、流行语、网络用语等都属于此类词汇。下面将对这几种词汇作简要介绍。

1. 专业术语

"专业术语(전문어，專門語)"是指某种职业内部进行交流时使用的词汇。专业术语所表述的是一般社会生活中不常见的概念，因此其词义更加明确，表达的内容也更加单一，鲜有多义词的存在，且没有任何感情色彩。由于科学技术的不断发展与普及及新兴职业的不断出现，专业用语中的新词不断涌现，其中外来词占了相当大的比重。

专业用语根据其使用的领域又可以分为学术专业术语与职业专业术语两大类。

"学术专业术语(학술전문어/학술어，學術專門語/學術語)"是进行数学、天文学、物理学、化学、气象学、生物学、海洋学、语言学、逻辑学、宗教学、历史学、经济学、经营学等学术研究与交流的重要工具。例如：

(1) 物理学/化学：분자(分子)、원자(原子)、분해(分解)、원소(元素)、산소(氧气)
(2) 数学：분수(分数)、로그(对数)、면적(面积)、점(点)、선(线)、제곱(平方)
(3) 哲学：세계관(世界观)、자본(资本)、형이상학(形而上学)、격물치지(格物致知)

在生产或生活中产生的，某一特定职业或集团服务的专业术语被称为"职业专业术语(직업전문어/직업어，職業專門語/職業語)"，是职业性较强的领域使用的词汇。职业专业术语可以分为很多门类，如医学词汇包括各种医疗器具及治疗手段等的名称，渔业词汇包括渔业从业人员、船的种类、船体部位名称、捕鱼方式等。这些门类的术语还可以细分，例如：

(1) 医疗器具：목발(拐杖)、반창고(橡皮膏)、붕대(绷带)、청진기(听诊器)、혈압계(血压计)、주사기(注射器)、체온계(体温计)、X레이기(X光检查仪)……
(2) 船的种类：안강망어선(鮟鱇网渔船)、연승망어선(延绳网渔船)、저인망어선(底引网渔船)、잠수선(潜水船)、닻배(锚船)、주낙배(延绳钩船)……

2. 新词与流行词

❶ 新词

人类社会每时每刻都处在发展变化之中，新事物、新概念如雨后春笋般层出不穷。为了指称这些新事物、新概念而出现的词被称为"新词(새말/신어，新語)"。新词从构成上看，可以分为完全新词与利用已有词构成的新词两类。前者大部分是对外语词汇的借用，如컴퓨터(computer)、유엔(UN, United Nations)、아르바이트(Arbeit)；后者是利用已有的语言资料构成的新词，如짜파게티(짱장면+스파게티，炸酱意大利面)、여친(여자친구，女朋友)等。

新词具有很强的时代性，不同的时期都有具有代表性的新词，通过这些新词，可以了解时代的变迁。试举韩国各时期出现的新词如下。

(1) 1945年~1955年：해방(解放)、무조건항복(无条件投降)
(2) 1956年~1965年：한일 국교 정상화(韩日邦交正常化)、트위스트(摇摆舞)
(3) 1966年~1975年：조국근대화(祖国现代化)、국민교육헌장(国民教育宪章)
(4) 1976年~1985年：아파트투기(房地产投机)、몰래바이트(打黑工)
(5) 1986年~1990年：양심선언(良心宣言)、지역감정(地区感情)
(6) 1991年~2000年：나홀로투자(独资)、명퇴(光荣退休)
(7) 2001年~2010年：네티즌(网民)、블로그(博客)

❷ 流行词

在某一特定时期内广泛使用，但过一段时间后就逐渐消失的词被称为"流行词(유행어，流行語)"。流行词从其产生动机及时代性来看，与新词有一定的相通之处。但是，新词中有相当一部分在韩国语中沉淀下来，被人们广泛使用，而流行词则通常不具持续性的特点。此外，与新词相比，流行词更具讽刺性、批判性及幽默感，更加生动、敏锐地反映社会现实，是了解当时社会的宝贵资料。近年来，随着大众传媒的迅猛发展，通过电视广告、娱乐节目等媒介产生了大量的流行词。例如：

(1) 指称人的流行词：공주병(公主病)、투잡스족(兼职一族)、신세대(新生代)、쉰세대(过气的一代)、백수(无职业者)、백조(女待业者)、사오정(迟钝、呆傻的人)、기러기 아빠(大雁爸爸)
(2) 反映社会状况的流行词：핵가족(小家庭)、방콕(无所事事地呆在家里)、로또(彩票)、웰빙(weli-being，追求生活品质)、대박(一炮打响)、입시지옥(高考地狱)

3. 网络用语

网络用语(채팅어，chatting語)是伴随着网络的发展，在进行网络聊天的过程中产生的，有别于传统平面媒介或个人书信交流的特定的语言形式。除了具备一般网络语言简短有趣的特征之外，更结合了韩国语表音文字的特点以及韩国人特有的文化习惯，形成简洁直观、新颖独特且富有活力的表达方式。韩国语网络用语的构成方式主要有如下几类。

(1) 缩略合并法：첨←처음、멜←메일、셤←시험、알바←아르바이트
비방←비공개 대화방、공구←공동 구매、강추←강력 추천
어솨요←어서 오세요
(2) 语音变化法：조타←좋다、쟈철←지하철、마니←많이、낼←내일
글고←그리고、뭐얌←뭐야、열락←연락、저두←저도、증말←정말

(3) 符号表达法：:)、:-)、^.^、^_^、*^^* (笑脸)、T.T、ㅠ.ㅠ、T_T、!_! (哭脸)
   :-(、:(、:< (悲伤的表情)、>:-((生气的表情)、:P(取笑对方的表情)、
   @.@、#.#(吃惊的表情)
(4) 字形变异法：구 사람←그 사람、오널←오늘、안뇽←안녕
   이리루←이리로、하세여←하셔요、감사해여←감사해요
   안냐세엽←안녕하세요、봅시당←봅시다、궁금해용←궁금해요
(5) 数字表达法：20000(이만)、10002(많이)、8282(빨리빨리)、79(친구)
   4040(사랑사랑)、7942(친구 사이)、12558282(이리 오오 빨리빨리)
   2 사람(이 사람)、9 여자(그 여자)、밥5(바보)、9럼(그럼)
(6) 隐语表达法：깔(애인)、당근(당연하지)、눈팅(눈으로만 하는 채팅)

随着网络的普及，网络用语成为引人注目的文化现象。它在丰富词义、生动地表达说话者态度、推动语言多样化方面具有一定的积极作用。但是，网络用语在破坏语言规范性等方面也存在着消极影响。对于学习韩国语的中国学生而言，应客观地看待网络用语，正确地认识其积极作用与负面影响。

练习

● 结合下图，了解깍두기一词在各个方言区域的不同名称，结合中国的方言分布情况，谈一谈中国与韩国的方言分布特点。

标准语词汇	西北方言	中部方言	东南方言	西南方言	济州方言
깍두기	나박디(평북)	깍두기(경기) 깍데기(강원) 똑데기(충북)	깍두지(경북) 깍닥김치(경남)	나박지(전남) 똑깍지(전북)	깍뒤기(제주)

● 选择恰当的谚语，并用其正确形式填空。

> 입에 쓴 약이 몸에 좋다、옷이 날개다、가는 날이 장날이다、
> 싼 게 비지떡、웃는 낯에 침 못 뱉는다、팔은 안으로 굽는다

(1) _____고 하지만 요즘은 싸고 좋은 물건도 많아요.
(2) 오랜만에 영화 보러 영화관에 갔는데, _____고 영화관이 공사 중이었어요.
(3) 지금은 이런 충고가 듣기 싫겠지만 _____고 나중에 너에게 도움이 될 거야.
(4) _____고 아무리 미워도 난 네 편이다.
(5) _____더니 민우 씨가 오늘 정말 멋있어요. 무슨 일 있어요?
(6) _____고 네가 상냥하게 웃으면서 부탁하면 누구도 거절을 못 할 거야.

● 选择恰当的动物名填空。

> 꿩、원숭이、개구리、고래、벼룩、소、새、호랑이、새우

(1) _____도 제 말하면 온다
(2) _____ 먹고 알 먹기
(3) 우물 안 _____
(4) _____도 나무에서 떨어진다
(5) _____ 발의 피
(6) _____의 간을 내어 먹는다
(7) _____ 잃고 외양간 고친다
(8) _____ 싸움에 _____ 등 터진다

● 查词典，了解下列与입有关的惯用语的意义及用法，选其中4个造句。

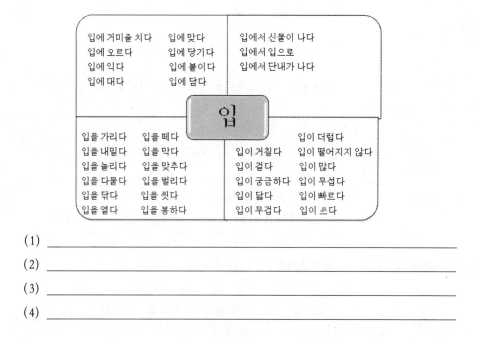

(1) _____
(2) _____
(3) _____
(4) _____

● "야후!코리아"所做的"2011 BEST TOP 10"结果中有关2011年新词的内容如下，阅读下文及2011年十大新词释义，体会新词的特点。

2011年 新词 TOP 10

顺序	新词	词义
1	애정남	애정남이란 애매한 것을 정해 주는 남자를 줄인 말.
2	하의실종	마치 하의를 입지 않은 것 같은 초미니 스커트나 팬츠를 익살스럽게 표현한 말.
3	병맛	어떤 대상이 '맥락 없고 형편없으며 어이없음'을 뜻하는 말.
4	중2병	중학교 2학년 나이 또래의 사춘기 청소년들이 흔히 겪게 되는 심리적 상태를 빗댄 언어로 '허세'를 부리는 사람을 얕잡아서 부르는 말.

5	성지순례	본래는 종교적 의무 또는 신앙 고취의 목적으로 하는 여행을 말하였으나, 화제가 되는 사이트를 방문한다는 뜻의 인터넷 은어로 사용되는 말.
6	TGIF	스마트 폰의 인기로 인해, 기존의 thank God it's Friday (고마워라 금요일이다)의 뜻에서 트위터, 구글, 아이폰, 페이스 북의 줄임말
7	스마트폰 과부	스마트폰을 새로 구입한 남편이 애플리케이션을 설치하고 조작하느라 새벽까지 잠도 자지 않으면서, 부부간에 대화가 중단된 상황을 한탄하는 의미로 쓰이는 말.
8	탈옥	탈옥은 별도의 툴(도구)을 이용해 아이폰 등의 설정을 변경함으로써 애플의 원래 정책과 상관없이 활용하는 것을 뜻한다.
9	월급 로그인/월급 로그아웃	인터넷 사이트에서 로그인, 로그아웃을 하는 것처럼 월급이 통장에 순식간에 들어왔다가 순식간에 빠져나간다는 의미다.
10	삼포세대	경제적인 이유 때문에 '연애와 결혼, 출산' 세 가지를 포기한 청년층을 뜻하는 신조어다.

🍎 将下列概念与其对应的说明内容连线，结合本章内容，每个概念试举5个例子。

금기어 •   • 둘 이상의 단어가 결합하여 관습적인 의미를 가지는 어휘

관용어 •   • 어떤 특정한 시기에 널리 사용하지만 일정한 시기가 지나면 점점 사라지는 표현

새말 •   • 불쾌감이나 두려움을 연상시키는 어휘 대신 사용되는 어휘

전문어 •   • 전문 분야의 일을 효과적으로 수행하기 위하여 도구처럼 사용하는 어휘

속어 •   • 새로 등장한 사물이나 개념을 표현하기 위하여 만들어진 어휘

은어 •   • 사회에 어떤 폐쇄적 집단이 존재할 경우 필연적으로 발생하게 되는 어휘

채팅어 •   • 친한 친구끼리 자유롭게 대화할 때 사용하는 비속하고 천박한 표현

유행어 •   • 인터넷 채팅을 하는 과정에서 생긴 전통적 서면 형식과 다른 특정한 언어 형식

금기어: _____

관용어: _____

새말: _____

전문어: _____

속어: _____

은어: _____

채팅어: _____

유행어: _____

第三节 韩国语词汇的语义关系

我们所使用的语言由语音和语义构成。如果说语音是语言的形式的话，那么语义则是语言的内容，二者缺一不可。掌握一种语言的词，核心问题就是要把词汇的语音形式与意义联系起来。韩国语的词义关系大致可以分为系列关系与组合关系两大类。"系列关系(계열관계，系列關係)"，也叫聚合关系，指在同一组合位置上可以相互替换的语言单位通过联想而构成的关系，所以也称之为联想关系，主要包括近义关系、反义关系、上下义关系。"组合关系(결합관계，結合關係)"指语言单位顺次组合所形成的关系，包括词组、惯用语等。由于词汇组合关系的几种类型在本章的第2节中已作简要阐述，在此只就词汇的系列关系作简要介绍。

一、近义关系

在韩国语中，有部分词虽然发音不同，但词义却彼此相似，这些词叫做"近义词(유의어，類義語)"，也有部分学者将其称为"同义词(동의어，同義語)"。但是，即使是同义词，在词义与用法上也或多或少地存在一定的区别，严格来讲，绝对的同义词是不存在的。由这些词构成的关系被称为"近义关系(유의관계，類義關係)"。词汇的近义关系可通过以下图示表现出来。

近义词从来源上看大致可以分为如下两大类型。

❶ 因汉字词、外来词与固有词间的词义重叠现象而出现的近义词。例如：

　　固有词与汉字词：같다 - 동일하다、이 - 치아
　　汉字词与汉字词：관객 - 관중、민감하다 - 예민하다
　　固有词与外来词：열쇠 - 키、달리기 - 조깅
　　汉字词与外来词：우유 - 밀크、시위 - 데모

❷ 因词汇的社会变异而出现的近义词。例如：

　　标准语与方言：옥수수 - 강냉이
　　一般用词与敬语：밥 - 진지
　　褒义词与贬义词：검소 - 인색
　　一般用词与委婉语：죽다 - 돌아가다
　　口语用词与书面语用词：되게 - 매우
　　一般用词与专业术语：소금 - 염화나트륨

在韩国语学习过程中经常会遇到要求区分近义词词义差别的情况。一般来说，可以用如下方法验证近义词的词义关系。

❶ 排列验证法

　　排列验证法是将具有程度差别的词排列在一起,进而比较出这些单词词义差别的词义辨别方法。例如表示"辣"这一涵义的以下各词可以用此方法比较容易地辨别出其区别来。

❷ 成分分析法

　　成分分析法是要对近义词的语义加以分解,提取其共同的语义成分,即"求同",之后再找出其区别性特征语义成分,即"辨异"。该方法不仅可以对词素进行意义分析,在体现词汇的词义关系时也是一个行之有效的方法。词义表格是进行成分分析时比较常用的方法。

近义词	天气	场所	饮食	服装	态度
따뜻하다	+	+	+	+	+
따스하다	+	+	-	+	+
덥다	+	+	+	-	+
무덥다	+	+	-	-	-

❸ 置换验证法

　　通过在各种语境中置换近义词来达到区分近义词词义的目的。这一方法在词典释义及语言教学中非常常见。例如:

　　　　호두를 까다(☺)/벗기다(☹).
　　　　사과 껍질을 벗기다(☺)/까다(☹).
　　　　아기의 옷을 벗기다(☺)/까다(☹).

❹ 反义验证法

　　运用词汇的反义关系区分近义词词义的方法。

　　　　낡다　----　늦다
　　　　↕　　　　　↕
　　　　새롭다　----　젊다

二、反义关系

　　两个以上的单词在词义上彼此相对立,我们就说它们之间是"反义关系(반의관계,反義 關係)",那么这些词也就互为"反义词(반의어,反義語)"。反义词是现实中矛盾的或对立的现象在语言中的反映。反义词"가"和"나"的关系可以通过下图得以体现:

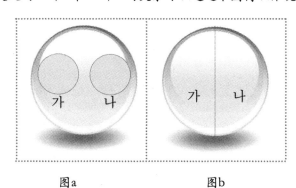

图a　　　　　图b

上图<图a>所示的가和나彼此对立，它们的中间留下空白，可以插入其他词。如"크다"和"작다"中间可以有"크지도 작지도 않다"。而<图b>所示的가和나之间的对立属于非此即彼的性质，它们分尽了一个共同的意义领域而不留空白。如"남↔여"、"생존↔사망"等等。一般来说，反义词具有如下特征。

❶ 互为反义词的两个单词具有共同的词素，而其中只有一个词素不同时才是反义词。例如"총각↔처녀"这两个词[人]、[成人]、[未婚]等要素都完全相同，只有[性别]这一词素彼此对立。

❷ 一个词可以对应一个或多个反义词。例如고유어一词可以有한자어、외래어两个反义词。

❸ 如果一个词具有几个词义，那么它对应的反义词也因其词义不同而不同。例如：

单词	词义	反义词
연하다	무르고 부드럽다(柔软)	질기다(有韧性)
	빛깔이 옅고 산뜻하다(颜色浅)	진하다(颜色深)

三、上下义关系

一个词在词义上包含另一个词，或者被另一个词所包含，那么这两个词的词义即为"上下义关系(상하관계，上下關係)"。两个词中包含另一个词的词被称为"上位词(상위어/상의어，上位語/上義語)"，被另一个词所包含的词被称为"下位词(하위어/하의어，下位語/下義語)"。

如上图所示，식물是这组上下义关系里的上位词，야채、과일是相对应的下位词，야채、과일又分别是감자、고구마、오이、배추、호박及사과、배、포도、복숭아等词的上位词。由此可以看出，上下义关系成立的条件并非是绝对的。

一种语言的词汇中可以分出许多像上图这样由具有共同词义特征及相同或相似的语法分布的词构成的词群，这些词群构成一个意义区域或范围，这一意义区域或范围被称为"语义场(의미장，意味場)"，也称为"词汇场(어휘장，語彙場)"。例如表示颜色的희다、검다、붉다、푸르다、누르다等词构成색채어장(色彩词场)，表示味觉的달다、짜다、맵다、쓰다、시다、떫다等词构成미각어장(味觉词场)。

四、多义词

一般来说，一个词的意义可以只概括反映某一类现象，也可以概括反映相互有关联的几类现象。像这样一个词除了基本词义之外还具有一个以上附属意义的现象被称为多义或多义性，

而具有多义性的词被称为"多义词(다의어, 多義語)"。

一个词在刚产生的时候大多是单义的，在使用过程中所要表达的意义总是在不断增多，这些相关意义如果也用这个词来表达的话，那么这个词就变成了多义词。多义词都具有本义与派生义。词最初的意义被称为词的本义，它是产生这个词的其他意义的基础。例如动词밝다的本义是"明亮"，在此本义的基础上，衍生出"(耳)聪(귀가 밝다)"、"(目)明(눈이 밝다)"、"明白(事理)(사리가 밝다)"等词义，这些由本义衍生出来的意义叫做"派生义"。词汇的派生义并不是凭空出现的，它与派生它的那个意义所指的事物的某一方面特征具有一定的联系，这一共同特征是建立其彼此联系的纽带。下面将试举머리一词，说明多义词中本义与派生义之间的关系。

(1) 아버지는 방송을 들으면서 <u>머리</u>를 끄덕이셨다. （头）
爸爸一边听广播一边点头。
(2) 어제 <u>머리</u>를 잘랐어요. （头发）
昨天剪头了。
(3) 이 학생은 <u>머리</u>가 좋을 것 같아요. （头脑）
这个学生好像脑子挺好使。
(4) 열심히 외웠는데 <u>머리</u>에 남은 것이 없네요. （记忆）
努力地背了，但什么都没记住。

在韩国语中，还有"때(时间)∥때(污垢)"及"배(腹部)∥배(船)"这样的字形与读音都相同的词，或像"입(嘴)∥잎(树叶)"、"반듯이(端正)∥반드시(一定)"这样字形不同但读音相同的词，我们称之为"同音词(동음어, 同音語)"，也叫"同音异义词(동음이의어, 同音異義語)"。同音词与我们刚才谈到的多义词的区别在于同音词的意义之间没有联系，而多义词的各个意义之间有内在的联系。

练习

● 选择画线部分的近义词填空。

(1) 그 문제를 해결하기 위해서는 수단과 방법을 가릴 <u>처지</u>가 아니다. （   ）
① 형편　　② 현황　　③ 사태　　④ 실상
(2) 처음 만나는 사람이라도 말을 몇 마디 하면 그 사람의 <u>됨됨이</u>를 알 수 있다. （   ）
① 능력　　② 재간　　③ 가망　　④ 인품
(3) 오늘 하루 종일 배가 아팠다. <u>게다가</u> 열도 많이 나서 일을 할 수 없었다. （   ）
① 가끔　　② 항상　　③ 더구나　　④ 당장
(4) 여러분에게 한 약속은 <u>틀림없이</u> 지키겠습니다. （   ）
① 반드시　　② 여전히　　③ 저절로　　④ 부득이
(5) 휴대용 계산기는 주판에서 <u>기원했다</u>. （   ）
① 유도했다　　② 유래했다　　③ 기술했다　　④ 전수했다
(6) 만약의 경우를 위해 다른 방법도 <u>마련해야</u> 한다. （   ）
① 예상해야　　② 준비해야　　③ 발견해야　　④ 선택해야

(7) 언론에서는 과장된 보도를 써서 이번 사태에 대한 시민들의 불만을 부채질했다. (　)
　　① 부추겼다　　② 부풀렸다　　③ 증진했다　　④ 증축했다
(8) 노천극장에서 열린 음악 축제에 열다섯 개 팀이 참가해 불꽃 튀는 경쟁을 벌였다. (　)
　　① 화려한　　② 치열한　　③ 거대한　　④ 엄격한

● 仿照例子完成下表，体会以下近义词的词义与用法的区别。

단어	사이	공간	시간
틈		+	
겨를			

● 选择画线部分的反义词填空。

(1) 교육 분야에 예산을 더 많이 주기 위해서는 다른 예산을 줄여야 한다.
　　① 키워야　　② 낮춰야　　③ 없애야　　④ 늘려야
(2) 올해도 작년과 마찬가지로 계속 물가가 오를 전망이다.
　　① 평등하게　　② 달리　　③ 그대로　　④ 동일하게
(3) 자다가 밖에서 이상한 소리가 들려서 눈을 떴어요.
　　① 닫았어요　　② 졌어요　　③ 감았어요　　④ 내렸어요
(4) 저 사람은 입이 싸니까 비밀을 말하면 안 된다.
　　① 심심하니까　　② 무거우니까　　③ 열리니까　　④ 짧으니까
(5) 나는 이력서에 사진 중에서 가장 멋진 것을 골라서 붙였다.
　　① 뗐다　　② 더했다　　③ 열었다　　④ 탔다

● 每句中用互为反义词的两个词的正确形式填空。

(1) 평일에는 _____고 주말에는 _____.
(2) 해가 _____면 달이 _____.
(3) 인생은 _____고 예술은 _____.
(4) 우리 동네는 난방이 잘 되어 밖은 _____지만 방 안은 _____.
(5) 손님은 _____ 색보다 _____ 색이 더 잘 어울립니다.

● 根据词组的意义，在下表中填写벗다的反义词。

单词	词组	反义词
벗다	옷을 벗다、바지를 벗다	
	모자를 벗다、안경을 벗다	
	신발을 벗다、양말을 벗다	
	장갑을 벗다	

● 完成下图，体会词的上下义关系。

```
                    예술
        ┌────────┬────┴────┬────────┐
       문학    [　　]      음악     공연
    ┌───┬────┼────┬────┐
  [　　] 조각  서예  [　　] 공예
```

● 选出下列每组的三个句子中可以共同使用的词，并用其正确的形式填空。

(1)
| (1) 어떤 색상의 옷을 즐겨 _____? |
| (2) 비닐하우스에 불이 나서 주민 십여 명이 화상을 _____. |
| (3) 우리는 부모님의 은혜를 _____ 것을 항상 기억해야 합니다. |

① 받다　　② 입다　　③ 당하다　　④ 쓰다

(2)
| (1) 그는 다리가 아파서 학교까지 가는 데 한 시간이나 _____. |
| (2) 그는 음주운전을 하여 교통법규에 _____. |
| (3) 저는 그날의 일이 아직까지 마음에 _____. |

① 사용하다　　② 어기다　　③ 걸리다　　④ 들다

(3)
| (1) 이번 사건으로 부장님의 권위는 땅에 _____. |
| (2) 그 아이는 똑 _____ 대답을 잘 한다. |
| (3) 이익에 따라 달라지는 그의 행동에 우리는 정이 _____. |

① 없어지다　　② 떨어지다　　③ 나빠지다　　④ 떼어지다

(4)
| (1) 경제 사정이 점점 나아지고 있으니 희망을 _____. |
| (2) 그 사람은 밝은 성격을 _____ 사람이다. |
| (3) 급할수록 마음의 여유를 _____ 할 것 같아요. |

① 느끼다　　② 맺다　　③ 지내다　　④ 가지다

(5)
| (1) 앞으로는 남에게 해를 _____지 않겠습니다. |
| (2) 걱정을 _____ 드려 죄송합니다. |
| (3) 중국 문화는 여러 아시아 나라에 큰 영향을 _____. |

① 끼치다　　② 미치다　　③ 하다　　④ 주다

第五章 韩国语的句子

本章导读：

　　句子是由词或词组构成，能表达完整的意思及一定的语气的，语言运用的基本单位。了解韩国语的基本句子结构、各种句子成分的主要特点及主要的句型、句类，将有助于更加准确地理解与生成句子。

☞ **你知道吗？**

```
                    제  인터넷  친구
    지금에는  인터넷으로  친구를  사귀는  경우도
많습니다. 그렇지만  제  인터넷  친구가  잘  모르는
사람이  아니고  대부분이  제  친구하고  통창이다.
우리가  대학교에  입학하러  갔지  않은  도시에
가기  때문에  만날  수  없습니다. 그래서  우리가
인터넷으로  메일을  보내고  이야기꽃을  피우기도
하고  재미있는  일을  나누기도  합니다. 상대방에게
관심을  전하고  친구들의  형평을  알  수  있어서
기분이  정말  기쁩니다. 그런데  예전에는  모르지만
인터넷으로  사귀는  친구도  있습니다. 그들은  모두
고향의  사람이고  여기에서  공부한  학생입니다.
우리  자주  학습과  생활의  문제에  대한  토론을
합니다. 제  인터넷  친구  모두가  착한과  좋은
사람이고  그들은  저게  많는  관심과  도움과
즐겁움을  줍니다.
```

　❀ 上文是某大学韩语系一年级学生的作文，你能找出上文的错误并找出出现这些错误的原因吗？

☞ **学习目的：**

1. 了解韩国语的主要句子成分。
2. 了解韩国语按功能分类的句类。
3. 了解韩国语根据结构特点分类的句型。

☞ **本章要点：**

✱ 韩国语的句子成分
　1. 句子的语法单位
　2. 韩国语的基本句型
　3. 韩国语的句子成分
　4. 句子成分的省略与倒装

✱ 韩国语的句子类型
　1. 韩国语的句类
　2. 韩国语的句型

第一节 韩国语的句子成分

一、句子的语法单位

"句子(문장,文章)"是由词或词组构成,能表达完整的意思及一定的语气的,语言运用的基本单位。构成句子的单位由小到大依次为:

형태소(词素)→단어(词)→어절(词节)→구/절(词组)→문장(句子)

有关词素与词,在第3章中已予以说明。下面将仅对词节、词组作简要介绍。

"词节(어절,語節)"是构成韩国语句子的基本单位,由词及跟在其后的助词或词尾等具有语法功能的要素构成,与隔写单位一致。也就是说,位于两个隔写之间的单位即是一个词节。

"词组(구/절,句/節)"是由两个或两个以上词节结合在一起构成的语法单位。词组中既包括不能形成主谓关系的구,又包括本身具有主谓关系,但不能单独使用,在句子中作为一个词充当一定成分的单位절。

构成句子的各个单位的关系可见下表。

소아가 편지를 쓰다.(小雅写信。)

句子	소아가 편지를 쓰다					
词组	소아가		편지를 쓰다			
词节	소아가		편지를		쓰다	
词	소아	가	편지	를	쓰다	
词素	소아	가	편지	를	쓰	다

二、韩国语的基本句子结构

韩国语的基本句子结构共三种,分别是动词句、形容词句及体词句。其基本结构如下。

  (1) 动词句: 主语 + 动词谓语
  (2) 形容词句: 主语 + 形容词谓语
  (3) 体词句: 主语 + 体词-이다

❶ 动词句

"动词句(동사문,動詞文)"的基本结构是由主语与动词谓语构成。根据动词的分类还可以细分为自动词句、他动词句与补语句。

  (1) 아이가 갑자기 울었다.
    孩子突然哭了。

(2) 학생들이 책을 읽습니다.
　　学生在看书。
(3) 언니는 교수가 되었다.
　　姐姐做了教授。

❷ 形容词句

"形容词句(형용사문, 形容詞文)"是指形容词做谓语的句子, 可分为如下两种类型。

(1) 경치가 아름답습니다.
　　风景很美。
(2) 지은은 의사가 아니다.
　　知恩不是医生。

上例(1)是由主语和形容词谓语构成的形容词句, 例(2)则是由主语、补语及做谓语的形容词아니다构成的。

❸ 体词句

"体词句(명사문, 名詞文)"是指由体词做谓语的句子。但是, 体词是不能直接做谓语的, 若要将其作为谓语使用, 就需要一个能将体词转化为谓语的特殊"装置", 这一"装置"就是叙述格助词이다。

(1) 나는 중국 사람이다.
　　我是中国人。
(2) 우리들이 찾을 사람은 바로 너였다.
　　我们要找的人就是你。
(3) 정상까지 올라온 선수는 모두 셋이다.
　　爬到山顶的选手一共有3名。

三、韩国语的句子成分

句子中的词或词组, 根据其在语法上所起的作用可以分成不同的成分, 这些成分就是"句子成分(문장성분, 文章成分)"。其中构成句子主干的成分被称为"主成分(주성분, 主成分)", 主要有主语、谓语、宾语和补语; 修饰主成分的成分被称为"附属成分(부속성분, 附屬成分)", 主要有定语、状语; 与其他句子成分没有直接关系的成分被称为"独立成分(독립성분, 獨立成分)", 主要有独立语。下面将对这些句子成分的概念与特点作简要介绍。

1. 主语

"主语(주어, 主語)"是句子中动作、状态或特点的主体, 是谓语陈述的对象。主语由体词或具有体词作用的名词性词组与主格助词가/이、께서、에서或补助词는/은、도、만等结合而成, 主要表示如下意义。

❶ 表示动作的发出者, 例如:

(1) <u>안 교수님께서</u> 전화를 해 주셨다.
　　安教授打来了电话。
(2) <u>소아도</u> 저를 기다립니다.
　　小雅也等我。

(3) 회사에서 직원을 해외로 파견했다.
　　公司向海外派遣了职员。

❷ 表示动作、行为的承受者，例如：

(1) 도둑이 경찰에게 잡혔다.
　　窃贼被警察抓住了。
(2) 창문이 바람에 열렸다.
　　窗户被风吹开了。

❸ 表示判断的对象，例如：

(1) 그 소년이 장 교수님의 아들이다.
　　那个少年是张教授的儿子。
(2) 소아만 학생이다.
　　只有小雅是学生。

❹ 表示陈述的对象，例如：

(1) 날씨가 참 좋다.
　　天气非常好。
(2) 이 소설은 꽤 유명하다.
　　这本小说很有名。

主语中的"体词+主格助词께서/에서"后可以再接补助词는/만/도等，"体词+主格助词가/이"中的主格助词可以用补助词는/만/도等代替，根据具体情况主格助词也可以省略。例如：

(1) 할아버지께서는 매일 산책을 하신다.
　　爷爷每天散步。
(2) 형도 이 학교 학생이다.
　　哥哥也是这个学校的学生。
(3) 너 뭐 하니?
　　你干什么?

主语是构成句子的主要成分，但是，根据具体的语境，有些句子的主语也可以省略。在口语中，这种省略现象更为常见。例如：

(1) 내일 전화할게.
　　(我)明天给你打电话。
(2) 꼭 열심히 배우겠습니다.
　　(我)一定好好学习。

2. 谓语

韩国语是以谓语为中心的语言，谓语是句子中必不可少的成分。何谓谓语? "谓语(서술어，敍述語)"是对主语的行为、状态和性质加以陈述的成分。谓语通常由动词、形容词和"体词+叙述格助词이다"构成。此外，独立谓词与辅助谓词的结合及谓词词组也可以做谓语。例如：

(1) 나는 밥을 먹었다.
　　我吃饭了。
(2) 꽃이 활짝 피었다.
　　鲜花绽放。
(3) 강물이 아주 맑다.
　　江水非常清澈。

(4) 저분은 제 지도교수이십니다.
   那位是我们的导师。
(5) 저는 집에 가고 싶어요.
   我想回家。
(6) 제 언니는 키가 큽니다.
   我姐姐个子很高。

根据构成谓语的动词、形容词词汇特征的不同，对其前面成分的要求也各不相同。有要求前面只有一个主语的，如下例的(1)、(2)；有要求前面除了主语之外还应有一个其他成分的，如下例的(3)、(4)；也有要求前面除了主语之外还应有两个必需成分的，如下例的(5)、(6)。

(1) 방이 깨끗합니다.
   房间很干净。
(2) 저는 졸업했습니다.
   我毕业了。
(3) 학생들이 청소를 한다.
   学生们在打扫卫生。
(4) 이 과일은 건강에 좋다.
   这种水果对身体很好。
(5) 그는 저에게 선물을 주었습니다.
   他给我礼物了。
(6) 소아는 언니에게 그 소식을 알려 주었다.
   小雅把这个消息告诉了姐姐。

句中说话人对听话人的意向，对听话人及句子主体的尊敬与否以及该句话中所体现的时间关系等往往也都通过谓语表现出来。有关时间表示法、敬语法等内容，将在第6章予以介绍。

3. 宾语

"宾语(목적어, 目的語)"，也叫"目的语"，通常用于他动词做谓语的句中，在谓语前面，表示动作、行为涉及的对象或内容。一般来说，宾语由体词后接宾格助词를/을构成，有时名词性词组也可以与宾格助词结合在一起做宾语。例如：

(1) 이 문장을 읽어 주세요.
   请读一下这句话。
(2) 나는 너를 믿는다.
   我相信你。
(3) 어머니는 그가 다시 여기 오기를 기다리십니다.
   妈妈等待着他再次来这里。
(4) 나는 드디어 그가 제게 얼마나 중요한 존재인가를 알게 되었다.
   我终于知道他对于我来说是一个多么重要的人。

根据具体情况的不同，宾格助词有时由补助词代替，有时补助词后再接宾格助词，有时只用体词，省略宾格助词。例如：

(1) 소아는 춤도 잘 춥니다.
   小雅舞也跳得好。
(2) 그는 고기만을 좋아합니다.
   他只喜欢肉。
(3) 우산 좀 빌려 줘.
   借我雨伞用用。

4. 补语

"补语(보어，補語)"通常用于되다、아니다等不完全谓语前面，用来对谓语的情况进行补充说明。补语一般由体词或具有体词作用的名词性词组后加补格助词가/이构成。例如：

(1) 그는 <u>사장이</u> 되었다.
　　他当了社长。
(2) 너는 더 이상 <u>어린애가</u> 아니다.
　　你不再是小孩子了。

5. 定语

"定语(관형어，冠形語)"是句子中的附属成分，一般用于体词前，对体词起修饰作用。定语主要有如下四种表现形式。

❶ 由于冠形词的主要功能就是修饰体词，所以，冠形词本身即可构成定语。例如：

(1) <u>어느</u> 나라에서 오셨습니까?
　　您是从哪个国家来的啊?
(2) 저는 어제 <u>헌</u> 책을 많이 샀습니다.
　　我昨天买了很多旧书。

❷ 由体词接属格助词의构成，属格助词의有时也可以省略。例如：

(1) 저는 <u>고향의</u> 봄이 그립습니다.
　　我思念故乡的春天。
(2) 이 선물은 <u>그들(의)</u> 마음이 담겨 있습니다.
　　这个礼物中承载了他们的心意。

❸ 在谓词词干或体词的谓词形后接定语词尾는、-은/ㄴ、-인、-ㄹ/을、-던构成，这些定语词尾可以表示相对的时间关系。例如：

(1) 저는 <u>비 오는</u> 날에 그를 만났습니다.
　　下雨那天我见到了她。
(2) 그는 <u>마음이 따뜻한</u> 사람이다.
　　他是一位非常热心的人。
(3) <u>좋은</u> 소식이 있으면 알려 주세요.
　　如果有好消息的话，请告诉我。
(4) 그때 나는 집에서 <u>출장 갈</u> 준비를 하고 있었다.
　　那时我正在家里作出差准备。
(5) 내가 <u>먹던</u> 밥을 누가 치웠나?
　　谁把我吃的饭给收拾下去了?
(6) <u>대학생인</u> 네가 이것도 모르다니!
　　身为大学生的你连这个都不知道?

❹ 词与词直接按顺序排列构成。例如：

(1) 저는 <u>고향</u> 친구를 많이 보고 싶어요.
　　我想念家乡的朋友。
(2) <u>이</u> 차는 <u>소아</u> 차가 아니에요?
　　这辆车不是小雅的吗?

6. 状语

"状语(부사어, 副詞語)"也是句子中的附属成分，与定语不同的是，定语只能修饰体词，而状语可以修饰的成分不仅仅局限于谓词，还可以修饰冠形词和其他副词。例如：

 (1) 제 딸은 <u>아주</u> 똑똑해요.
   我女儿非常聪明。
 (2) 그들은 방을 <u>아주</u> 깨끗이 청소했다.
   他们把房间打扫得非常干净。
 (3) 그는 <u>그</u> 노인에게 <u>아주</u> 새 옷을 주었다.
   他把非常新的衣服给了那位老人。

状语的表现形式主要有如下五种，下面试举几例加以说明。

❶ 副词本身即可构成状语。例如：

 (1) 북경의 가을 풍경은 <u>정말</u> 아름답습니다.
   北京秋天的景致真的非常美丽。
 (2) 저는 <u>열심히</u> 책을 쓰고 있습니다.
   我正在认真地写书。

❷ 由体词接副词格助词에、에게、에서、로/으로、와/과、하고、보다、처럼、만큼等，构成状语，表示时间、地点、工具、资格、原因、比较、程度等。由于在前面第3章中已经对副词格助词作了较为详细的说明，在此不予赘述。

 (1) 그는 <u>나에게 토요일 오후 5시에 학교 정문 앞에서</u> 만나자고 했다.
   他和我说星期六下午5点在学校正门前见面。
 (2) 그는 <u>소아와</u> 친구 사이이다.
   他与小雅是朋友关系。
 (3) <u>선생님의 도움으로</u> 이번 회의를 잘 진행했습니다.
   因为您的帮助，这次会议进行得很顺利。
 (4) 이 고구마가 <u>밤보다</u> 맛있다.
   这种红薯比果子还好吃。

❸ 由与名词形态相同的副词构成。例如：

 (1) <u>내일</u> 뵙겠습니다.
   明天见。
 (2) 내가 <u>여러 번</u> 말했잖아?
   我不是说过好几次了嘛！

❹ 由定语接部分依存名词构成。例如：

 (1) <u>시키시는 대로</u> 하겠습니다.
   我会按照您吩咐的去做的。
 (2) <u>쉴 만큼</u> 쉬었으니 이제 일 좀 해라.
   已经充分地休息了，现在干活吧。

❺ 由形容词接副词形词尾-게构成。例如：

 (1) 그녀는 소파에 <u>단정하게</u> 앉아 있었다.
   她很端正地坐在沙发上。
 (2) 그는 이 문제를 <u>아주 정확하게</u> 대답해 주었다.
   他非常准确地回答了这个问题。

状语可以分为修饰句中某一特定成分的"成分状语(성분부사어,成分副詞語)"和修饰整个句子的"句子状语(문장부사어,文章副詞語)"。前面介绍的大多是成分状语,现试举几个句子状语的例子。例如:

(1) 과연 그 학생은 훌륭하구나.
的确那个学生很出色。
(2) 설마 오늘도 비가 오는 게 아니겠지?
今天该不会也下雨吧?
(3) 부디 몸 조심하십시오.
请您一定注意身体。

7. 独立语

"独立语(독립어,獨立語)"是与句子中的其他成分没有直接联系的独立的句子成分。独立语一般由感叹词、体词接呼格助词아/야、(이)여/(이)시여、接续副词等构成。例如:

(1) 아아, 이날이 드디어 왔구나.
啊,这一天终于来到了。
(2) 소아야, 어서 가자.
小雅,快走吧。
(3) 신이시여, 우리에게 은혜를 내려 주소서.
神啊,请施恩于我们。
(4) 벌써 10월이다. 그러나 날씨가 아직 덥다.
已经10月了,可是天气还很热。

当体词接呼格助词做独立语时,如果体词是非活动体名词或不需要尊敬的活动体名词时,呼格助词也可以省略。例如:

지은(아), 문 좀 열어 줘.
知恩啊,开开门。

在韩国语中,外位语(제시어,提示語)也是独立语的一种类型。外位语通常置于句子前面,用逗号与句子隔开,表示其与本句中的语气停顿,而本句中通常有一个词重指它。

(1) 김치, 이것은 한국의 대표적인 음식이다.
泡菜,它是韩国的代表性食品。
(2) 글로벌화, 이것은 경제 활동의 요소인 화물, 자본 그리고 사람이 국경을 넘어서 이동하여 활동을 하고 있는 것을 의미한다.
全球化,它是指经济活动的要素——货物、资本及人员的跨国流动。

四、句子成分的省略与倒装

1. 句子成分的省略

句子成分的"省略(생략,省略)",是指在一定的语境或上下文中省去句子中的某一个成分。句子成分的省略常见于对话中,例如:

(1) -소아는 서울에 갔어?
-小雅去首尔了吗?
-갔어.
-去了。

(2) -소아는 언제 서울에 갔어?
-小雅什么时候去首尔的?
-어제.
-昨天。

从上例可以看出，例(1)的回答中省去了主语和状语，例(2)的回答中省去了主语、状语和谓语。

除对话外，在一般的叙述文中为了避免叙述上的重复也可以省略一定的成分。例如：

나는 어제 하루 종일 바빠 보냈습니다. (나는) 아침 8시부터 오후 3시까지 줄곧 강의를 들었습니다. (나는) 오후에는 수업이 끝나고 바로 도서관에 자료 찾으러 갔습니다.
我昨天忙了一整天，从早上8点到下午3点一直上课，下午下课之后就直接去图书馆查资料了。

一般来说，句子成分的省略通常要满足如下两个条件：一是尽管部分句子成分被省略，但听话人或读者可以依靠一定的语境或上下文得到明确的信息，而不至于造成理解困难；二是被省略的成分实际上可以有，且可以明确补出。

2. 句子成分的倒装

句子成分的"倒装(이동，移动)"，是指为了表达上的需要，有意识地改变句子成分一般顺序的方法。韩国语句子的基本语序如下。

- 主语—谓语
- 主语—宾语-谓语
- 定语—被修饰词
- 状语—被修饰词

在具体使用语言进行交际的过程中，经常会出现改变句子成分一般顺序的情况，但是，这种改变只是一种临时的调整，倒装后的句子成分都可以恢复到原来的位置。例如：

(1) 이겼다, 우리는.
　→ 우리는 이겼다.
　我们赢了。
(2) 많이 먹어라, 밥을.
　→ 밥을 많이 먹어라.
　多吃点儿饭。
(3) 빨리 가라, 저쪽으로.
　→ 빨리 저쪽으로 가라.
　快点儿去那边。

练习

● 找出下列句中的主语。

(1) 영희는 독서를 좋아한다.

(2) 너, 밥 먹었니?
(3) 그 분께서만 그 문제를 해결할 수 있으십니다.
(4) 이번에 우리 회사에서 신입 사원을 2명 모집합니다.
(5) 한국어 공부하기가 정말 재미있다.

● 找出下列句中的谓语。

(1) 민우는 그 할머니의 짐을 들어 드렸다.
(2) 지은 씨의 여동생은 정말 정순하다.
(3) 그분의 좌우명은 "나는 아직 배우고 있다"입니다.
(4) 동생은 그렇게 많은 사과를 다 먹어 버렸다.
(5) 이따가 비가 올 것 같습니다.

● 找出下列句中的宾语。

(1) 그 아이는 매일 고기만 먹어요.
(2) 새해에는 모든 일이 다 잘 되시기를 바랍니다.
(3) 소아는 식당을 안 가려고 합니다.
(4) 나는 동생이 왜 우는지를 모르겠다.
(5) 저는 그 사람들을 위해 무엇을 해야 하는가를 생각해 보았습니다.

● 分析대학생一词在下列句中所充当的成分，体会补语的特点。

> (1) 대학생은 무엇보다 공부를 열심히 해야 한다.
> (2) 그의 확실한 신분은 대학생이다.
> (3) 저는 그 대학생을 큰 소리로 불렀습니다.
> (4) 그는 명문대학 대학생이 되었습니다.
> (5) 그는 아직 대학생이 아니다.

● 找出下文各句中的定语、状语与独立语。

> 님은 갔습니다. 아아, 사랑하는 나의 님은 갔습니다.
> 　푸른 산빛을 깨치고 단풍나무 숲을 향하여 난 작은 길을 걸어서 차마 떨치고 갔습니다. 황금의 꽃같이 굳고 빛나던 옛 맹세는 차디찬 티끌이 되어서, 한숨의 미풍에 날아갔습니다.
> 　날카로운 첫 키스의 추억은 나의 운명의 지침을 돌려놓고 뒷걸음쳐서 사라졌습니다.
> 　나는 향기로운 님의 말소리에 귀먹고, 꽃다운 님의 얼굴에 눈멀었습니다.
> 　사랑도 사람의 일이라, 만날 때에 미리 떠날 것을 염려하고 경계하지 아니한 것은 아니지만, 이별은 뜻밖의 일이 되고 놀란 가슴은 새로운 슬픔에 터집니다.
> 　그러나 이별은 쓸데없는 눈물의 원천을 만들고 마는 것은, 스스로 사랑을 깨치는 것인 줄 아는 까닭에, 걷잡을 수 없는 슬픔의 힘을 옮겨서 새 희망의 정수박이에 들어부었습니다.
> 　우리는 만날 때에 떠날 것을 염려하는 것과 같이, 떠날 때에 다시 만날 것을 믿습니다.

> 아아, 님은 갔지마는 나는 님을 보내지 아니하였습니다.
> 제 곡조를 못 이기는 사랑의 노래는 님의 침묵을 휩싸고 돕니다.
>
> 한용운: 《님의 침묵》

● 将下列对话中省略的成分补充出来，体会口语中的省略现象。

　(1) ㄱ. 필립 씨는 어디에서 왔어요?
　　　ㄴ. 미국에서요. ➡ _____
　　　ㄱ. 나타샤 씨는요? ➡ _____
　(2) ㄱ. 왜 이렇게 일찍 왔어요?
　　　ㄴ. 피곤해서요. ➡ _____
　(3) ㄱ. 사장님이 오라고 하셨어.
　　　ㄴ. 왜 나를? ➡ _____

● 将下列倒装句还原，体会口语中的成分倒置现象。

　(1) 고향 친구를 만났어, 어제.
　　　➡ _____
　(2) 안 읽어도 되지, 그 책.
　　　➡ _____
　(3) 가긴 가야지, 아무리 바빠도.
　　　➡ _____

第二节 韩国语的句子类型

句子按交际功能可分若干功能类型,简称"句类",韩国语的基本句类有陈述句、疑问句、祈使句、共动句和感叹句5种。韩国语的句子根据结构特点可以归纳为若干结构类型,简称"句型(짜임새)"。句型也有若干大小不同的层级,首先可以分为单句和复句两大类。韩国语句类与句型的大体分类情况请见下图:

韩国语的句子类型

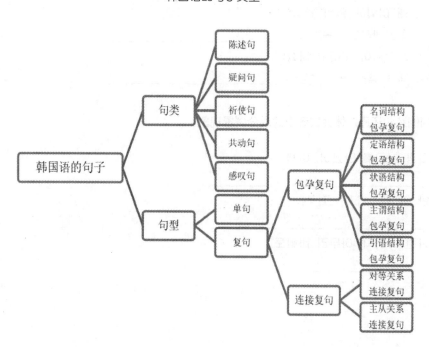

一、韩国语的句类

1. 陈述句

"陈述句(평서문,平敍文)"表示说话人对听话人没有特别的要求,只是单纯地陈述一件事情,既可以是说话人的单方面叙述,也可以是说话人对听话人提问的应答。陈述句一般使用陈述语调,句末音高平直稍降,书面上一般用句号。例如:

(1) 나는 내일 상해에 간다.
　　我明天去上海。
(2) 날씨가 정말 좋아요.
　　天气真好。
(3) 그는 어제 많이 아팠습니다.
　　他昨天病得很重。
(4) 방에 아무도 없네.
　　房间里一个人都没有。

构成陈述句的终结词尾非常丰富多样,其中最具代表性的终结词尾是-다,除此之外还有-아/어(요)、-네(요)、-지(요)、-데(요)、-대(요)、-(으)오、-소、-(스)ㅂ니다等。根据句子使用的场合是正式、庄重的场合还是非正式、随便的场合,说话人与听话人身份、地位的高低及亲疏关系可以有如下分类。

用于陈述句的主要终结词尾

使用场合 阶称	正式体	非正式体
尊敬阶	-(스)ㅂ니다	-아/어요、-지요、-네요、-데요
对等阶	-오、-소、-네、-데、-ㅁ세	
基本阶	-ㄴ다(-는다、-았/었다、-겠다)、-마	-아/어、-(이)야、-지

> ✎ 你知道什么是"阶称"吗?
>
> 阶称(화계, 話階)是用来表示说话人与听话人之间的尊卑、亲疏关系的。不管是哪种句类,都有一定的阶称。阶称大体可分为如下三类。
> 1.尊敬阶:用于对待长辈、上级或其他需要表示尊敬、客气的场合,包括합쇼体与해요体。
> 2.对等阶:用于关系较近的平辈之间或长辈对晚辈表示客气或亲切的场合,包括하오体与하게体。
> 3.对下阶:用于大人对小孩或彼此关系非常亲近的同辈之间等不需要客气的场合,包括해体与해라体。

> ✎ 你知道什么是"正式体"与"非正式体"吗?
>
> 正式体(격식체, 格式体)通常指在正式的、较为庄重或彼此较为生疏的场合使用的语言表达形式;非正式体(비격식체, 非格式体)通常指在非正式的、较为随便或彼此关系比较亲近的场合使用的语言表达形式。

2. 疑问句

"疑问句(의문문, 疑問文)"表示说话人向听话人提出疑问。疑问句一般是句末音高上升,但若有疑问词时,音高也可以与陈述句相同,书面上一般用问号。

疑问句可以分为要求听话人作出具体回答的"说明疑问句(설명의문문, 說明疑問文)"、要求听话人简单地作出肯定或否定判断的"判定疑问句(판정의문문, 判定疑問文)"、要求听话人作出选择的"选择疑问句(선택의문문, 選擇疑問文)"、只为表达一定的陈述或祈使效果,并不一定要求回答的"修辞疑问句(수사의문문/반어의문문, 修辭疑問文/反語疑問文)"。其中要求对"谁、什么时候、在哪里、做什么、怎么做、为什么"等疑问作出回答的说明疑问句最为典型。每种疑问句试举一例如下。

(1) 내일 어디서 만나요?
明天在哪儿见面?
(2) 저 분이 총장이십니까?
他是校长吗?

(3) 소아는 대학생입니까, 회사원입니까?
小雅是大学生还是公司职员?
(4) 그렇게 된다면 얼마나 좋을까?
要是能那样该有多好啊!

按照使用场合及阶称关系,可将构成疑问句的终结词尾整理如下。

用于疑问句的主要终结词尾

使用场合 阶称	正式体	非正式体
尊敬阶	-(스)ㅂ니까	-아/어요、-지요
对等阶	-(으)ㄴ가、-는가、-던가、-오、-소	-(으)ㄹ까
基本阶	-니、-느냐、-(이)냐	-아/어、-(이)야、-지

3. 祈使句

"祈使句(명령문,命令文)"是说话人要求或请求听话人采取某种行动的句子,带有祈使语调,一般是句末音高下降,在书面上通常用句号或感叹号。例如:

(1) 국물이 맛이 있지요? 많이 드십시오.
汤好喝吧? 请多用。
(2) 내일 아침 8시에 떠나라.
明天早上8点走吧。
(3) 빨리 일어나.
快点儿起来。
(4) 다음 글을 읽고 물음에 답하시오.
读下面的文章并回答问题。

用于祈使句的主要终结词尾可以整理如下表。

用于祈使句的主要终结词尾

使用场合 阶称	正式体	非正式体
尊敬阶	-(으)십시오、-시오	-아/어요、-(으)세요、-(으)소서
对等阶	-오、-게	
基本阶	-아/어라、-너라、-거라、-(으)렴、-(으)려무나	-아/어、-지

在此需要注意的是,尽管-십시오与-세요都是表示对听话人尊重的语气,但在用于要求长辈、上司等需要尊敬的人做某事时使用这种形式却显得有些不礼貌。所以,此时通常用以下形式代替直接的命令形。例如:

(1) 문 좀 열어 주십시오.
请开开门。
➡ 문 좀 열어 주시겠습니까?
能帮忙开开门吗?

(2) 이 과장님, 이리 오세요.
　　李课长，请到这边来。
➡ 이 과장님, 이리 오시지요.
　　李课长，请到这边来一下。
(3) 내일 오후에 연락 주세요.
　　明天下午请和我联系。
➡ 내일 오후에 연락 주시면 좋겠습니다/고맙겠습니다.
　　明天下午和我联系的话，将不胜感激。

　　由于祈使句是说话人要求听话人按照自己的意图采取某种行动，所以祈使句的谓语一般都由动词实现。但是，有少数形容词也可以在祈使句中做谓语，例如：

(1) 행복하십시오.
　　祝您幸福。
(2) 건강하십시오.
　　祝您健康。

4. 共动句

　　"共动句(청유문，請誘文)"表示说话人邀请或建议听话人与自己共同行动。共动句一般也带有祈使语调，书面上一般使用句号或感叹号，句末音高稍微下降。例如：

(1) 이번 주말에 영화 보러 가자.
　　这个周末我们去看电影吧。
(2) 같이 가요.
　　我们一起去吧。
(3) 좀 쉽시다. 커피도 한 잔 마시고.
　　休息一下吧，喝杯咖啡。
(4) 내 차로 가지.
　　坐我车去吧。

　　用于共动句的主要终结词尾与其他几种句子类型相比不十分丰富，其中-자是最具代表性的共动形词尾。适用于共动句的终结词尾可以整理如下表。

用于共动句的主要终结词尾

使用场合 阶称	正式体	非正式体
尊敬阶	-(으)십시다、-(으)ㅂ시다	-아/어요
基本阶	-자	-아/어、-지、-자

　　有关共动句，有如下几点需要注意。

❶ 终结词尾-자既可用于非正式场合，向不需要尊敬的人提出某种共同行动的邀约，也可以用在没有特定听话人的正式场合，表示一种敦促，常见于各种标语、口号中。例如：

(1) 자연을 소중히 여기고 보호하자.
　　珍视自然，保护自然。
(2) 지구촌의 기아와 질병 문제를 해결하기 위해 노력하자!
　　为解决地球村的饥饿与疾病问题而努力！

❷ 与前面讲到的祈使句相似，在要求需要尊敬的人与自己共同行动时，通常不能使用共动句，即使该共动句使用的表示尊敬的-(으)십시다、-(으)ㅂ시다，也显得不很礼貌。在要求师长

等需要尊敬的人共同行动时，往往使用一种委婉的语气来表达。例如：

(1) 오늘 같이 등산하러 갑시다.
 今天咱们一起去登山吧。
 ➡오늘 같이 등산하러 갈까요?
 今天咱们一起去登山怎么样？
(2) 여러분, 회의장으로 이동합시다.
 各位，请进会场吧。
 ➡여러분, 회의장으로 이동하시지요.
 各位，请进会场吧。

❸ 有一些句子虽然形式上是共动句，但并非要求别人与自己共同行动，而只表示要求听话人进行某一行动，或表示说话人就自己将要做的事征得听话人的谅解。例如：

(1) 좀 조용히 합시다.
 请稍微安静点。
(2) 담배 좀 피우지 맙시다.
 别抽烟了。
(3) 저 좀 내립시다.
 我要下去。

5. 感叹句

"感叹句(감탄문，感歎文)"用来抒发说话人的某种感情，带有感叹语调，书面上一般使用句号或感叹号。例如：

(1) 그 남자는 정말 멋지군요.
 那位男士真帅啊。
(2) 꽃이 참 예쁘네!
 花真漂亮啊！
(3) 아이고, 귀여워라.
 呀，好可爱啊。
(4) 강물이 참 맑구나.
 江水真清澈啊。

构成感叹句的终结词尾也较为丰富，但是，由于感叹句自然抒发说话人的一种感情，所以用于感叹句中的终结词尾,大多用于非正式场合。例如：

用于感叹句的主要终结词尾

使用场合 阶称	正式体	非正式体
尊敬阶	-	-군요、-구만요
对等阶	-	-구먼、-구려
基本阶	-	-구나、-군、-아/어라

-구나是感叹句的代表性词尾，通常用于感叹初次知道的事实，其前面可以接动词、形容词或体词的谓词形。在实际使用时，根据前面所接词的词性的不同，其形式也分别用作-는구나、-구나、-(이)로구나等。而终结词尾-아/어라多用于不考虑听话人的独白句中，其前面多接形容词，表示说话人的一种强烈感受，此时，谓语前一般不用表示程度的아주、매우、너무等副词。

二、韩国语的句型

1. 单句

韩国语的句子根据主语与谓语的个数可以分为单句与复句两大类。句中只有一个主语和谓语，即只有一个主谓关系的句子被称为"单句(홑문장/단문，單文)"。例如：

(1) 달이 아주 밝다.
   月亮非常明亮。
(2) 나는 한국어를 공부한다.
   我学习韩国语。
(3) 우리 집 근처의 공원에 꽃이 아주 많아요.
   我家附近的公园里有很多花。
(4) 그는 어버이날에 어머님께 목걸이를 사 드렸습니다.
   父母节那天他给妈妈买了项链。
(5) 그와 형은 꼭 닮았어요.
   他和哥哥非常相像。

从上面的例句中可以看出，有些句子中即使有几个定语或状语，但如果主语与谓语只出现一次的话，它都是单句。尽管例(5)中的그与형都可以单独做主语，但是，由于它们由助词와连接成一个名词性词组，在句中共同做主语，所以还应将其看做是一个主语。谓语是비슷하다、같다、다르다、만나다、닮다、마주치다等的句子也属于此类情况。

2. 复句

包含有两个或两个以上主谓关系的句子叫"复句(겹문장/복문，複文)"。例如：

(1) 그는 성격이 참 좋다.
   他性格非常好。
(2) 이번 학기에도 공부가 잘 되기를 바란다.
   希望你本学期学业顺利。
(3) 나는 공무원이고 그는 대학 교수이다.
   我是公务员，他是大学教授。
(4) 그는 열심히 공부했지만 성적이 그리 좋지 않았어요.
   他虽然努力学习了，但成绩却不怎么好。

通过以上例子可以看出，复句是由两个或两个以上单句复合而成的。根据单句结构结合方式的不同，复句又可以分为包孕复句与连接复句。

如果一个句子把另一个单句结构作为其句中的一个句子成分，那我们就称这个句子为"包孕复句(안은문장/내포문/모문，內包文/母文)"。例(1)中的单句"성격이 참 좋다"在句中做谓语，例(2)中的单句"이번 학기에도 공부가 잘 되기"在句中充当宾语。像这样在句中作为包孕复句的一个成分而存在的句子叫"子句(안긴문장/절，節)"，子句一词是相对于其上一层级的包孕复句(母文)而言的。

如果一个句子是两个或两个以上的单句结构借助连结词尾连接起来的，那么我们就称这个句子为"连接复句(이어진문장/접속문，接續文)"。如例(3)、例(4)中，用连结词尾-고或-지만连接的前后两个单句被称为"分句"。

包孕复句与连接复句又各有其下一层级的分类，下面将对其具体的分类情况作简要介绍。

❶ 包孕复句

韩国语的包孕复句根据在其内部充当一定成分的单句结构的不同，又可以分为名词性子句包孕复句、定语子句包孕复句、状语子句包孕复句、谓语子句包孕复句及引语子句包孕复句。

❶ 名词性子句包孕复句

所谓"名词性子句(명사절，名詞節)"，指单句中的谓语通过在后面接名词形词尾-(으)ㅁ、-기而使其具有名词的特点，实现名词化，在句中充当主语、宾语、状语等。包含这种名词性子句的复句即为"名词结构包孕复句(명사절을 안은문장)"。例如：

(1) 이 문제는 <u>해결하기가</u> 어려워요.
    这个问题很难解决。
(2) 나는 <u>그가 거짓말을 했음을</u> 알았다.
    我知道他说谎了。
(3) 이 방은 <u>네 명이 자기에</u> 너무 좁다.
    这个房间四个人睡太小了。

你知道-(으)ㅁ和-기的异同吗？

相同点：都可以接在叙述格助词이다的词干或非词末词尾-았/었/였-后面，使其前面的成分具备名词的特点，在句中各做各种成分。

不同点：
1. 意义：-(으)ㅁ↔-기：事实↔行动、完了↔未完、客观↔主观、具体↔抽象
2. 用法：-(으)ㅁ子句与-기子句做宾语时，前者后面的-을/를不可省略，而后者则通常可以省略。
3. 搭配：
   *与-(으)ㅁ搭配的谓词：분명하다、확실하다、틀림없다、알려지다、밝혀지다、드러나다、지적하다、발견하다、깨닫다、알다、주장하다、보고하다、고백하다、느끼다、잊다、인식하다、기억하다、마땅하다……
   *与-기搭配的谓词：쉽다、어렵다、힘들다、불편하다、괴롭다、좋다、싫다、좋아하다、싫어하다、바라다、원하다、기대하다、기다리다、기원하다、결심하다、약속하다、정하다、계획하다、합의하다、시작하다、알맞다……

---

❷ 定语子句包孕复句

"定语子句(관형절，冠形節)"由谓词词干后加定语词尾-(으)ㄴ/-는/-던/-(으)ㄹ或由谓语的终结词尾-다/라后接定语词尾-는结合而成，在句中做定语。包含此种定语子句的复句被称为"定语子句包孕复句(관형절을 안은문장)"。例如：

(1) <u>저기서 텔레비전을 보는</u> 사람이 제 언니입니다.
    在那里看电视的是我姐姐。
(2) 아무도 <u>그가 이미 떠난</u> 사실을 몰랐다.
    谁都不知道他已经离开了。
(3) <u>높은</u> 곳에서 뛰어내리지 마세요.
    不要从高处往下跳。
(4) 어제까지 <u>춥던</u> 날씨가 오늘 갑자기 더워졌어요.
    昨天还冷的天今天突然热起来了。
(5) <u>어렸을 때 살았던</u> 고향은 지금 많이 변했다.
    我小时候生活过的故乡如今发生了巨大的变化。
(6) 저도 <u>그가 아주 훌륭한 학자라는</u> 이야기를 들었어요.
    我也听说他是一个非常出色的学者。
(7) 우리들은 <u>광부들이 전부 구출되었다는</u> 소식을 들었다.
    我们听到了矿工们全部获救的消息。

▶ 状语子句包孕复句

"状语子句包孕复句(부사절을 안은문장)"是指"状语子句(부사절, 副詞節)"做句中的状语,修饰谓语的句子。例如:

(1) 차도 없이 거기를 어떻게 가요?
没有车,怎么去那儿啊?
(2) 내 동생은 물 쓰듯이 돈을 쓴다.
我弟弟花钱如流水。
(3) 모두가 들을 수 있게 큰 소리로 말하세요.
请大点儿声,让所有人都听到。
(4) 새벽 2시가 넘도록 아직 집에 안 돌아왔네요.
都凌晨2点多了,还没有回家。
(5) 길이 좁아서 차 한 대만 지나갈 수 있어.
路很窄,只能过一辆车。

从以上例句可以看出,状语子句主要通过-이、-듯이、-게、-도록、-아/어서等词尾得以实现。通过例(5)可以看出,在韩国语中,像-아/어서这样由表示从属关系的连结词尾构成的子句也可以看做是状语子句。

▶ 谓语子句包孕复句

所谓"谓语子句包孕复句(서술절을 안은문장)",是指具有主谓关系的"谓语子句(서술절, 敍述節)"做谓语的句子。与其他子句不同的是,谓语子句在构成上只是主谓结构的结合,而不像名词性子句、定语子句那样有诸如-(으)ㅁ/-기或-(으)ㄴ/-는/-던/-(으)ㄹ等子句的标志。因此,此类句子从表面上看,似乎有两个主语,所以也有人称此类句子为"二重主语句(이중주어문, 二重主語文)"。例如:

(1) 그는 키가 큽니다.
他个子高。
(2) 북경은 차가 너무 많아요.
北京车太多了。
(3) 영희는 마음이 착하다.
英姬心地善良。

▶ 引语子句包孕复句

在他人所说的话后面接助词-고、-라고构成的结构叫"引语子句(인용절, 引用節)",包含引语子句的复句被称为"引语子句包孕复句(인용절을 안은문장)"。其中将别人的话原原本本引用或转达出来而不加任何改动的引语是"直接引语",其后面接-라고。不是直接引用原话,而是转述原话意思的引语是"间接引语",其后面接-고。以名词性助词-이다结尾的间接引语后面应接-(이)라고。例如:

(1) 그는 "내일 오전에 너에게 전화할게."라고 했다.
他说:"我明天上午给你打电话。"
(2) 그는 날씨가 너무 춥다고 말했다.
他说天气太热了。
(3) 사람들은 그가 효자라고 말합니다.
人们说他是个孝子。

有关直接引语与间接引语的具体实现方法,将在第6章中具体论述。

❷ 连接复句

韩国语的连接复句，根据构成复句的各个分句连接方式的不同，可分为对等关系连接复句与主从关系连接复句。

▶ 对等关系连接复句

前后两个分句之间具有并列、对立、选择等语义关系的连接复句被称为"对等关系连接复句(대등하게 이어진 문장)"。对等关系连接复句大致可以分为并列复句、对立复句、选择复句。

❖ 并列复句

列举两种或两种以上的事物，常用连结词尾-고、-(으)며、-자等连接前后两个分句。例如：

(1) 그는 시인이며 교수이다.
　　 他是诗人，也是教授。
(2) 산도 높고 물도 맑다.
　　 山高水清。

❖ 对立复句

前后两个分句是对立或转折关系，常用连结词尾-(으)나、-지만等连接前后两个分句。例如：

(1) 눈이 오지만 그리 춥지 않다.
　　 虽然下雪了，但并不太冷。
(2) 정환은 키가 작으나 멋있게 생겼다.
　　 正焕个子虽然矮，但长得很帅。

❖ 选择复句

前后两个分句是选择关系，通常用连结词尾-거나、-든지等连接前后两个分句。例如：

(1) 내일은 친구를 만나거나 영화를 볼 겁니다.
　　 明天或者见朋友，或者看电影。
(2) 이번 방학에는 상해에 가든지 소주에 갈 겁니다.
　　 这个假期或者去上海，或者去苏州。

▶ 主从关系连接复句

前一个分句与后一个分句在意义上具有因果、目的、条件、让步、假定、提示等语义关系的句子被称为"主从关系连接复句(종속적으로 이어진 문장)"。根据主句与从句的意义关系，主从关系连接复句的从句又可分为因果从句、目的从句、条件从句、让步从句、假定从句及提示从句等，其复杂的意义关系通过连接主句与从句的连结词尾得以实现。

❖ 因果从句

与主句构成因果关系的从句，通常由表示原因的-(으)므로、-기에、-길래、-느라고、-(으)니까、-(으)니、-아/어서等连结词尾实现。例如：

(1) 너무 힘들어서 더 이상 갈 수가 없습니다.
　　 太累了，再也走不动了。
(2) 길이 많이 막히니 지하철을 탑시다.
　　 路太堵了，坐地铁吧。
(3) 그는 열심히 공부했으므로 좋은 성적을 얻었다.
　　 他努力学习，取得了好成绩。
(4) 시간이 없으니까 빨리 가요.
　　 没时间了，快走吧。

❖ 目的从句

表示主句行动目的、意图的从句，通常由表示目的或意图的-(으)러、-(으)려、-(으)려고、-고자等连结词尾实现。例如：

(1) 회의 참가하러 학교에 가요.
去学校参加会议。
(2) 회장님은 이 일을 처리하려고 오셨다.
会长是为了处理此事来的。
(3) 동생을 만나고자 여기에 왔어요.
为了见妹妹来的这儿。
(4) 그는 다음 주에 부산에 가려 합니다.
他下周要去釜山。

❖ 条件从句

表示主句实现条件的从句，通常由表示条件的-(으)면、-거든、-다면/라면、-아/어야等连结词尾实现。例如：

(1) 기름기가 많은 음식을 안 먹으면 됩니다.
只要不吃太油腻的食物就行。
(2) 해마다 봄이 오면 뒷산에는 진달래꽃이 활짝 핍니다.
每年一到春天，后山就盛开金达莱花。
(3) 이 교수님을 만나거든 안부를 전해 주세요.
如果见到李教授的话，请转达我的问候。
(4) 날씨가 좋아야 소풍 갈 수 있다.
天好才能去郊游。

❖ 让步从句

表示让步关系的从句，通常由表示让步关系的-아/어도、-더라도、-ㄹ지라도、-ㄴ/은들、-ㄹ망정、-았/었자等连结词尾实现。例如：

(1) 예쁜 옷이 없어도 괜찮아요.
没有漂亮衣服也没关系。
(2) 세월이 흘러간들 당신의 은혜를 잊겠습니까?
难道岁月流逝，就可以忘记您的恩情吗？
(3) 부장님이 올지라도 이 일에 큰 도움이 되지 못할 것이다.
即使部长来，也于事无补。
(4) 애써 봤자 결과는 마찬가지야.
再怎么努力，结果也都差不多。

❖ 时间从句

与主句所表示的动作或状态相继发生、出现或同时进行的从句，通常由表示时间关系的-자、-(으)면서、-(으)며、-고、-다가、-아/어서等连结词尾实现。例如：

(1) 저는 아침 6시에 일어나서 운동을 합니다.
我早上6点起床锻炼身体。
(2) 날씨가 더워지자 에어컨이 잘 팔린다.
天气一热，空调就非常畅销。
(3) 그는 식사를 하면서 텔레비전을 봐요.
他一边吃饭，一边看电视。
(4) 집에서 청소를 하다가 문득 어머니 생각이 났다.
在家里打扫卫生时，突然想起了妈妈。

❖ 提示从句

为主句提供一种提示说明或背景的从句，通常由表示提示作用的-ㄴ데/는데/은데/인데/던데、-(으)니、-(으)니까等连结词尾实现。例如：

(1) 내일은 스승의 날인데 무슨 선물이 좋을까?
明天是教师节，买什么礼物好呢？
(2) 날씨도 더운데 냉면이나 먹자.
天气热，咱们吃冷面吧。
(3) 서점에 가 보니까 사람이 정말 많더라.
去书店一看，人真多啊。
(4) 도서관에 가니 문이 닫혀 있었어요.
去图书馆一看，没开门。

练习

● 用所给单词，按以下要求将其组成句子。

> 지은 씨、가다、보다、영화、영화관、내일

(1) 陈述句：_____
(2) 疑问句：_____
(3) 祈使句：_____
(4) 共动句：_____
(5) 感叹句：_____

● 判断下列句子是单句还是复句，并说明判断依据。

(1) 우리 학교 캠퍼스에 개나리꽃이 많이 피었다.
(2) 남편은 그 일에 대해 나에게 말하지 않았다.
(3) 바람이 불고 비가 온다.
(4) 어제 한국어 수업을 들었습니다.
(5) 날씨가 좋으면 소풍을 갑시다.
(6) 그는 아파서 결석했다.

● 按要求找出下列包孕复句中的子句。

(1) 그가 떠나고 나서야 내가 그를 사랑했음을 알았다.

名词性子句：_____

(2) 내가 보기에 네 잘못이 더 크다.

名词性子句：_____

(3) 방에서 텔레비전을 재미있게 보는 애는 제 딸이에요.

　　定语子句：_____

(4) 그대의 밝은 미소를 영원히 잊지 않겠습니다.

　　定语子句：_____

(5) 가족들이 편히 쉬도록 조용히 했다.

　　状语子句：_____

(6) 어제 눈이 많이 내렸기 때문에 도로 교통 사정이 좋지 않습니다.

　　状语子句：_____

(7) 한국 사람들은 정이 많다.

　　谓语子句：_____

(8) 북경은 공기가 그리 좋지 않다.

　　谓语子句：_____

(9) 그녀는 "너무 좋아!"하고 감탄했다.

　　引语子句：_____

(10) 지은은 그에게 같이 놀러 가자고 했다.

　　引语子句：_____

🍎 根据下图提示，在空格处试举一个例句。

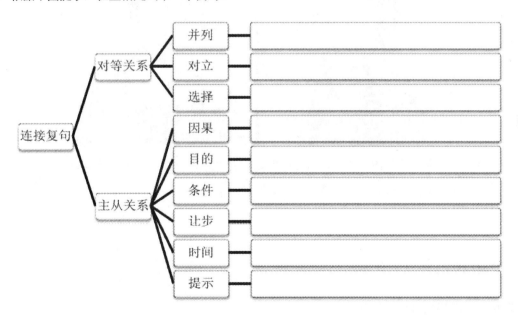

第六章 韩国语的主要表达法

本章导读：

　　语言学中所讲的语法范畴有广义与狭义之分。广义的语法范畴是各种语法形式表示的语法意义的概括；狭义的语法范畴是由词的形态变化表示的语法意义的概括，又称形态语法范畴或形态范畴。本章将从广义的语法范畴角度介绍韩国语中时间表示法、否定法、敬语法等几种常见的语法表达法。

☞ 你知道吗？

❀ 你能看上面的图，编一段对话吗？请尽量用本章将要学习的时间表示法、否定法、敬语法、使动被动法及引述法。

☞ **学习目的：**

1. 理解并能准确使用韩国语的时间表示法。
2. 理解并能准确使用韩国语的否定法。
3. 理解并能准确使用韩国语的敬语法。
4. 理解并能准确使用韩国语的使动法与被动法。
5. 理解并能准确使用韩国语的引述法。

☞ **本章要点：**

✽ 韩国语的时间表示法
　1. 现在时
　2. 过去时
　3. 将来时
　4. 进行时
　5. 完成时

✽ 韩国语的否定法
　1. 否定法的种类
　2. 否定句的歧义现象
　3. 副词与否定法的呼应关系

✽ 韩国语的敬语法
　1. 主体敬语法
　2. 听者敬语法
　3. 词汇敬语法

✽ 韩国语的使动法与被动法
　1. 使动法
　2. 被动法

✽ 韩国语的引述法
　1. 直接引述法
　2. 间接引述法

第一节 韩国语的时间表示法

在韩国语中，根据某一动作、行为或状态发生或存在时间的不同，可以有不同的表达方式。例如：

(1) 정환은 어제 학교에 갔다.
    正焕昨天去学校了。
(2) 동생은 지금 편지를 쓴다.
    弟弟在写信。
(3) 언니는 내일 출장 가겠다.
    姐姐明天出差。
(4) 민우는 청소하는 소아를 도와주었다.
    敏佑帮助了正在打扫卫生的小雅。
(5) 올 사람들이 아직 다 오지 않았다.
    要来的人还没都来。

像上例那样，用语法形式表示时间关系的语法范畴被称为"时间表示法(시간표현，時間表現)"。韩国语的时间关系可以通过时制与时态来表现。

在时间划分上，韩国语"时制(시제，tense，時制)"一般采用最为普遍的"现在—过去—将来"三分体系。这里所说的时间关系又可分为绝对时间与相对时间。绝对时间表示行为发生的时间与说话时的时间关系，如例(1)~(3)中分别表示的过去、现在与将来都是以说话人说话的时段为基准来表示的。而在例(4)与例(5)中，虽然整个句子所表示的时间是过去，但其中包含现在时间(청소하는)与将来时间(올)。像这种以句中谓语所发生的时间为基准来表示的时间关系则是一种相对的时间关系。一般来说，绝对的时间关系用表示时间的非词末词尾来实现，而相对的时间关系则通过词末词尾中的定语词尾来实现。

在谈及韩国语的时间表示法时，除了时制之外，时态也是一个不可不提及的话题。所谓"时态(상，aspect，相)"，是指说话时动作的进行或完成状态，较有代表性的时态是进行时与完成时。韩国语的时态主要通过连结词尾与辅助谓词的结合来实现。

在本书中，将不对时制与时态作严格的区分，而是从所表示的时间意义出发，将韩国语的时间表示法分为现在时、过去时、将来时、进行时与完成时五部分来逐一予以介绍。

一、现在时

1. 终结形

韩国语终结形的现在时制没有特定的词尾，而是用陈述句、疑问句、祈使句、共动句、感叹句的终结词尾直接表示。表示时间的요즘、지금、오늘等副词的使用，可以使时间关系更加明确。例如：

(1) 오늘 날씨가 참 좋습니다.
    今天天气真好。

(2) 어떤 음악을 좋아합니까?
    你喜欢什么样的音乐?
(3) 저 사람은 제 친구입니다.
    他是我朋友。
(4) 소아는 지금 텔레비전을 봐요.
    小雅现在在看电视。
(5) 저는 지금 배가 고파요.
    我现在肚子饿。
(6) 저 사람은 지은이에요.
    那个人是知恩。
(7) 아이들은 지금 수박을 먹는다.
    孩子们现在在吃西瓜。
(8) 요즘 야채 값이 정말 비싸다.
    最近蔬菜非常贵。
(9) 내 동생은 은행원이다.
    我妹妹是银行职员。

关于句子的终结词尾已在第5章作了简要介绍,在此不予赘述。现在时除了表示现在的动作、状态或性质外,还可表示如下含义。

❶ 表示重复或习惯性地做某事。例如:

(1) 그는 우리 집에 자주 온다.
    他常来我家。
(2) 봄이 오면 꽃이 핀다.
    春暖花开。

❷ 表示陈述一种普遍真理。例如:

(1) 해가 동쪽에서 뜬다.
    太阳从东方升起。
(2) 인간은 이성적 동물이다.
    人类是具有理性的动物。

❸ 表示预料或计划之中的将要发生的动作或存在的状态。例如:

(1) 나는 다음 주에 경주에 간다.
    我下周去庆州。
(2) 지은은 내년에 대학을 졸업해요.
    知恩明年毕业。

2. 定语形

定语词尾ㄴ/은/는可用来表示动作正在进行或状态正在持续。例如:

(1) 저기서 잠을 자는 애가 제 딸이에요.
    在那里睡觉的孩子是我女儿。
(2) 도서관에는 책을 읽는 학생들이 많아요.
    图书馆里有很多正在读书的学生。
(3) 많은 사람들이 대강당에 모였다.
    很多人聚集在大讲堂里。
(4) 가을이 되면 아름다운 단풍을 볼 수 있다.
    秋天可以看到漂亮的枫叶。
(5) 이분은 제 지도교수인 민 교수님이십니다.
    这位是我的导师闵教授。

从以上例子可以看出，根据其前面所接词类的不同，所选用的定语词尾也不尽相同，具体的结合方式如下。

(1) 动词： 词干 + -는 → 가는、오는、먹는、읽는……
(2) 形容词：词干(没有收音) + -ㄴ → 예쁜、큰……
　　　　　　词干(有收音) + -은 → 좋은、많은……
(3) 体词： 体词+이(다) + -ㄴ → 가수인、학생인……

二、过去时

1. 终结形

韩国语的过去时主要通过表示时间的非词末词尾-았/었/였-得以表现。例如：

(1) 지난 주에 아주 <u>추웠습니다</u>.
　　上周可冷了。
(2) 나는 어제 백화점에 <u>갔다</u>.
　　我昨天去百货商店了。
(3) 그녀는 젊었을 때 아주 <u>날씬했다</u>.
　　她年轻时非常苗条。
(4) 그 남자는 전에 돈 많은 <u>사람이었다</u>.
　　那个男人从前很有钱。

-았/었/였-与谓词词干及叙述格助词이다的具体连接方式如下。

(1) 词干末音节的元音：ㅏ/ㅗ → -았- : 왔다、보았다、맞았다、나갔다、만났다……
(2) 词干末音节：　　　하 → -였- : 말하였다/말했다、건강하였다/건강했다……
(3) 其他情况：　　　　　 → -었- : 생겼다、컸다、이었다/였다、먹었다、입었다……

表示过去回想的非词末词尾"-더-"也可用于谓词或叙述格助词"이다"后，表示对曾经经历事情的回想，但此时句子的主语不可以是第一人称。例如：

(1) 아까 소아가 학교에 <u>오더라</u>.
　　刚才小雅来学校了。
(2) 너 오전에 어디 갔었니? 찾아갔는데 사무실에 <u>없더라</u>.
　　你上午去哪儿了？我去找你，你不在办公室。

此外，也可以用-았었/었었/였었-的形式表示过去的过去，或者表示发生在从前，与现在不同的事件或事实。

(1) 그녀도 젊었을 때는 참 <u>예뻤었다</u>.
　　她年轻时也曾漂亮过。
(2) 나는 어릴 때 국경 지대에 있는 시골에 <u>살았었다</u>.
　　我小时候生活在边境地区的农村。

过去时的终结形可以表示如下含义。

❶ 表示说话人说话之前已经进行的动作或已经存在的状态。例如：

(1) 정환은 지난 주말에 학교 도서관에서 고등학교 동창을 <u>만났다</u>.
　　正焕上周末在学校图书馆里见到了他的高中同学。
(2) 어제 저는 무척 <u>바빴습니다</u>.
　　昨天我非常忙。

❷ 表示事情已经结束或动作已经完成，但其影响一直持续到现在。例如：

 (1) 그는 오늘 코트를 입었다.
  她今天穿大衣了。
 (2) 나는 담배를 끊었다.
  我戒烟了。

❸ 与部分动词连用，表示确信将来一定会发生某事。例如：

 (1) 너, 오늘 엄마한테 죽었다.
  你今天肯定得被妈妈教训了。
 (2) 성적을 보니 그 대학에 붙었다.
  看成绩能上得了那所大学。

❹ 잘생기다、못생기다、닮다、멀다、늙다、(살이) 찌다、(몸이) 마르다等部分谓词通常用过去时的形式表示现在的状态。例如：

 (1) 정환은 얼굴이 잘생겼다/못생겼다.
  正焕长得很好/不好看。
 (2) 나는 아버지와 많이 닮았다.
  我长得很像爸爸。
 (3) 그는 화가가 되려면 아직 멀었다.
  他想要当画家还差得远呢。

2. 定语形

定语词尾-ㄴ/은接在动词词干后，可用来表示已经完成的动作或已经存在的状态。例如：

 (1) 지난주에 읽은 책이 재미있었습니다.
  上周看过的书很有趣。
 (2) 어제 산 신발이 너무 작다.
  昨天买的鞋太小了。

定语词尾-ㄴ/은与动词的具体连接方式如下。

 动词：词干(没有收音) + -ㄴ → 간、산……
    词干(有收音) + -은 → 읽은、찍은……

表示过去持续的定语词尾-던也可以用于谓词或叙述格助词后，表示如下含义。

❶ 表示某一动作或状态持续一段时间后被中断。例如：

 (1) 잘 놀던 아이가 갑자기 웁니다.
  玩得好好的孩子突然哭了。
 (2) 내가 어제 읽던 책 어디 있니?
  我昨天看的书哪儿去了?
 (3) 춥던 날씨가 오늘은 따뜻해졌어요.
  一度很冷的天气今天回暖了。
 (4) 학생이던 그가 회사 사장이 되었습니다.
  曾是学生的他成了公司的社长。

❷ 表示回想过去的某一事实。例如：

 (1) 소아가 떠나던 날에 나는 많이 울었다.
  小雅离开那天我大哭了一场。
 (2) 대학에 입학하던 날이 생각난다.
  想起了上大学那天的事。

❸ 以-았던/었던/였던-的形式出现，表示回想过去的情况或表示过去的事件、行为及状态尚未结束即被中断。例如：

(1) 언니, 내가 어렸을 때 읽었던 책이 어디 있어?
   姐，我小时候读过的书在哪儿？
(2) 그는 잃었던 행복을 다시 찾았습니다.
   他重新找回了曾经失去的幸福。
(3) 대학 다닐 때 자주 같이 놀았던 친구를 다시 만났다.
   见到了大学时经常在一起玩的朋友。

3. 连结形

当两个句子通过连结词尾连结为一个复句时，-지만、-(으)나、-기 때문에、-(으)므로等部分连结词尾可以与表示过去时间的词尾-았/었/였-连用。例如：

(1) 어제 눈이 왔지만/왔으나 그리 춥지 않았다.
   虽然昨天下雪了，但不怎么冷。
(2) 어제 눈이 왔으므로 그냥 집에 있었습니다.
   昨天下雪了，就待在家里了。
(3) 어제 눈이 왔기 때문에 공원에 못 갔다.
   昨天下雪了，没去公园。

但是，并非所有连结词尾都如此。表示理由、原因的连结词尾-아서/어서/여서就不能与表示过去时间的词尾-았/었/였-连用。例如：

(1) 도서관에 가서 공부했다. (☺)
   去图书馆学习。
   도서관에 갔어서 공부했다. (☹)
(2) 머리가 아파서 학교에 안 갔어요. (☺)
   因为头痛，没去学校。
   머리가 아팠어서 학교에 안 갔어요. (☹)

连结词尾-고连结两个分句时，如果前后两个分句的主语一致的话，通常在终结词尾前用表示过去时间的词尾。而当前后两个主语不一致时，既可以在连结词尾与终结词尾前都用-았/었/였-，也可以只在最后的终结词尾前用-았/었/였-。例如：

(1) 나는 주말에 영화를 보고 운동을 하고 청소를 했다. (☺)
   我周末看电影、运动，还打扫房间了。
   나는 주말에 영화를 보았고, 운동을 했고 청소를 했다. (☺?)
(2) 나는 편지를 썼고, 언니는 밥을 지었다. (☺)
   我写信，姐姐做饭。
   나는 편지를 쓰고, 언니는 밥을 지었다. (☺)
   我写信，姐姐做饭。

三、将来时

1. 终结形

韩国语的将来时主要通过表示将来时间的非词末词尾-겠-得以表现。例如：

(1) 내일은 비가 오겠어요.
   明天将要下雨。

(2) 잠시 후에 9시가 되겠습니다.
　　一会儿就要9点了。

此外，-(으)ㄹ 것이다、-(으)ㄹ게요也可以用来表示将来时间。例如：

(1) 이번 방학에는 고향에 갈 것이다.
　　这个假期要回老家。
(2) 내일 전화할게요.
　　明天给你打电话。

-겠-、-(으)ㄹ 것이다、-(으)ㄹ게요在具体使用时需要注意以下事项。

❶ -겠-与-(으)ㄹ 것이다既可以用于陈述句，也可以用于疑问句，而-(으)ㄹ게요只用于陈述句。

(1) -누가 가겠습니까? (☺)/ 누가 갈 거예요? (☺)/ 누가 갈게요? (☹)
　　谁去啊？
(2) -제가 가겠습니다. (☺)/ 제가 갈 거예요. (☺)/ 제가 갈게요. (☺)
　　我去吧。

❷ -겠-与-(으)ㄹ게요用于陈述句时，主语应为第一人称。

(1) 제가 가겠습니다. (☺)
　　我去。
　　장 부장이 가겠습니다. (☹)
(2) 할머니, 제가 이 편지를 읽어 드릴게요. (☺)
　　奶奶，我给您读这封信。
　　할머니, 형이 이 편지 읽어 드릴게요. (☹)

表示将来时的-겠-与-(으)ㄹ 것이다除表示将要发生的事情外，还可表示如下含义。

❶ 表示推测或可能性。

有时也在其前面接表示过去时的词尾-았/었/였-，表示对过去事情的推测。

(1) 하늘을 보니 오후에 비가 오겠어요./올 것 같아요.
　　看现在的天气情况，下午有可能要下雨。
(2) 그 사람이 벌써 공항에 도착했겠어요./도착했을 거예요.
　　他可能已经到机场了。

❷ 表示意志或意图。

(1) 나는 꼭 성공하겠다./성공할 것이다.
　　我一定会成功。
(2) 내일 영화 보러 가겠습니다./갈 겁니다.
　　我明天去看电影。

除以上用法外，-겠-还常用于如下惯用语中。

(1) 처음 뵙겠습니다.
　　初次见面。
(2) 학교 다녀오겠습니다.
　　我要去学校了。
(3) 그렇게 된다면 얼마나 좋겠어요?
　　要是那样的话该有多好啊!
(4) 힘들어 죽겠어.
　　累死了。

惯用型-(으)ㄹ게요则不具备以上两种语法功能，它除了能表示将来外，还可以表示与对方

的某种约定。例如:

(1) 도착하자마자 <u>전화할게요</u>.
　　我一到就给您打电话。
(2) 내가 한 턱 <u>낼게</u>.
　　我请客。

2. 定语形

定语形的将来时间由表示将来的定语词尾-(으)ㄹ来表示。例如:

(1) <u>출발할</u> 시간이 다가오고 있습니다.
　　出发时间快到了。
(2) 내일 <u>떠날</u> 사람들은 손 들어 보세요.
　　明天走的人请举手。

定语词尾-(으)ㄹ与谓词的具体连接方式如下。

　　谓词：词干(没有收音) + -ㄹ → 갈、올……
　　　　　词干(有收音)　 + -을 → 읽을、먹을……

表示将来的定语词尾-(으)ㄹ除表示将来或预计外，还可表示如下含义。

❶ 表示推测或可能性。

(1) 이 빵은 맛이 <u>있을 것 같아요</u>.
　　这种面包好像挺好吃的。
(2) 걔는 나중에 키가 <u>클 것 같아요</u>.
　　这个孩子以后能长大个儿。

❷ 表示愿望、意图。

(1) 그는 <u>공부할</u> 마음으로 학교에 갔다.
　　他抱着要学习的想法去学校了。
(2) 나는 여기를 <u>떠날</u> 생각이 전혀 없어.
　　我一点儿都没有要离开这里的意思。

❸ 习惯用于때、수、뿐等部分名词前，此时的-(으)ㄹ与时制无关。

(1) 나중에 시간 <u>있을</u> 때 보세요.
　　以后有时间再见。
(2) 저는 지금 집에 <u>돌아갈</u> 수 없습니다.
　　我现在回不了家。
(3) 그녀는 얼굴이 <u>예쁠</u> 뿐만 아니라 공부도 잘해요.
　　她不仅长得好看，学习也好。

四、进行时

韩国语的进行时用来表示正在进行的动作或反复进行的动作。主要的表现形式有-고 있다/계시다、-는 중이다、-아/어 가다/오다等几种。例如:

(1) 사람들이 회의실에서 <u>이야기하고 있어요</u>.
　　人们正在会议室里谈话。
(2) 할아버지께서는 지금 신문을 <u>보고 계십니다</u>.
　　爷爷现在在看报纸。

(3) 그는 요새 논문을 열심히 쓰고 있다.
   他最近正在认真地写论文。
(4) 저는 매일 한국어를 공부하고 있습니다.
   我现在每天都在学习韩国语。
(5) 소아는 지금 숙제를 하는 중이다.
   小雅现在正在做作业。
(6) 밤이 깊어 갑니다.
   夜渐渐深了。
(7) 아이가 엄마를 점점 닮아 갔다.
   孩子逐渐开始像妈妈。
(8) 초등학교 교사였던 어머니는 많은 제자들을 키워 오셨다.
   曾做过小学教师的妈妈培养了很多学生。
(9) 날이 점차 밝아 옵니다.
   天渐渐亮了。

-고 있다与时制词尾-았/었-、-겠-连接在一起,分别表示过去进行时或将来进行时。例如:

(1) 그는 아내와 같이 쇼핑을 하고 있었다.
   他当时正与妻子一起购物。
(2) 그는 아내와 같이 쇼핑을 하고 있겠다.
   他也许正在和妻子一起购物。

五、完成时

韩国语的完成时用来表示动作完成后其结果仍然保持。主要的表现形式有-아/어 있다/계시다、-아/어 내다/두다/놓다/버리다、-고 나다等几种。例如:

(1) 옷이 벽에 걸려 있다.
   衣服挂在墙上。
(2) 문이 닫혀 있으니까 좀 덥네요.
   门关着,有点儿热。
(3) 저기 앉아 계시는 분은 이 교수님이십니다.
   坐在那边的那位是李教授。
(4) 정환은 어려운 임무를 해 냈습니다.
   正焕完成了艰巨的任务。
(5) 그는 밖으로 나가기 전에 문을 잠가 두었다.
   他出去之前把门锁好了。
(6) 아내는 밥을 차려 놓았다.
   妻子准备好了饭菜。
(7) 그는 식탁에 있는 반찬을 다 먹어 버렸다.
   他把饭桌上的菜都吃掉了。
(8) 숙제를 하고 나서 텔레비전을 봐라.
   做完作业再看电视。

与-아/어 있다连用的词多为不需要接宾语的自动词。例如:

(1) 그는 교실 앞에 서 있습니다.
   他站在教室前面。
(2) 식탁 위에 예쁜 접시 하나가 놓여 있다.
   饭桌上有一个漂亮的盘子。
(3) 그는 책을 읽어 있습니다. (⊗)
(4) 그는 남자친구에게 편지를 써 있다. (⊗)

练习

- 现在是6月18日，根据下面日历上的内容，写一段话，用过去时、现在时和将来时谈一谈自己这个月的活动。

6월

일요일	월요일	화요일	수요일	목요일	금요일	토요일
					1	2 친구, 노래방
3	4 병원	5 선배, 커피숍	6	7	8 자원 봉사	9
10 백화점, 구두	11	12	13 식당, 냉면	14	15	16 한국어 공부
17 한국어 공부	18 한국어 시험	19	20	21	22	23 단오절
24 언니, 영화	25	26	27	28 친구, 생일	29	30 집, 청소

_____
_____
_____

- 根据图中所给提示，用-고 있다或-고 있었다回答下列问题。

(1)
가: 민우 씨, 지금 뭐해요?
나: _____.

(2)
가: 지금 공부를 해요?
나: 아니요, _____.

(3)
가: 지금 어디에서 살고 있어요?
나: _____.

(4)
가: 아까 왜 전화를 안 받았어요?
나: _____.

● 下面是10年前与现在情况对比，仿照例句，用-았었/었었/였었-完成下列句子。

序号	人物	十年前	现在
例	아버지	출장을 자주 다니다	출장이 거의 없다
1	오빠	대학교에 다니다	은행원이다
2	언니	아주 뚱뚱하다	날씬하다
3	동생	내성적이다	성격이 활발하다
4	어머니	교수이다	이미 퇴직을 하다
5	할아버지	담배를 많이 피우다	담배를 피우지 않다

例: 아버지께서는 10년 전에 출장을 자주 다니셨었는데 지금은 출장이 거의 없으십니다.

(1) 오빠는 _____
(2) 언니는 _____
(3) 동생은 _____
(4) 어머니께서는 _____
(5) 할아버지께서는 _____

● 用谓词的定语形改写下面短文，体会定语形词尾 -(으)ㄴ/-는/-(으)ㄹ/-던 的用法。

지난 토요일은 날씨가 아주 따뜻했어요. 저는 고향 친구를 만나러 친구 집에 갔어요. 제 친구는 키가 크고 잘생겼어요. 우리는 커피숍에 갔어요. 커피숍은 친구의 집 근처에 있습니다. 저는 커피를 마셨는데, 커피는 아주 향기로웠어요. 친구는 오렌지 주스를 마셨어요. 오렌지 주스는 시원하고 맛있었어요. 저는 친구랑 옛날이야기를 많이 했어요. 우리는 어렸을 때 같은 학교를 다녔어요. 우리는 방학 때 그 학교에 같이 가자고 했어요. 그리고 우리는 다음 주에 수도박물관에 갈 거예요.

⇩

지난 토요일은 아주 _____ 날씨였어요. 저는 고향 친구를 만나러 친구 집에 갔어요. 제 친구는 _____ 사람이에요. 우리는 _____ 커피숍에 갔어요. 저는 _____ 커피를 마셨고, 친구는 _____ 오렌지 주스를 마셨어요. 저는 친구랑 옛날이야기를 많이 했어요. 우리는 방학 때 _____ 학교에 같이 가자고 했어요. 그리고 우리는 다음 주에 _____ 곳은 수도박물관이에요.

第二节 韩国语的否定法

韩国语中表达否定含义的方法被称为"否定法(부정법，否定法)"。韩国语否定法主要有"안否定法"、"못否定法"、"말다否定法"及"词汇否定法"等几种。此外，根据否定句的构成方式，否定法还可分为短形否定与长形否定。在谓语前加否定副词안或못构成的否定法被称为"短形否定法(단형부정법，短形否定法)"，在谓词词干前加-지 않다、-지 못하다、-지 말다构成的否定法因其句子的长度较前者长，被称为"长形否定法(장형부정법，長形否定法)"。否定法的主要形式及分类简要整理如下。

韩国语的否定法

分类	短形否定法	长形否定法
안否定法	안 + 动词、形容词	动词、形容词词干 + -지 않다
못否定法	못 + 动词	动词、形容词词干 + -지 못하다
말다否定法		动词词干 + -지 말다
词汇否定法	이다→아니다、있다→없다、알다→모르다	

一、否定法的种类

1. 안否定法

"안否定法"表示的是因主语的属性或行为主体的意志而做的否定，主要有"안+谓词"、"谓词词干+-지 않다(아니하다)"两种形式，一般译成汉语的"不"、"没"等。例如：

(1) 그는 책을 읽는다.
他看书。
→그는 책을 안 읽는다.
→그는 책을 읽지 않는다.
他不看书。
(2) 영희는 성격이 좋다.
英姬性格好。
→영희는 성격이 안 좋다.
→영희는 성격이 좋지 않다.
英姬性格不好。
(3) 정환은 오늘 아침에 밥을 먹었다.
正焕今天早上吃饭了。
→정환은 오늘 아침에 밥을 안 먹었다.
→정환은 오늘 아침에 밥을 먹지 않았다.
正焕今天早上没吃饭。

"안否定法"具有如下主要特点。

❶ "谓词词干+-지 않다"与"안+谓词"在意义上没有什么区别。例如：

   (1) 학교에 가지 않는다.
       학교에 안 간다.
       不去学校。
   (2) 물은 맑지 않다.
       물은 안 맑다.
       水不清澈。

❷ "안否定法"只能用于陈述句与疑问句中，而不能用于命令句与共动句中。例如：

   (1) 학교에 안 갑니다. ∥ 학교에 가지 않습니다. ☺
   (2) 학교에 안 갑니까? ∥ 학교에 가지 않습니까? ☺
   (3) 학교에 안 가십시오. ∥ 학교에 가지 않으십시오. ☹
   (4) 학교에 안 갑시다. ∥ 학교에 가지 않으십시다. ☹

❸ 因"안否定法"表示的是主观的否定，所以此否定法不能与알다、깨닫다、인식하다等表示无意识而自然认知的动词或견디다这样表示主语具有完成某事能力的动词连用。

   (1) 안 알았다. ☹
       알지 않았다. ☹
   (2) 안 깨닫는다. ☹
       깨닫지 않는다. ☹
   (3) 견디지 않았다. ☹
       안 견디었다. ☹

❹ -지 않다前面接动词词干时，其形态按照动词的变化规则而变化；其前面接形容词时，其形态按照形容词的变化规则而变化。例如：

   (1) 오다: 오지 않는다、오지 않는가、오지 않는……
   (2) 먹다: 먹지 않는다、먹지 않는가、먹지 않는……
   (3) 크다: 크지 않다、크지 않은가、크지 않은……
   (4) 춥다: 춥지 않다、춥지 않은가、춥지 않은……

❺ "안+谓词"在使用时受到的限制较"谓词词干+-지 않다"更多。不能使用"안+谓词"形式的谓词主要有如下几种。

▌派生词

   (1) 前缀派生词：짓누르다、치솟다、얕밉다、드세다、치밀다……
   (2) 后缀派生词：노래하다、일하다、이사하다、공부하다、건강하다、기특하다、강하다、행복하다、출렁이다、정답다、아름답다、향기롭다、울긋불긋하다、싱글벙글하다、울퉁불퉁하다……
   (3) 前后缀派生词：치받히다、새파랗다……

"名词+하다"构成的动词虽不能与안连用，但可以以"名词+안+하다"的形式使用。例如：

   (1) 민우는 운동하지 않는다. ☺
       敏佑不运动。
       민우는 운동 안 한다. ☺
       민우는 안 운동한다. ☹
   (2) 나는 거짓말하지 않았어. ☺
       我没说谎。
       나는 거짓말을 안 했어. ☺

　　　　　　　나는 안 거짓말했어. (⑧)

❺ 合成词
　　(1) 合成动词：재미나다、빛나다、맛보다、애쓰다、앞세우다、오르내리다……
　　(2) 合成形容词：낯설다、값싸다、잘나다、굳세다、검붉다、앞서다……

❻ 表示时间的词尾-았/었/였-、-겠-与"안否定法"连用时，常以如下形式使用。

　　(1) 안+谓词词干+-았/었/였-、-겠-+다：　안 갔다、안 가겠다、안 했다、안 좋았다
　　(2) 谓词词干+지 않았다、않겠다：　　　가지 않았다、오지 않겠다、먹지 않겠다、
　　　　　　　　　　　　　　　　　　　　하지 않았다、예쁘지 않았다

但在如下情况下，表示过去时间的-았/었/였-则可以与连结词尾-지前的谓词词干连用。

　　(1) 민우는 어제 여기에 왔지 않니?
　　　　敏佑昨天不是来这儿了嘛。
　　(2) 날씨가 추웠지 않니?
　　　　天气不是很冷嘛。

上面的两个句子虽然都是否定的形式，但是表示的却是说话人针对自己知道的某一事实向听话人求证的语气，不是真正的否定句，而是一种"确认疑问句"。

❼ 表示尊敬的词尾-시-在与"안否定法"连用时，其位置较为自由。例如：

　　　　텔레비전을 안 보신다.
　　　　텔레비전을 보지 않으신다.
　　　　텔레비전을 보시지 않는다.
　　　　텔레비전을 보시지 않으신다.

❽ "-지 않다"中的连结词尾-지后面可以接도、만、는等部分添意助词，表示强调。例如：

　　(1) 자네는 잘 알지도 않으면서 왜 그런 말을 했니?
　　　　你又不太了解，干嘛说那些话?
　　(2) 오늘은 춥지는 않습니다.
　　　　今天倒是不怎么冷。

❾ 在一句话中有两个否定形式出现的句子被称为"双重否定句(이중부정문，二重否定文)"。双重否定可以表示更强的肯定。

　　(1) 안 가는 게 아니다.
　　　　不是不去。（肯定去。）
　　(2) 네가 안 오면 안 돼.
　　　　你不来可不行。（一定要来。）

2. 못否定法

　　"못否定法"表示的是因为能力或其他外部原因而无法发生的行为或不能存在的状态，在这一点上与表示主观否定的"안否定法"有本质的区别。例如：

　　(1) 정환은 아침에 밥을 안 먹었다. /정환은 아침에 밥을 먹지 않았다.
　　　　正焕今天早上没吃饭。(主观上不想吃饭。)
　　(2) 정환은 아침에 밥을 못 먹었다. /정환은 아침에 밥을 먹지 못했다.
　　　　正焕今天早上没能吃上饭。(虽然想吃，但因为某些客观原因未能吃上。)

"못否定法"主要有"못+谓词"、"谓词词干+-지 못하다"两种形式,一般译成汉语的"不能"、"没"、"没能"等。例如:

(1) 그는 집에 돌아간다.
他回家。
➡그는 집에 못 돌아간다.
➡그는 집에 돌아가지 못한다.
他不能回家。

"못否定法"具有如下主要特点。

❶ "谓词词干+-지 못하다"与"못+谓词"在意义上没有什么区别。例如:

학교에 못 간다.
학교에 가지 못한다.
不能去学校。

❷ 与"안否定法"一样,"못否定法"也只能用于陈述句与疑问句中,而不能用于命令句与共动句中。例如:

(1) 학교에 못 갑니다. / 학교에 가지 못합니다. (☺)
不能去学校。
(2) 학교에 못 갑니까? / 학교에 가지 못합니까? (☺)
不能去学校吗?
(3) 학교에 못 가십시오. / 학교에 가지 못하십시오. (☹)
학교에 못 갑시다. / 학교에 가지 못합시다. (☹)

❸ 因为"못否定法"表示的是非主观的,因能力及外部原因而无法进行某一动作或达到某种状态,所以此否定法不能与表示主观想法的걱정하다、후회하다、고민하다、궁금하다、염려하다或表示负面含义的망하다、잃다、실직하다、실패하다、굶주리다、당하다等词连用。

(1) 못 걱정했다. (☹) / 걱정하지 못했다. (☹)
(2) 못 고민한다. (☹) / 고민하지 못한다. (☹)
(3) 못 망했어. (☹) / 망하지 못했어. (☹)

❹ 一般来说,当形容词做谓语时,不能用"못否定法"表示否定。

(1) 산이 높지 못하다. (☹)
산이 못 높다. (☹)
(2) 가방이 무겁지 못했다. (☹)
가방이 못 무거웠다. (☹)

但是,当表示因没有达到一定的期待或预期而感到遗憾与惋惜时,也可用"形容词+-지 못하다"表示否定。可以与"-지 못하다"连用的是예쁘다、곱다、아름답다、좋다、변변하다、똑똑하다、넉넉하다、넓다、우수하다、만족하다、풍부하다、신선하다、깨끗하다、옳다、편하다等含有褒义的形容词。

(1) 그 아이는 똑똑하지 못하다.
那个孩子不太聪明。
(2) 방은 그리 넓지 못합니다.
房间不太宽敞。

❺ 与"안否定法"一样,"-지 못하다"前接动词时,其形态按照动词的变化规则而变

化；其前接形容词时，其形态按照形容词的变化规则而变化。例如：

(1) 오다: 오지 못한다、오지 못하는가、오지 못하는……
(2) 먹다: 먹지 못한다、먹지 못하는가、먹지 못하는……
(3) 크다: 크지 못하다、크지 못한가、크지 못한……

❻ "못+谓词"在使用时受到的限制较"谓词词干+-지 못하다"更多，其使用限制也与"안否定法"相似。"名词+하다"构成的动词虽不能直接与"못"连用，但可以通过"名词+못+하다"的形式使用。例如：

(1) 회의는 아직 시작하지 못합니다. (☺)
   会议还没开始。
   회의는 아직 시작 못 합니다. (☺)
   회의는 아직 못 시작합니다. (☹)
(2) 나는 운동하지 못했어. (☺)
   我没运动。
   나는 운동 못 했어. (☺)
   나는 못 운동했어. (☹)

❼ 表示时间的词尾-았/었/였-、-겠-与"못否定法"连用时，常以如下形式使用。例如：

(1) 못+谓词词干+-았/었/였-、-겠-+다: 못 갔다、못 가겠다、못 먹겠다、못 먹었다
(2) 谓词词干+지 못했다、못하겠다: 가지 못했다、가지 못하겠다、먹지 못했다、먹지 못하겠다.

❽ 表示尊敬的词尾-시-在与"못否定法"连用时，其位置较为自由。例如：

할아버지께서는 텔레비전을 못 보신다.
爷爷不能看电视。
할아버지께서는 텔레비전을 보지 못하신다.
할아버지께서는 텔레비전을 보시지 못한다.
할아버지께서는 텔레비전을 보시지 못하신다.

❾ "-지 못하다"中的连结词尾-지与"안否定法"一样，其后可以接添意助词도、만、는等，表示强调。例如：

(1) 나는 그 사람을 만나지도 못했어.
   我连见都没见着那个人。
(2) 저는 길치라서 길을 잘 찾지는 못해요.
   我是路盲，不太认路。

3. 말다否定法

前面已经谈到，"안否定法"与"못否定法"都只能用于陈述句与疑问句中，而祈使句与共动句中的否定则应采用与如上两种否定法不同的否定法，这种否定法即为"말다否定法"。"말다否定法"表示禁止做某一动作，其基本形式为"谓词词干+-지 말다"，一般译成汉语的"不要……"、"别……"、"不许……"等。例如：

(1) 이런 책을 보지 마라.
   别看这种书。
(2) 밖이 너무 추우니까 나가지 말자.
   外面太冷了，咱们别出去了。

(3) 저를 떠나지 마세요.
　　请不要离开我。
(4) 여기서 사진 찍지 마십시오.
　　请不要在此拍照。
(5) 오늘은 술을 마시지 맙시다.
　　今天咱们别喝酒了。

"말다否定法"除了在用于祈使句与共动句这一点上与前面两种否定法具有明显区别外，还具有如下主要特点。

❶ 此否定法不能用于形容词谓语句，但要表示祈愿之意时也可以用在形容词之后。例如：

(1) 올 여름은 너무 덥지만 말아라.
　　今年夏天可别太热了。
(2) 짐아, 제발 무겁지만 말아라.
　　行李啊，可别太重了。

❷ 此否定法原则上不能用于陈述句或疑问句中，但当其与바라다、기원하다、빌다、기도하다等表示祈愿、期望的词连用时，也可用于陈述句或疑问句中。此时，-지 말다可以与-지 않다通用。例如：

(1) 나는 네가 나를 떠나지 말기/지 않기를 빌었어.
　　我曾经期盼你不要走。
(2) 당신도 내가 상해에 가지 말기/지 않기를 바랍니까?
　　你也希望我不去上海吗？

❸ "말다否定法"不能与表示时间关系的-았/었-였-、-겠-连用。例如：

(1) 민우야, 그를 만났지 마라. (⊗)
(2) 민우야, 그를 만나겠지 마라. (⊗)

❹ "말다否定法"中-지 말다的形态变化如下。

"-지 말다"的形态变化

阶称＼句类	祈使句	共动句
尊敬阶	-지 마십시오 -지 마세요	-지 맙시다
对等阶	-지 마시오	
基本阶	-지 마라 -지 마	-지 말자

❺ 在面对一般读者的书面语或标语、题目中，"-지 말다"一般用作"-지 말라"。在转达或引用别人的命令时也通常用"-지 말라"的形式。

(1) 귀한 자원을 낭비하지 말라.
　　不要浪费宝贵的资源。
(2) 어머님은 그 사람을 더 이상 만나지 말라고 하셨어.
　　妈妈说不要再见那个人。

4. 词汇否定法

词汇否定法是指除了上述的三种否定法之外，用特定的词汇来表示否定意义的方法。这样的词主要有이다的否定形式아니다、있다的否定形式없다及알다的否定形式모르다。其中이다句变成否定句时，应将"名词+이다"变为"名词+이/가 아니다"的形式，其他两个词变成否定句时句式不变。例如：

  (1) 그는 이 가게의 주인이다.
    他是这家店的店主。
   →그는 이 가게의 주인이 아닙니다.
    他不是这家店的店主。
  (2) 침대 위에 책가방이 있어요.
    床上有书包。
   →침대 위에 책가방이 없어요.
    床上没有书包。
  (3) 저는 이 일을 압니다.
    我知道这件事。
   →저는 이 일을 모릅니다.
    我不知道这件事。

需要指出的是，있다的敬语계시다与其他谓词相同，可以用于"안否定句"中，例如：

  할아버지께서는 지금 병원에 계십니다.
  爷爷现在在医院。
  →할아버지께서는 지금 병원에 안 계십니다.
  爷爷现在不在医院。
  →할아버지께서는 지금 병원에 계시지 않습니다.
  爷爷现在不在医院。

二、否定句的歧义现象

在否定句中，由于对否定范围的不同界定，使得听话人或读者对同一句子有不同的理解，进而产生一定的歧义。对"소아는 지은을 만나지 않았다"一句话可以有如下三种不同的理解。

  소아는 지은을 만나지 않았다.
  小雅没见到知恩。
  →소아는 지은을 만나지 않았다.
  解释：是小雅，而不是别人没见知恩。
  →소아는 지은을 만나지 않았다.
  解释：小雅没见的是知恩，而非别人。
  →소아는 지은을 만나지 않았다.
  解释：小雅没见知恩，和她通了电话。

在否定句中，다、모두等数量副词的使用也会造成一定的歧义，例如：

  (1) 친구들은 다 오지 않았다./ 친구들은 다 안 왔다.
   →译文：朋友们没都来。（解释：朋友们来了一部分，没有全部都来。）
   →译文：朋友们都没来。（解释：一个朋友都没来。）
  (2) 학생들은 집에 모두 가지 않았다./학생들은 모두 집에 가지 않았다.
   →译文：学生们都没回家。（解释：学生中一个回家的都没有。）
   →译文：学生们没有都回家。（解释：有部分学生回家了。）

消除歧义的方法主要有三个：其一是利用上下文的方法；其二是利用语调，加重要强调单词的语气；其三是在要否定的词后接"는、만、도"等补助词，以减少理解上的歧义。下面试举两例说明第三种方法：

(1) 소아는 지은을 만나지는 않았다.
→解释：小雅没见知恩，和她通了电话。
(2) 친구들이 다는 오지 않았다.
→解释：朋友们没全来，来了一部分。

三、副词与否定法的呼应关系

前面在讲解副词时已经提及副词与一些表达方式具有一定的呼应关系，其中就提到部分副词需要与表示否定的形式连用。为了方便对其的理解与使用，在此，特将要求与否定法呼应的副词整理如下。

与否定法相呼应的副词

副词	词义	例句
결코	绝对(不)、决(不)	제 말은 결코 거짓말이 아닙니다. 이 일은 결코 쉬운 일이 아니다.
그다지	(不)那么、(不)怎么	눈이 오고 있지만 그다지 춥지는 않아요. 이 가방은 그다지 예쁘지 않아요.
도무지	完全(不)、根本(不)	그는 도무지 내 권고를 안 들었다. 그 일은 도무지 생각이 안 난다.
도저히	无论……都(不)……	그의 말은 도저히 이해할 수가 없어요. 그의 부탁을 도저히 거절하지 못했다.
별로	(不)那么、(不)怎么	교실에는 학생들이 별로 없어요. 가방은 별로 무겁지 않네요.
여간	(不)寻常地、(不)一般的	이 문제는 여간 어렵지 않아요. 그 백화점은 여간 크지는 않다.
전혀	完全(不)、根本(不)	그는 가고 나서 전혀 소식이 없네요. 그는 술을 전혀 못 마십니다.
조금도	一点也(不)	그는 사과할 생각이 조금도 없다. 너는 형인데 왜 동생한테 조금도 양보하지 않아?
좀처럼	(不)容易	나는 좀처럼 마음을 놓을 수 없다.

> 你知道如何回答否定疑问句吗？
> 在回答韩国语的否定疑问句时，与汉语中回答否定疑问句时的规则相同，即在对问话作出肯定回答时答예/네，在对问话作出否定回答时答아니다。例：
>
> 요새 안 바빠요? (最近不忙吗？)
> ▶ 네, 안 바빠요. (是的，不忙。)
> ▶ 아니요, 아주 바빠요. (不，我很忙。)

练习

● 看下图，根据所给提示，用否定式完成下列句子。

例：눈이 작습니다.
　　지은 씨는 눈이 큽니다. 하지만 지은 씨의 동생은 눈이 그리 크지 않아요.

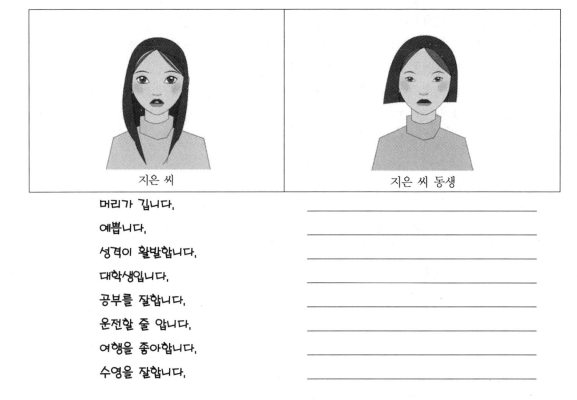

지은 씨　　　　　　　　　　　　지은 씨 동생

머리가 깁니다. _____
예쁩니다. _____
성격이 활발합니다. _____
대학생입니다. _____
공부를 잘합니다. _____
운전할 줄 압니다. _____
여행을 좋아합니다. _____
수영을 잘합니다. _____

● 用-지 마십시오/-지 마세요句式说一说下列标志的含义。

第三节 韩国语的敬语法

韩国语中,利用一定的语法形态或特殊词汇,表示说话人对句子的主语或听话人尊卑关系的语法范畴被称为"敬语法(높임법/경어법,敬語法)",也被称为"待遇法(대우법,待遇法)"或"尊待法(존대법,尊待法)"。敬语法是韩国"长幼有序"思想在语言中的反映,具有完整的敬语法体系是韩国语一个非常突出的语法特征。同时,对于以汉语为母语的中国学生而言,把握韩国语敬语法的主要体系,了解敬语法规则,正确地理解与使用敬语法,对于促进与韩国人的融洽交流及了解朝鲜半岛的社会文化都大有裨益。

敬语法根据其实现方法的不同可以分为利用语法形态的变化形成的敬语法和利用特殊词汇所形成的敬语法两大类。前者又根据表达尊卑关系对象的不同分为主体敬语法与听者敬语法两类。为了叙述的方便,韩国语敬语法的主要种类与表达方式可整理如下。

韩国语的敬语法

分类	主要表现方式
主体敬语法	将主格助词가/이替换为께서, 谓词词干后接非词末词尾-(으)시-
听者敬语法	通过终结词尾的变化来表达
词汇敬语法	用表示尊敬或谦卑的特殊单词来表达

一、主体敬语法

"主体敬语法(주체높임법,主體敬語法)"是对句子的主体表示尊敬的方法,此时句子的主体通常要比说话人年纪大或地位高。例如:

(1) 회장님께서 내일 출장 가신다.
    会长明天出差。
(2) 이 선생님께서는 유명한 시인이시다.
    李先生是著名诗人。
(3) 소장님께서는 키가 크시다.
    所长个子很高。
(4) 할아버지께서는 돈이 많으시다.
    爷爷很有钱。

从以上的例子也可以看出,主体敬语法的主要表达方式是:一是在主语后接主格助词께서,如果主语后面接的不是主格助词가/이,而是补助词는/은时,는/은替换为께서는;二是在动词、形容词或이다词干后接非词末词尾-(으)시-。

主体敬语法根据其尊待的对象不同,又可以分为直接敬语法与间接敬语法。像例(1)、例(2)那样,说话人直接对句子的主语表示尊敬的表达方式为直接敬语法。而像例(3)、例(4)那样,尽

管与크시다、많으시다直接具有关系的是紧跟在其前面的키与돈，但它们并非是这两个句子中尊待的对象。句中实际上尊待的对象是소장님与할아버지，而키与돈只是因为其是为被尊待的对象的身体部位或其所属品才与表示尊敬的表达形式连用，这样的敬语法被称为间接敬语法。

主体敬语法在使用时，有如下两点限制。

❶ 主体敬语法只适用于第二人称或第三人称。也就是说，当主语是第一人称，即说话人时，不能使用敬语。

    저는 어제 오셨다. (☹)

❷ 当句子主体的身份地位高于说话人但低于听话人时，不需使用敬语。

    할머니, 어머니가 돌아왔어요. (☺)
    奶奶，妈妈回来了。
    할머니, 어머니가 돌아오셨어요. (☹)

二、听者敬语法

"听者敬语法(청자높임법，聽者敬語法)"，在许多语法书中常被称为"相对敬语法(상대높임법，相對敬語法)"。但由于此种表达法中的尊卑关系是根据听话人年龄大小或地位尊卑来确定的，所以，为了有助于读者对此概念的理解，本书中称之为"听者敬语法"。听者敬语法主要是通过谓词与不同终结词尾的结合来实现的。由于有关阶称及正式体、非正式体等内容在第5章第二节已有详细论述，在此仅以动词가다为例，将听者敬语法的代表形式整理如下。

听者敬语法主要分类及代表形式

	分类	陈述句	疑问句	祈使句	共动句	感叹句
正式体	합쇼体(尊敬阶)	가십니다	가십니까?	가십시오	가십시다	-
	하오体(对等阶)	가(시)오	가(시)오	가(시)오、가구려	-	가는구려
	하게体(对等阶)	가네、감세	가는가? 가나?	가게	가세	가는구먼
	해라体(基本阶)	간다	가냐? 가니?	거(거)라、가렴	가자	가는구나
非正式体	해요体(尊敬阶)	가요	가요?	가(세)요	가(세)요	가(세)요、가는군요
	해体(基本阶)	가、가지	가? 가지?	가、가지	가、가지	가、가지

三、词汇敬语法

韩国语敬语法除了以上两种通过谓词的活用而实现的主体敬语法与听者敬语法之外，还有一种通过词汇所表现的尊卑关系，这种表达方法被称为词汇敬语法(어휘 높임법，語彙敬語法)。下面按词类试举具体实例如下。

  (1) 名词：말씀←말、진지←밥、성명/성함←이름、연세←나이、치아←이、댁←집、생신←생일、약주←술、분←명/사람……

아버님←아버지、어머님←어머니、할아버님←할아버지、할머님←할머니、형님←형、누님←누나、교수님←교수、선생님←선생、과장님←과장、부장님←부장、원장님←원장、변호사님←변호사、기사님←기사、아드님←아들、따님←딸……
(2) 代词: 저←나、저희←우리、자네/당신/댁←너、이분/그분/저분←이이/그이/저이……
(3) 动词: 드시다/잡수시다←먹다、주무시다←자다、계시다/있으시다←있다、여쭙다←묻다、모시다←데리다、드리다←주다、뵙다←만나다、돌아가시다←죽다、말씀하다←말하다……
(4) 形容词: 편찮으시다/아프시다←아프다……
(5) 助词: 께서←가/이、께←에게……
(6) 副词: 손수/친히←직접……

在以上的例词中，绝大部分是表示尊敬意义的词，如드리다、뵙다、댁、연세等，这样的词被称为敬词。此外，也有少数如저、저희等表示自谦的词，这样的词被称为谦词。其中말씀一词在不同的场合既可做敬词使用，也可以做谦词使用。例如：

(1) 형님의 말씀대로 하겠습니다.
我一定按照大哥您的话去做。（敬词）
(2) 원장님께 드릴 말씀이 있어요.
我有话要禀告院长。（谦词）

此外，表示尊敬的敬词既可以表示对句子主体或听话人的尊敬，也可以表示对做句子宾语或状语的人的尊敬。例如：

(1) 외할아버지께서는 작년 12월에 돌아가셨습니다.
外祖父去年12月去世了。
(2) 어머니, 안녕히 주무셨어요?
妈妈，您睡好了吗？
(3) 선생님께 선물을 드렸습니다.
给老师送了礼物。
(4) 그는 사장님을 모시고 서울에 갔다.
他陪社长去了首尔。

通过以上例子还可以看出，仅仅将动词、名词等替换为相应的敬词或谦词还是不行的，还要注意相应助词的变换。有时还需要像下例一样对句子的说法作相应的改变。例如：

(1) 나이가 몇이니?
你多大了？
→ 연세가 어떻게 되십니까?
您老贵庚啊？
(2) 이름이 무엇입니까?
你叫什么名字？
→ 성함이 어떻게 되십니까?
请问您贵姓？

此外，还需要注意以下两个词在使用相应敬词时的用法：

❶ 있다

(1) 그는 지금 학교에 있다.
他现在在学校。
→ 선생님께서는 지금 학교에 계십니다. ☺
老师现在在学校。
→ 선생님께서는 지금 학교에 있으십니다. ☹

(2) 그녀는 네 살 난 딸이 있어요.
　　她有一个4岁的女儿。
　　선생님께서는 네 살 난 따님이 있으십니다. (☺)
　　老师有一个4岁的女儿。
　　➡ 선생님께서는 네 살 난 따님이 계십니다. (☹)

通过以上例子可以看出，当있다表示"存在"的意义时，其对应的敬词为계시다。表示"所有"的意义时，其相应的敬词为있으시다。

❷ 아프다

(1) 그는 오늘 많이 아프다.
　　他今天身体非常不舒服。
　　➡ 선생님께서는 오늘 많이 편찮으시다. (☺)
　　老师今天身体非常不舒服。
　　➡ 선생님께서는 오늘 많이 아프시다. (☹)
(2) 그의 머리가 아프다.
　　她头痛。
(3) 할아버지께서는 머리가 아프시다. (☺)
　　爷爷头痛。
　　➡ 할아버지께서는 머리가 편찮으시다. (☹)

通过以上例子可以看出，当表示对句子主体的尊敬时，用편찮으시다代替아프다。而当表示对应尊敬对象身体部位的尊敬时，则使用아프시다。

 练习

● 根据下面表中所给内容，仿照例句练习对话，体会主体敬语法的用法。

家庭成员	身份	居住地
할머니	주부	고향
아버지	회사 사장	북경
어머니	중학교 교사	북경
형/오빠	은행원	상해
나	대학생	서울
동생	고등학생	북경

例： 가: 어머니께서는 무슨 일을 하십니까?
　　 나: 어머니는 중학교 교사이십니다.
　　 가: 어디에 계십니까?
　　 나: 북경에 계십니다.

● 试将下列句子按尊敬阶到基本阶的顺序排列。

(1) ①저는 내일 이사하오.
    ②저는 내일 이사합니다.
    ③나는 내일 이사하네.
    ④나는 내일 이사한다.
    _____

(2) ①어떤 집을 구하세요?
    ②어떤 집을 구하니?
    ③어떤 집을 구해?
    ④어떤 집을 구하시오?
    _____

(3) ①사탕 좀 넣고 드십시오.
    ②사탕 좀 넣고 드시오.
    ③사탕 좀 넣고 드시게.
    ④사탕 좀 넣고 먹어.
    _____

● 找出下列句子中的敬词或谦词。

(1) 저는 어제 편찮으신 아버지를 모시고 병원에 갔다 왔어요.

(2) 내일은 우리 할아버님의 생신인데, 할아버님께 무슨 선물을 드리면 좋을까요?

(3) 궁금한 사항이 있으면 강의실에 계신 장 선생님께 여쭤 봐도 돼.

(4) 편히 주무셨어요? 여기 앉으셔서 진지 잡수십시오.

(5) 이 떡은 저희 회사 사장님께서 댁에서 손수 만드신 거예요. 많이 드세요.

第四节 韩国语的使动法与被动法

韩国语的句子根据句中的主体与动作或行为之间的关系可以有不同的分类。其中动作由主语本身发出或实现的句子被称为"主动句(주동문, 主動文)"或"能动句(능동문, 能動文)",主语促使别人作出某一动作或行为的句子被称为"使动句(사동문, 使動文)",动作或行为是由于主语被另一主体推动而实现的句子被称为"被动句(피동문, 被動文)"。例如:

(1) 동생이 옷을 <u>입었다</u>. (主动句)
    弟弟穿衣服了。
    →엄마가 동생에게 옷을 <u>입혔다</u>. (使动句)
    妈妈给弟弟穿衣服了。
(2) 경찰이 도둑을 <u>잡았다</u>. (能动句)
    警察抓到了小偷。
    →도둑이 경찰에게 <u>잡혔다</u>. (被动句)
    小偷被警察抓住了。

本节将对构成使动句的使动法及构成被动句的被动法作简要介绍。

一、韩国语的使动法

1. 使动法的分类

❶ 添缀使动法

添缀使动法是通过添加词缀,使主动词变为使动词而实现的使动法。所谓"使动词(사동사, 使動詞)",是指具有使动意义的动词,由"谓词词干+使动词缀"构成,是与表示主动意义的"主动词(주동사, 主動詞)"相对应的概念。韩国语中的使动词缀主要有-이-、-히-、-리-、-기-、-우-、-구-、-추-等。它们接在部分他动词、自动词及形容词后,使其成为使动词。使动词的主要代表词汇如下。

(1) -이-: 기울이다←기울다、끓이다←끓다、녹이다←녹다、높이다←높다、들이다←들다、먹이다←먹다、보이다←보다、붙이다←붙다、속이다←속다、썩이다←썩다、쓰이다←쓰다、죽이다←죽다……
(2) -히-: 괴롭히다←괴롭다、굳히다←굳다、넓히다←넓다、눕히다←눕다、더럽히다←더럽다、막히다←막다、맞히다←맞다、밝히다←밝다、식히다←식다、앉히다←앉다、익히다←익다、업히다←업다、입히다←입다、잡히다←잡다、좁히다←좁다……
(3) -리-: 굴리다←구르다、날리다←날다、늘리다←늘다、돌리다←돌다、말리다←말다、물리다←물다、불리다←불다、살리다←살다、알리다←알다、얼리다←얼다、울리다←울다……
(4) -기-: 감기다←감다、굶기다←굶다、남기다←남다、넘기다←넘다、맡기다←맡다、벗기다←벗다、빗기다←빗다、숨기다←숨다、신기다←신다、씻기다←씻다、안기다←안다、웃기다←웃다……
(5) -우-: 깨우다←깨다、끼우다←끼다、돋우다←돋다、비우다←비다、새우다←새다、지우다←지다、찌우다←찌다、피우다←피다……
(6) -구-: 달구다←달다……
(7) -추-: 낮추다←낮다、늦추다←늦다、들추다←들다、맞추다←맞다……

除了以上的这些使动词外，还有一些不规则变化的使动词，这些使动词及其原形如下。

거두다←걷다、돌이키다←돌다、띄우다←뜨다、세우다←서다、씌우다←쓰다、없애다←없다、일으키다←일다、재우다←자다、적시다←젖다、키우다←크다、태우다←타다、채우다←차다、흘리다←흐르다……

根据与使动词相对应的主动词词性的不同，构成使动句的方法也各不相同。主动句与使动句的对应关系如下。

主动词为形容词时：

    길이 넓다.   主语 + 形容词
    ⇩ ⇩   ⇩   ⇩
  사람들이 길을 넓힌다.   新主语 + 宾语 + 使动词

主动词为自动词时：

    동생이 운다.   主语 + 自动词
    ⇩ ⇩   ⇩   ⇩
  형이 동생을 울린다.   新主语 + 宾语 + 使动词

主动词为他动词时：

    소아가 책을 읽는다.   主语 + 宾语 + 他动词
    ⇩ ⇩ ⇩   ⇩   ⇩   ⇩
  선생님이 소아에게 책을 읽힌다. 新主语 + 状语 + 宾语 + 使动词

❷ -게 하다使动法

此种使动法是由连结词尾-게与辅助动词하다结合而成的，此种使动法的生产性远远高于前面谈到的添缀使动法。例如：

  (1) 他动词：먹다→먹게 하다、마시다→마시게 하다
  (2) 自动词：가다→가게 하다、웃다→웃게 하다
  (3) 形容词：높다→높게 하다、예쁘다→예쁘게 하다

与添缀使动法相似，根据主动句中做谓语的谓词其词类的不同，其转化为使动句时的变化方式也各不相同。主动句与使动句的对应关系如下。

主动句的谓语是形容词时：

    불이 밝다.   主语 + 形容词
    ⇩ ⇩   ⇩   ⇩
  그가 불을 밝게 한다.   新主语 + 宾语 + "形容词-게 하다"

主动句的谓语为自动词时：

    민우가 쉰다.   主语 + 自动词
    ⇩ ⇩   ⇩   ⇩
  어머니가 민우를 쉬게 한다. 新主语 + 宾语 + "自动词-게 하다"

主动句的谓语为他动词时：

    그가 책을 읽는다.   主语 + 宾语 + 他动词
    ⇩ ⇩ ⇩   ⇩   ⇩   ⇩
  형이 그에게 책을 읽게 한다. 新主语 + 状语 + 宾语 + "他动词-게 하다"

❸ -시키다使动法

除了以上两种使动法之外，발전하다、연습하다等部分-하다形态动词的-하다可以换成-시키다，构成使动词，如발전시키다、연습시키다等。例如：

선생님께서 학생들에게/을 <u>발표하게 하셨다</u>.
老师让学生们发言。
➡ 선생님께서 학생들에게/을 <u>발표시키셨다</u>.

由于动词하다的使动形是시키다，所以部分可以与词根分离的하다动词也可以通过如下方式表示使动。例如：

(1) 발표하다: 발표를 하다、발표를 시키다
 선생님께서 학생들에게/을 <u>발표를 시키셨다</u>.
 老师让学生们发言。
(2) 연습하다: 연습을 하다、연습을 시키다
 어머님께서는 매일 딸에게/을 피아노 <u>연습을 시킨다</u>.
 妈妈每天让女儿练习弹钢琴。

但是，与-게 하다使动法相比，-시키다使动法在用法上受到一定限制。也就是说，可以转换成此种使动法的动词要明显少于可构成-게 하다使动法的动词。-시키다使动法可以与-게 하다使动法互换，-시키다使动法还可以与-게 하다使动法再次结合，构成使动。例如：

(1) 반복하다→반복시키다、반복하게 하다、반복시키게 하다
(2) 발전하다→발전시키다、발전하게 하다、발전시키게 하다
(3) 변화하다→변화시키다、변화하게 하다、변화시키게 하다
(4) 분리하다→분리시키다、분리하게 하다、분리시키게 하다
(5) 설치하다→설치시키다、설치하게 하다、설치시키게 하다
(6) 연습하다→연습시키다、연습하게 하다、연습시키게 하다
(7) 운동하다→운동시키다、운동하게 하다、운동시키게 하다
(8) 이해하다→이해시키다、이해하게 하다、이해시키게 하다
(9) 인식하다→인식시키다、인식하게 하다、인식시키게 하다
(10) 입원하다→입원시키다、입원하게 하다、입원시키게 하다
(11) 정지하다→정지시키다、정지하게 하다、정지시키게 하다
(12) 증가하다→증가시키다、증가하게 하다、증가시키게 하다

2. 各种使动法的区别

前面介绍的3种使动法中，添缀使动法与-시키다使动法在语义与用法上大体相同，而二者与-게 하다使动法则有所不同。具体的区别如下。

❶ 语义的区别

-게 하다使动法与其他两种使动法最基本的不同是主体是否直接参与动作。在-게 하다使动法中，表示的是主体推动或促使对象做某一动作，而其本身并不直接参与该动作，译成汉语时多用"使"、"让"、"令"、"叫"等表达方式。

(1) 어머니가 동생에게 옷을 <u>입게 했다</u>.
 妈妈让弟弟穿衣服。
(2) 지은이 아이에게 <u>자게 했다</u>.
 知恩让孩子睡觉。
(3) 민우가 정환에게 술을 <u>먹게 했다</u>.
 敏佑让正焕喝酒。

在上面的例句中，어머니、지은、민우做出某种动作或发出某种命令，推动、促使동생、아이、정환完成穿衣服、睡觉、喝酒等动作。

添缀使动法与-시키다使动法根据具体情况的不同，既可以表示主体直接的动作，也可以表示主体促成某一动作的实现。当其表示主体直接动作的时候，与-게 하다有较为明显的区别，而当其表示后一意义时，二者则没有本质区别。例如：

    (1) 어머니가 동생에게 옷을 입혔다.
        妈妈给弟弟穿上了衣服。
    (2) 지은이 아이를 재웠다.
        知恩哄睡了孩子。
    (3) 민우가 정환에게 술을 먹였다.
        敏佑喂正焕喝酒。/敏佑让正焕喝酒。
    (4) 사장님은 지은을 입원시켰다.
        社长送知恩住院了。/社长让知恩住院了。
    (5) 선생님이 정환에게 책을 읽히셨다.
        老师让正焕读书。

以上例(1)、(2)中穿衣服的动作及哄孩子睡觉的动作由句子的主语어머니与지은完成。例(3)中的使动法既可以表示敏佑将酒杯放在正焕的嘴边，喂其喝酒，也可以表示敏佑让正焕喝酒。例(4)中，既表示社长通过代交医疗费等方式把知恩送进医院，也可以可以表示社长催促或命令生病的知恩住院治疗。例(5)中表示的则是老师让正焕做读书这一动作。

❷ 用法的区别

    -게 하다使动法与其他两种使动法在用法上的区别首先表现为副词的修饰范围不尽相同。

    (1) 어머니가 동생에게 밥을 많이 먹였다.
        妈妈给弟弟喂了很多饭。
    (2) 어머니가 동생에게 밥을 많이 먹게 했다.
        妈妈让弟弟吃了很多饭。

例(1)中副词많이修饰的是句子的主语어머니，例(2)中副词많이修饰的则是동생吃饭这一行为。

其次，以上3种使动法在用法上的区别还表现在尊敬词尾-시(으시)-的使用上。添缀使动法与-시키다使动法中表示尊敬的-시(으시)-接在使动词后；而在-게 하다使动句中，则因为尊敬对象的不同而有多种不同的结合方式。例如：

    (1) 할머니께서는 손자를 재우셨다.
        奶奶哄睡了孙子。
    (2) 할머니께서는 저를 대학에 입학시키셨다.
        奶奶让我上了大学。
    (3) 할머니께서는 저를 여기에 오게 하셨다.
        奶奶让我来的这里。
    (4) 제가 할머니를 여기에 오시게 했다.
        我让奶奶来的这里。
    (5) 할머니께서 할아버지를 여기에 오시게 하셨다.
        奶奶让爷爷来这里。

二、韩国语的被动法

1. 被动法的分类

❶ 添缀被动法

添缀被动法使是通过添加词缀，使能动词变为被动词而实现的被动法。所谓被动词(피동사，被動詞)，是指具有被动意义的动词，由"谓词词干+被动词缀"构成，与表示能动意义的能动词(능동사，能動詞)相对应的概念。韩国语中的被动词缀主要有-이-、-히-、-리-、-기-等，它们接在部分他动词后，使其成为被动词。被动词的主要代表词汇如下。be

(1) -이-：깎이다←깎다、나뉘다←나누다、놓이다←놓다、덮이다←덮다、묶이다←묶다、바뀌다←바꾸다、보이다←보다、섞이다←섞다、쌓이다←쌓다、쏘이다←쏘다、쓰이다←쓰다、짜이다←짜다、파이다←파다……

(2) -히-：굵히다←굵다、꼽히다←꼽다、꽂히다←꽂다、닫히다←닫다、뒤집히다←뒤집다、맺히다←맺다、묻히다←묻다、먹히다←먹다、박히다←박다、밟히다←밟다、뽑히다←뽑다、얹히다←얹다、업히다←업다、잊히다←잊다、잡히다←잡다、찍히다←찍다……

(3) -리-：걸리다←걸다、끌리다←끌다、눌리다←누르다、들리다←듣다、떨리다←떨다、뚫리다←뚫다、물리다←물다、물밀리다←밀다、벌리다←벌다、불리다←부르다、팔리다←팔다、풀리다←풀다、흔들리다←흔들다、실리다←싣다、열리다←열다、잘리다←자르다、찔리다←찌르다……

(4) -기-：감기다←감다、끊기다←끊다、담기다←담다、뜯기다←뜯다、믿기다←믿다、빼앗기다←빼앗다、씻기다←씻다、안기다←안다、쫓기다←쫓다、찢기다←찢다……

需要注意的是，以上例词中的 나뉘다、바뀌다、눌리다、불리다、실리다、들리다 等被动词在形成过程中与其对应的能动词在形态上发生了一定的变化。此外，由于构成被动词的后缀与构成使动词的部分后缀完全相同，使得部分被动词与使动词从词形看完全相同，其究竟是使动词还是被动词，还要根据该句中是否有宾语来判断。例如：

(1) 소리가 <u>들렸다</u>. (被动)
   传来声音。(声音被听见。)
(2) 선생님이 학생에게 음악을 <u>들려 주셨었다</u>. (使动)
   老师放音乐让学生听。

由添缀被动法形成的被动句与能动句之间的对应关系如下。

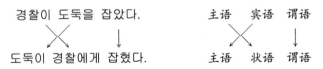

尽管上面提到部分他动词利用添加后缀的方法构成被动词，但这种构词方法是极为有限的，有很多他动词没有相对应的被动词。而且即便像 나누다-나뉘다、풀다-풀리다 这样有彼此对应的能动词与被动词，它们也不是都具有上述的能动句与被动句的对应关系。例如：

(1) 우리가 이야기를 <u>나누고 있다</u>. ☺
   我们正在谈话。
   이야기가 우리에게 <u>나뉘고 있다</u>. ☹
(2) 날씨가 <u>풀렸다</u>. ☺
   天气变暖了。
   누가 날씨를 <u>풀었다</u>. ☹

❷ -아/어지다被动法

无法使用添加词缀的方法构成被动词的他动词通常可以通过在能动词词干后添加-아/어지다构成被动词。例如：

(1) 우리 반이 선생님에 의해 두 팀으로 나누어졌다.
我们班被老师分成了两组。
(2) 그 의자는 나무로 만들어졌어요.
那个椅子是木头做的。
(3) 이 사실은 이사장님에 의해 밝혀졌다.
这一事实是被理事长公诸于众的。

此类被动句与能动句之间的对应关系如下。

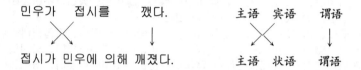

部分被动词还可以与-아/어지다再次结合，构成被动形式。如보여지다、잡혀지다、끊겨지다等。

❸ 更词被动法

这里所说的更词被动法，是指将"名词+하다"构成的动词更换为"名词+되다/받다/당하다"的形式，以表示被动。例如：

(1) 하다→되다：건설하다→건설되다、결정하다→결정되다、공격하다→공격되다、
반복하다→반복되다、발표하다→발표되다、선거하다→선거되다、
설치하다→설치되다、언급하다→언급되다、이해하다→이해되다、
인정하다→인정되다、정복하다→정복되다、제고하다→제고되다、
증명하다→증명되다、포함하다→포함되다、확정하다→확정되다
(2) 하다→받다：교육하다→교육 받다、배치하다→배치 받다、사랑하다→사랑 받다、
의뢰하다→의뢰 받다、임명하다→임명 받다、주문하다→주문 받다、
전화하다→전화 받다、존경하다→존경 받다、처벌하다→처벌 받다、
훈련하다→훈련 받다
(3) 하다→당하다：공격하다→공격 당하다、납치하다→납치 당하다、
모욕하다→모욕 당하다、살해하다→살해 당하다、
해고하다→해고 당하다、해산하다→해산 당하다

此种被动句与能动句之间的对应关系大体如下。

(1) 엄마가 나를 사랑한다.
妈妈爱我。
➡ 나는 엄마에게 사랑 받는다.
我得到妈妈的爱。
(2) 회장은 그를 대외협력부 부장으로 임명했다.
会长任命了对外协力部部长。
➡ 대외협력부 부장은 회장의 임명을 받았다.
对外协力部部长得到了会长的任命。
(3) 그는 동료를 공격했다.
他攻讦同事。
➡ 동료가 그에게 공격 당했다.
同事受到他的攻讦。

❹ -게 되다被动法

部分动词后可以接-게 되다表示因他人的行为或外部条件而非主语的主观意志而处于某种状况。例如：

(1) 곧 사실이 <u>드러나게 될</u> 것이다.
马上就会真相大白了。
(2) 냉장고에 보관했던 아이스크림을 <u>먹게 되었다</u>.
放在冰箱里的冰激凌被人给吃了。
(3) 김 사장은 가게의 문을 <u>닫게 되었다</u>.
金社长的店铺被迫关张了。
(4) 청소를 하니까 방이 <u>깨끗하게 되었어요</u>.
因为做了清扫，房间变干净了。

2. 被动法中的副词格助词

能动句的主语在被动句中成为"体词+副词格助词"形式的状语，这一形式中有关副词格助词的规则较为复杂。

如果体词为非活动体名词时，用에或로/으로；当体词为活动体名词时，用에게、한테。但是，在相当一部分被动句中，表示动作施行者的名词后并不接에게、한테，而接에 의해。但其与에게、한테的区别并不十分明确。

(1) 양 한 마리가 급류<u>에/로</u> 휩쓸려 갔다.
有一只羊被激流卷走了。
(2) 그의 수심<u>에/으로</u> 싸인 표정을 잊을 수가 없다.
他那满面愁容的表情让人难以忘怀。
(3) 그는 친구들<u>에게/한테/에 의해 이끌려서</u> 여자 친구 집에 사과하러 갔다.
他被朋友们拉着去女朋友家道歉去了。
(4) 소아에 대한 오해가 민우<u>에 의해</u> 풀렸다.
对小雅的误会因敏佑而化解了。
(5) 관련 정책의 실행 여부는 대통령<u>에 의해</u> 결정된다.
相关政策是否施行由总统亲自决定。

练习

● 将下列名词及相应的被动词、使动词连线。

(1)

| 문제 | 도둑 | 못 | 꼬리 | 상품 | 연락 | 차 | 문 |

| 밀리다 | 박히다 | 밝히다 | 잡히다 | 열리다 | 팔리다 | 풀리다 | 끊기다 |

(2)

| 아이 | 물 | 옷 | 소식 | 소리 | 사실 | 임무 | 동생 |

| 들리다 | 끓이다 | 알리다 | 울리다 | 입히다 | 맡기다 | 먹이다 | 밝히다 |

第六章 韩国语的主要表达法 179

● 当手机出现如下问题时该怎么办？仿照例句，用动词的被动态完成下列句子。

例: 휴대 전화가 <u>켜지</u>지 않을 때 배터리를 다시 끼워 보세요.
(1) 휴대 전화 번호 키가 _____지 않을 때 자판을 청소해 보세요.
(2) 전화가 _____지 않을 때 먼저 상대방 전화번호가 맞는지 확인해 보세요.
(3) 상대방 목소리가 _____지 않을 때 통화 음량 조절 버튼을 눌러 보세요.
(4) 사진이 잘 _____지 않을 때 카메라 렌즈에 이상이 있는지 확인해 보세요.

● 下文是深受韩国人喜爱的萝卜泡菜（깍두기）的制作方法。从以下说明中找出使动词和被动词，并注意其词义及用法。

* 재료 : 무 5개, 굵은소금 1컵, 미나리 1/2단, 실파 1/2단
* 양념 : 고춧가루 1컵, 멸치젓 1/2컵, 새우젓 1/2컵, 다진 마늘 4큰 술, 다진 생강 1 큰 술, 설탕 1 큰 술, 소금 2 큰 술
* 만드는 방법:

* 무는 깨끗이 씻어 준비한다. 씻은 무는 껍질을 벗기고 껍질을 벗긴 무는 원형으로 썬다.
* 썬 무는 사각형 모양으로 썰고 소금에 절인다.
* 무가 숨이 죽어 소금 맛이 충분히 들면 찬물에 헹군다. 헹군 무는 체에 밭쳐 물기를 뺀다.
* 미나리, 실파는 4cm 길이로 썰고 마늘과 생강은 곱게 다진다.
* 고춧가루에 미지근한 물을 부어 불린다. 불린 고춧가루를 절인 무에 넣고 버무린다.
* 버무린 무에 실파, 미나리, 다진 파, 다진 마늘, 새우젓, 멸치젓을 넣고 다시 버무린다.
* 설탕, 소금을 넣고 간을 하여 꼭꼭 눌러 담는다. 김장철에는 일주일 정도면 먹을 수 있다.

● 参考下图，用被动式说一说与图a相比，图b都发生了哪些变化。

图a

图b

第五节 韩国语的引述法

引用或转述自己或别人的话的方法叫"引述法(인용법，引用法；화법，話法)"。引述法可以分为直接引述法和间接引述法两种。有时要转达本人的想法或主张时，也会采用引用的形式。例如：

(1) 그는 저에게 "만나서 반갑습니다."라고 했습니다. (直接引述法)
    他和我说："见到你很高兴。"
(2) 그 애가 갑자기 "아빠!"하고 소리쳤다. (直接引述法)
    那个孩子突然叫了一声"爸爸！"。
(3) 그는 매일 두 시간씩 피아노 연습을 한다고 대답했다. (间接引述法)
    她说每天练习2个小时钢琴。
(4) 소아는 민우에게 내일 같이 가자고 했다. (间接引述法)
    小雅和敏佑说明天一起去。
(5) 저는 그의 주장이 옳다고 생각합니다. (间接引述法)
    我觉得他的主张是正确的。

一、直接引述法

"直接引述法(직접화법，直接話法)"是对别人或自己的话进行直接的、原原本本的引用，其句子结构一般为"主语 - 被转述者 - 被引用句 - 引用助词 - 谓语"。其中主语为被引用句的说话人，被转述者为听话人，被引用句在被引上引号(" ")后依原样置于句中，引号后面接表示引用的助词"라고"或"하고"，而谓语部分则通常由表示陈述、祈使等意义的动词充当。

被引用句：만나서 반갑습니다.
　　　　　见到您很高兴。
直接引述法：그는 저에게 "만나서 반갑습니다." 라고 했습니다.
　　　　　主语 被转述者　　被引用句　　　　助词　谓语
　　　　　他对我说："见到您很高兴。"

试举几例如下。

(1) 선생님께서는 "다 왔어?"하고 묻더군요.
    老师问："都来了吗？"
(2) 전화가 "따르릉"하고 울렸다.
    电话"叮铃铃"地响了起来。
(3) 그는 아내에게 "걱정하지 마. 금방 갔다 올게."라고 했습니다.
    他和妻子说："别担心，我马上就回来。"
(4) 손님에게 "어서 오세요."라고 말했다.
    对客人说："欢迎光临。"
(5) 학장님께서는 "이 문제는 다음 회의 때 상의합시다."라고 제안했다.
    院长提议说："这个问题我们下次会议再讨论。"
(6) "내일 비행기로 귀국합니다."하고 그는 대답했다.
    他回答道："乘坐明天的航班回国。"

通过以上例句可以看出，直接引述句通常有如下主要特点。

❶ 主语与转述者分别是原来的说话人与听话人，根据具体情况，二者有时也可以省略。

❷ 表示引用的助词既可以用라고也可以用하고，但二者有细微的差别。用하고时往往连被引用句的语气都要如实地模仿。

❸ 根据直接引语内容的不同，做谓语的动词可以是하다、말하다(말씀하다)、묻다、외치다、명령하다、지시하다、제안하다、설명하다、대답하다、타이르다等。其中하다、말하다(말씀하다)的使用范围较其他动词更为广泛。

❹ 根据所要强调内容的不同，有时全句的语序也会有一定的变化。

二、间接引述法

1. 间接引述法的句子结构

"间接引述法(간접화법，間接話法)"并非直接引用或转述别人或自己的话，而是将原话的意思转达出来。其句子构成大体上与直接引述法相似，皆为"主语 - 被转述者 - 被引用句 - 引用助词 - 谓语"，但在将被引用句变为间接引语的过程中，将会发生相应的变化。试举如下例句予以说明。

  被引用句：만나서 반갑습니다.
      见到您很高兴。
  间接引述法：<u>그는</u> <u>저에게</u> <u>만나서 반갑다</u> <u>고</u> <u>했습니다</u>.
      主语 被转述者 被引用句 助词 谓语
      他对我说见到我很高兴。

从上例中可以看出，直接引述法中用来引用被引用句的引号被取消，被引用句的终结词尾发生了一定的变化，引用助词也不再是"라고"或"하고"，而是助词"고"。事实上，在将直接引述法转换为间接引述法时，除了上述的助词、词尾的变化外，人称、时间、地点、方向等也会有一些必然或可能的变化。接下来将通过一些实例介绍直接引述法转换为间接引述法的方法。

2. 间接引述法的转换方法

❶ 被引用句终结词尾的变化

不管被引用句的终结词尾是何种阶称，在将其改为间接引语时，一律改为해라阶称。根据被引用句句类、时态等的不同，其对应的终结词尾也各不相同。具体的变化方法及实例如下。

间接引述法的词尾变化

句类	词尾变化		实例
陈述句/感叹句	现在时	动词：-ㄴ/는다	정환은 책을 사러 간다고 했어요. 도서관에서 책을 읽는다고 했어요.
		形容词：-다	그는 집이 참 넓다고 말했다.
		名词：-라/이라	소아는 학생이라고 했다. 이 건물은 우리 회사라고 했다.

	过去时/将来时	动词/形容词/名词: -다	형은 어제 영화를 봤다고 했다. 그는 가겠다고 했어요. 어제 그 영화가 참 좋았다고 말했다. 선생님께서는 내일 바쁘겠다고 하셨어요. 민우는 그가 전에 교수였다고 했다.
疑问句	现在时	动词: -냐/느냐	언니는 저에게 어디 가냐/가느냐고 물었다. 엄마는 아이에게 오늘 뭘 먹냐/먹느냐고 물었어.
		形容词: -냐/으냐	소아는 왜 그렇게 바쁘냐고 했다. 오늘 날씨가 좋냐/좋으냐고 물었어요.
		名词: -냐/이냐	그는 이게 누구의 모자냐고 물었다. 그분께서는 저에게 학생이냐고 물으셨다.
	过去时/将来时	动词/形容词: -냐/느냐	선생님께서는 지난 주말에 뭘 했냐/했느냐고 물으셨다. 형은 그 식당 음식이 어땠냐/어땠느냐고 물었다. 동네 사람에게 얼마 나눠 주겠냐/주겠느냐고 물었어요.
祈使句		라/으라	이 선생님께서는 그에게 빨리 집에 가라고 했다. 아버지는 돈을 함부로 쓰지 말라고 했다. 민우는 동생에게 다 먹으라고 했다. 그녀는 친구에게 내일 꼭 와 달라고 했다.
共动句		자	그는 이번 주말에 여행 가자고 했어요. 내일 같이 냉면이나 먹자고 했다.

❷ 人称、时间、地点、方向等的变化

在汉语与英语中，在直接引语转化为间接引语时，根据具体情况往往会出现人称、时间、地点、方向等方面的变化，在这一点上，韩国语与汉语、英语相同。例如：

(1) 直接引述法：그는 "너는 내일 여기로 오너라."라고 했다.
　　　　　　　他说："你明天到这儿来。"
(2) 间接引述法：그는 저에게 오늘 거기로 가라고 했다.
　　　　　　　他让我今天去那儿。

上例可以看出，直接引语中的너变成了저, 내일变成了오늘, 여기变成了거기, 오다变成了가다, 在人称、时间、地点、方向等方面都发生了变化。这种变化在以下例句中也可以得到体现。但是，需要注意的是，在实际会话中，这种变化并非必然发生。根据当时具体情况的不同，有时两种引述法在人称、时间、地点等方面也可以相同。

그는 "나는 내일 한국에 가겠다."라고 했다.
他说："我明天去韩国。"
→ 그는 자기는 내일 한국에 가겠다고 했다.
　他说他明天去韩国。
→ 그는 자기는 내일 한국에 오겠다고 했다.
　他说他明天来韩国。
→ 그는 자기는 오늘 한국에 가겠다고 했다.
　他说他今天去韩国。
→ 그는 자기는 오늘 한국에 오겠다고 했다.
　他说他今天来韩国。

3. 间接引述中的省略

在对别人或本人的话进行间接引用时，并非间接引述句子结构中的所有成分都存在。根据具体情况，有时会省略其中的部分成分。被省略的成分可以是主语，也可以是被转述者，例如：

그는 저에게 배가 고프다고 합니다.
他和我说他肚子饿。
→ 그는 배가 고프다고 합니다.
他说肚子饿。
→ 저에게 배가 고프다고 합니다.
告诉我说肚子饿。

有时也可以省略表示引用的助词"고"及动词"하다"。主要省略方式及例句如下。

间接引述中引用助词及转述动词的省略

句类	省略方式	实例
陈述句/感叹句	-ㄴ/는다: -ㄴ/는다고 한다→-ㄴ/는단다 -다: 다고 한다→-단다 -(이)라: 라고 한다→-란다	가다: 간단다、간답니다、간대、간대요 입다: 입는단다、입는답니다、입는대、입는대요 예쁘다: 예쁘단다、예쁘답니다、예쁘대、예쁘대요 교수: 교수란다、교수랍니다、교수래、교수래요
祈使句	-(으)라: -(으)란다	나가다: 나가란다、나가랍니다、나가래、나가래요
共动句	-자	하다: 하잔다、하잡니다、하재、하재요

(1) 선생님께서는 내일 출장 간답니다.
老师说明天出差。
(2) 지은은 자기 아빠가 의사래요.
知恩说她爸爸是医生。
(3) 어머니가 빨리 집에 오래.
妈妈让快点回家。
(4) 우리는 어디에 가랍니까?
让我们去哪儿啊?
(5) 민우는 주말에 같이 여행 가재요.
敏佑提议周末一起去旅游。

练习

● 仿照例句,将下列祈使句与共动句改写成间接引语。

例 1: 사장님: 내일 일찍 오세요.
→ 사장님께서는 내일 일찍 오라고 하셨다.

(1) 선생님: 다시 한 번 읽으십시오.
→ _____

(2) 의사 선생님: 저녁 때 과식하지 마세요.
→ _____

(3) 영희: 시간 있으면 절 좀 도와주세요.
→ _____

(4) 아버지: 민우야, 저 할머니를 좀 도와 드려라.
→ _____

例 2: 동생: 내일 오전에 같이 박물관에 가자.
➡ 동생은 내일 오전에 같이 박물관에 가자고 했다.

(5) 할아버지: 여기에 앉아서 얘기 좀 하자.
➡ _____

(6) 지은: 이번 주말에 영희 씨 집에 놀러 갑시다.
➡ _____

(7) 어머니: 오늘 점심 때 삼계탕 먹자.
➡ _____

● 按要求将下列句子转换成直接引语形式与间接引语形式。

原句	直接引述法/间接引述法
(1) 저분은 우리 대학 교수입니다.	直接引语:
	间接引语:
(2) 오늘은 민우 씨 생일이에요.	直接引语:
	间接引语:
(3) 이 사전은 제 것이 아닙니다.	直接引语:
	间接引语:
(4) 내일은 비가 올 거예요.	直接引语:
	间接引语:
(5) 요새 날씨가 정말 춥네요.	直接引语:
	间接引语:
(6) 이 문제는 그리 복잡하지 않아요.	直接引语:
	间接引语:
(7) 영희 씨 언니는 프랑스에 삽니다.	直接引语:
	间接引语:
(8) 한국 사람들은 김치를 많이 먹는다.	直接引语:
	间接引语:
(9) 거기 한식당이지요?	直接引语:
	间接引语:
(10) 줄 서는 사람들이 많니?	直接引语:
	间接引语:
(11) 지은 씨, 지금 뭐 해요?	直接引语:
	间接引语:

第七章 韩国语语文规范

本章导读：

　　语言文字是人类重要的交际工具和思维的载体。我们学习韩国语，就是要运用这种语言与韩国人进行口头与书面的交流。为了更好地进行交流，更准确地传递和理解语言信息，尽可能减少信息传递过程中的误差，了解韩文标记法、标准语规定、外来词标记法及韩国语的罗马字标记法等语文规范至关重要。

☞ **你知道吗？**

❀ 上面照片摄于首尔市区。该照片可以反映韩国语言使用上的一个什么特点？
❀ 你知道韩国人是如何用韩文标记外来词的吗？

☞ **学习目的：**

1. 了解韩文标记法的内容并在语言实践中遵守相关规定。
2. 了解标准语规定的内容并在语言实践中使用标准语。
3. 了解外来词标记法并在记忆与理解单词时灵活运用。
4. 了解韩国语罗马字标记法并能准确地进行韩文与罗马字的转换。

☞ **本章要点：**

✽ 韩文标记法
　1. 韩文标记法的制定过程
　2. 韩文标记法的基本原则及内容体系
　3. 首音法则与隔写法
　4. 朝鲜语的隔写法规定

✽ 标准语规定
　1. 标准语规定的基本原则及内容体系
　2. 与音变相关的标准语规定
　3. 与选词相关的标准语规定
　4. 最近补充的标准语

✽ 外来词标记法
　1. 外来词标记法的基本原则及内容体系
　2. 英语的标记
　3. 人名地名的标记

✽ 韩国语的罗马字标记法
　1. 罗马字标记法的基本原则及内容体系
　2. 韩国语的罗马字标记方法
　3. 标记时的注意事项

第一节 韩文标记法

"韩文标记法(한글 맞춤법)"也被译为"韩文正书法(한글 정서법, 한글正書法)"或"韩文缀字法(한글 철자법, 한글綴字法)",指的是用韩文标记韩国语时需要遵守的规范。本节将重点介绍韩文标记法的制定过程、基本原则及内容要点。

一、"韩文标记法"的制定过程

标记韩文的方法有两种:其一是表音主义的标记方法,即按照发音进行标记,如在标记꽃与助词连用时,标记为꼬치、꼬츨、꼬체、꼳도、꼰만。其二是表义主义的标记方法,即按照词的原形,采用符合语法规范的方法进行标记,如꽃이、꽃을、꽃에、꽃만。由于前一种标记方法只要按照读音写出来就可以,较为简便,因此在一定时间内得到了较为广泛的应用。但是,通过上面的例子可以看出,按照发音标记韩文的方法使得同一个词在不同的场合以不同的形态出现,影响了人们对词义的准确理解,给文字生活带来了一定的负面影响。

针对此种情况,韩国著名的语言学家周时经先生(1876~1914)提出了按照词的原形进行标记的主张,这种主张在1933年制定的"韩文标记法统一案(한글 맞춤법 통일안)"中得到了体现。

由民间学术团体"朝鲜语学会(조선어학회)"制定的"韩文标记法统一案"确立了韩文标记的基本原则,在韩国语言、文字的标准化、规范化进程中发挥了非常重要的作用。但是,在实际的使用过程中,其中的一些规定与现实语言现象的差距逐渐显现。主要表现为一些规定因自身的不完善,导致在语言、文字使用上出现一定的混乱,也有一些规定因人们使用时的不便而无法执行。在这种情况下,对"韩文标记法统一案"的修订势在必行。

从20世纪30年代到50年代的20年间,韩国曾先后5次对"韩文标记法统一案"进行了修订,其中分别于1937年、1948年、1958年进行的3次修订只在术语及表达方式上进行了一些修改,并非真正意义的修订。1940年、1946年的两次修订则对内容进行了一定的增补与修改。

新标记法的制定从1970年开始,历时20年之久,期间负责此事的机关也由文教部变为学术院,从学术院又转为国语研究所。直至1988年1月,在"韩文标记法统一案"的基础上制定的"韩文标记法"(文教部-告示-第88-1号)才得以正式颁布,并一直沿用至今。

二、"韩文标记法"的基本原则及内容体系

在"韩国标记法"总则中,对韩文标记法的基本原则有如下规定。

제1항: 한글 맞춤법은 표준어를 소리대로 적되, 어법에 맞도록 함을 원칙으로 한다.
제2항: 문장의 각 단어는 띄어 씀을 원칙으로 한다.
제3항: 외래어는 "외래어 표기법"에 따라 적는다.

总则的第1条规定,"在符合语法规则的原则下,对标准语按照读音进行标记"。这一原

则中涉及三个要点：其一是标记的对象是"标准语"，其二是按照读音进行标记，其三是需要"符合语法规则"的基本原则。这里所说的"标准语"指的是"有教养的人所使用的现代首尔话"。因为韩文是表音文字，韩文标记的基本原理为按照读音进行标记，所以像바람、바쁘다、구름等词按照其实际发音标记。但是，与此同时，对于诸如꽃等可以与이、을、에、도、만等助词结合的词而言，如果只按照发音标记的话，则会出现一个词对应多种形态的问题。对于这些词进行标记的时候，就应该遵守"符合语法规则"的原则，按照其原形进行标记。

总则的第2条规定了隔写原则，即"句中的每个单词需隔写"。以单词为单位进行隔写的原则对于增进对书面语的理解大有裨益。在此需要一提的是，助词尽管作为词类的一种，但需要与跟在其前面的词合写。

总则的第3条规定外来词根据"外来词标记法"进行标记，具体的标记方法将在本章第3节具体介绍。

"韩文标记法"共包括6章、57条，内容体系如下。

"韩文标记法"的内容体系

第一章 总则
第二章 字母
第三章 关于发音
　第一节 紧音
　第二节 腭化现象
　第三节 ㄷ音收音
　第四节 元音
　第五节 首音法则
　第六节 重叠音
第四章 关于形态
　第一节 体词与助词
　第二节 词干与词尾
　第三节 接后缀构成的词
　第四节 合成词与接前缀构成的词
　第五节 缩略词
第五章 隔写法
　第一节 助词
　第二节 依存名词、单位名词及并列的词
　第三节 辅助谓词
　第四节 固有名词及专业术语
第六章 其他事项
[附录] 标点符号

三、"首音法则"与"隔写法"

在此，将选择"韩文标记法"中与基础阶段的韩国语学习密切相关，且在本书前面章节中没有涉及的首音法则及隔写法作重点介绍。

1. 首音法则

"韩文标记法"第3章第5节的第10条至第12条是有关"首音法则(두음법칙，頭音法則)"的规定。

第10条 单词的首音为汉字音녀、뇨、뉴、니时，根据首音法则标记为여、요、유、이。(ㄱ为正确标记，ㄴ为错误标记)

ㄱ	ㄴ		ㄱ	ㄴ
여자(女子)	녀자		유대(紐帶)	뉴대
연세(年歲)	년세		이토(泥土)	니토
요소(尿素)	뇨소		익명(匿名)	닉명

〈例外〉在以下依存名词中可标记为냐、녀。

냥(兩)   냥쭝(兩-)   년(年)(몇 년)

以上的规定仅限于首音，녀、뇨、뉴、니等若在非首音的其他位置时，仍按其本音标记。例如：

남녀(男女)   당뇨(糖尿)   결뉴(結紐)   은닉(隱匿)

此外，在由具有前缀特点的汉字与另一个词一起构成的词中，或在由两个以上的单词构成的固有名词中，后一个词的首音按首音法则标记。例如：

신여성(新女性)   공염불(空念佛)   남존여비(男尊女卑)
이화여자대학교(梨花女子大學校)   대한요소비료회사(大韓尿素肥料會社)

第11条 汉字音라、려、례、료、류、리作单词的首音时，根据首音法则标记为야、여、예、요、유、이。(ㄱ为正确标记，ㄴ为错误标记)

ㄱ	ㄴ		ㄱ	ㄴ
양심(良心)	량심		용궁(龍宮)	룡궁
역사(歷史)	력사		유행(流行)	류행
예의(禮儀)	례의		이발(理髮)	리발

〈例外〉在以下的依存名词中按其本音标记。

리(里): 몇 리냐?
리(理): 그럴 리가 없다.

以上的规定仅限于首音，라、려、례、료、류、리等若在非首音的其他位置时，仍按其本音标记。例如：

개량(改良)	선량(善良)	수력(水力)	협력(協力)
사례(謝禮)	혼례(婚禮)	와룡(臥龍)	쌍룡(雙龍)
하류(下流)	급류(急流)	도리(道理)	진리(眞理)

但是，接在元音或收音ㄴ之后的렬、률，则标记为열、율，而其他情况仍按其本音标记。例如：

나열(羅列)	분열(分裂)	선열(先烈)	진열(陳列)
규율(規律)	환율(換率)	비율(比率)	백분율(百分率)
용렬(庸劣)	졸렬(拙劣)	열렬(熱烈)	강렬(强烈)
확률(確率)	합격률(合格率)	능률(能率)	경쟁률(競爭率)

在由具有前缀特点的汉字与另一个词一起构成的词中，后一词的首音按照首音法则标记。例如：

역이용(逆利用)   연이율(年利率)   열역학(熱力學)   해외여행(海外旅行)

在由两个以上的词构成的固有名词或按十进位写的数字中，按首音法则标记。例如：

서울여관   신흥이발관
육천육백육십육(六千六百六十六)

但是，在接在姓后面的单字名字中，则按本音标记。例如：

최린(崔麟)   채륜(蔡倫)

此外，在略称中的랴、려、례、료、류、리仍标记为本音。例如：

국련(국제연합)   대한교련(대한교육연합회)

> 第12条 汉字音라、래、로、뢰、루、르做词的首音时，按照首音法则分别标记为
> 나、내、노、뇌、누、느。(ㄱ为正确标记，ㄴ为错误标记)
>
> | ㄱ | ㄴ | | ㄱ | ㄴ |
> |---|---|---|---|---|
> | 낙원(樂園) | 락원 | | 뇌성(雷聲) | 뢰성 |
> | 내일(來日) | 래일 | | 누각(樓閣) | 루각 |
> | 노인(老人) | 로인 | | 능묘(陵墓) | 릉묘 |

单词首音以外的情况按本音标记。例如：

쾌락(快樂)	거래(去來)	왕래(往來)	연로(年老)
지뢰(地雷)	고루(高樓)	강릉(江陵)	광한루(廣寒樓)

在接具有前缀特点的汉字构成的词中，后面的词按照首音法则标记。例如：

내내월(來來月)   상노인(上老人)   중노동(重勞動)   비논리적(非論理的)

此外，량(量)与란(欄)根据其所跟的词的来源的不同，有不同的标记方法。当其跟在固有词或外来词后时，标记为양、난；当其跟在汉字词后时，标记为량、란。例如：

일양	알칼리양	어린이난	고십(gossip)난
노동량(勞動量)	작업량(作業量)	가정란(家庭欄)	투고란(投稿欄)

> 💡 朝鲜语与韩国语首音法则的区别
>
> 需要注意的是，前面介绍的首音法则只适用于韩国语中，朝鲜语不遵循此规则。试对比如下。
>
> | 韩国语 | 朝鲜语 | 韩国语 | 朝鲜语 | 韩国语 | 朝鲜语 |
> |---|---|---|---|---|---|
> | 노동 | 로동 | 여자 | 녀자 | 영변 | 녕변 |
> | 역사 | 력사 | 양강도 | 량강도 | 이해 | 리해 |

2. 隔写法

"韩文标记法"第5章第41条至第50条是关于"隔写法(띄어쓰기)"的规定，隔写法的基本原则是"以单词为单位隔写"。隔写法在日常语言生活中的作用非常重要，如果不遵守隔写规则，甚至会导致语义理解的歧义。例如：

(1) 지애가방에들어갔다.
   → 지애가 방에 들어갔다. *智爱进房间了。*
   → 지애 가방에 들어갔다. *智爱进包里了。*

(2) 나간다. ⇒
   → 나 간다. *我走了。*
   → 나간다. *出去。*

现将"韩文标记法"中有关韩文隔写法的内容作如下介绍。

❶ 助词的隔写规则

> 第41条 助词与其前面的词需连写。
>
> | 꽃이 | 꽃마저 | 꽃밖에 | 꽃에서부터 | 꽃으로만 |
> |---|---|---|---|---|
> | 꽃이나마 | 꽃이다 | 꽃입니다 | 꽃처럼 | 어디까지나 |
> | 거기도 | 멀리는 | 웃고만 | | |

❷ 依存名词、单位名词的隔写规则

> 第42条 依存名词需隔写。
>
> 아는 것이 힘이다.　　　　나도 할 수 있다.
> 먹을 만큼 먹어라.　　　　아는 이를 만났다.
> 네가 뜻한 바를 알겠다.　　그가 떠난 지가 오래다.
>
> 第43条 表示单位的名词需隔写。
>
> 한 개　　　　차 한 대　　　소 한 마리
> 옷 한 벌　　　열 살　　　　연필 한 자루
> 버선 한 죽　　집 한 채　　　신 두 켤레
>
> ⟨例外⟩ 在表示顺序时或者与数词连用时也可以连写。
>
> 제일과　　　　삼학년　　　　두시 삼십분 오초
> 육층　　　　　2대　　　　　1446년 10월 9일
> 80원　　　　　제1실습실　　16동 502호
> 10개　　　　　7미터

第44条 写数字时以"万"为单位隔写。

> 십이억 삼천사백오십육만 칠천팔백구십팔
> 12억 3456만 7898

第45条 在以下情况中需隔写来列举两个并列的词。

> 국장 겸 과장　　　　열 내지 스물
> 책상, 걸상 등이 있다　　이사장 및 이사들
> 사과, 배, 귤 등등　　　부산, 광주 등지

第46条 单音节词连用时可以连写。

> 그때　　그곳　　좀더　　큰것
> 이말　　저말　　한잎　　두잎

❸ 辅助谓词的隔写规则

第47条 辅助谓词原则上需隔写，根据情况的不同有时也可以连写。（ㄱ表示一般规则，ㄴ表示规则允许。）

ㄱ	ㄴ
불이 꺼져 간다.	불이 꺼져간다.
내 힘으로 막아 낸다.	내 힘으로 막아낸다.
어머니를 도와 드린다.	어머니를 도와드린다.
그릇을 깨뜨려 버렸다.	그릇을 깨뜨려버렸다.
비가 올 듯하다.	비가 올듯하다.
그 일은 할 만하다.	그 일은 할만하다.
잘 아는 척한다.	잘 아는척한다.

〈例外〉当主动词后面接助词或者前一个词是合成动词时，以及辅助谓词中间插入助词时，其后接的辅助谓词需要隔写。

> 잘도 놀아만 나는구나!　　책을 읽어도 보고…….
> 네가 덤벼들어 보아라　　　강물에 떠내려가 버렸다.
> 그가 올 듯도 하다.　　　　잘난 체를 한다.

❹ 固有名词、专业术语的隔写规则

第48条 姓与名、姓与号等连写，接在其后的称呼及职衔需隔写。

> 김양수(金良洙)　　시화담(徐花潭)　　채영신 씨
> 최치원 선생　　　박동식 박사　　　충무공 이순신 장군

〈例外〉当姓与名、姓与号需要区分时，也可以隔写。

> 남궁억/남궁 억　　　　독고준/독고 준
> 황보지봉(皇甫芝峰)/황보 지봉

第49条 除姓名以外的固有名词原则上以单词为单位隔写，也可以按单位隔写。（ㄱ表示一般规则，ㄴ表示规则允许。）

ㄱ	ㄴ
대한 중학교	대한중학교
한국 대학교 사범 대학	한국대학교 사범대학

> 第50条 专业术语原则上以单词为单位隔写，也可以连写。（ㄱ表示一般规则，ㄴ表示规则允许。）
>
> | ㄱ | ㄴ |
> |---|---|
> | 만성 골수성 백혈병 | 만성골수성백혈병 |
> | 중거리 탄도 유도탄 | 중거리탄도유도탄 |

四、朝鲜语的"隔写法"规定

朝鲜语与韩国语虽为同一语言，但由于长期断绝联系，使得朝鲜与韩国在语文规范和词汇等方面产生了一定的区别，表现在隔写法上，其差别则更为明显。

朝鲜于1987年制定了"朝鲜语隔写法规范(조선말 띄어쓰기규범)"，1990年作了部分修改，2000年又在此基础上作了部分修改，并于是年2月至3月，在《劳动新闻》上用8期连载的形式予以介绍。2003年，朝鲜国语查定委员会又对隔写法做了部分修订，明确了"以单词为单位隔写，但为了便于阅读与理解文章，部分情况连写"的基本原则。与上世纪80年代的隔写法规定相比，近年来隔写法总的修订趋势为需要隔写的情况逐渐增多，但朝鲜语与韩国语的隔写法规定仍存在着一定的差异。

两国语言在隔写法上的差异主要表现在如下几方面。

❶ 朝鲜语隔写法规定것、수、뿐等依存名词与其前面的词或形态结合时需要连写。例如：

　　물을 떠나서 살수 없다.
　　아는것이 힘이다.
　　말만 했을뿐이다.
　　용서받을수 없는 죄악

❷ 国家名、人名、政党、社会团体、会议名称等固有名词应连写，姓名与职衔之间一般情况下需连写。例如：

　　전국농업일군대회　　　　평양제1고등중학교
　　1만톤프레스　　　　　　시당책임비서

❸ 专业术语原则上需要连写。例如：

　　함께살이동물　　　던져넣기법
　　짐싣고부리는기계

❹ 表示时间、空间的名词앞、뒤、곁、밑、안、밖等，如果只起到对其前面的名词进行补充说明的作用时，需与其前面的词连写。例如：

　　인민들속에 들어가다　　　당앞에 다진 맹세

❺ 자신、자체、전체、전부、일행、일체等词通常要与其前面的名词、代词连写。例如：

　　기사장자신　　　　　　지구자체

 练习

- 下文节选自朝鲜小说，试着按照韩国语标记法改写下文，体会朝鲜与韩国首音法则及隔写法等语文规范的区别。

> 　　태풍이 일기전에도 기중기는 아슬아슬한 고비를 여러번 넘으며 전진했다. 온 기업소가 그들을 지원했다. 후방부에서는 운수차에 과일, 과자, 사탕, 청량음료 상자들을 가득 실어서 현장으로 내보내주었다. 그 차를 몰고 온 운전수는 리호섭반장을 옆으로 끌어내서 령수증에 수표해달라고 했다.
> 　　리호섭은 손끝이 떨려 좁은 란에 수표할수 없어 령수증에 가득 차도록 자기 이름을 휘갈겨주었다. 운전수는 만족한듯 벌쭉 웃어보이고는 차로 뛰여갔다.
> 　　기중기는 쉬임없이 전진했다. 기중기가 한창 건축중에 있는 어느 부속건물옆에 이르렀을 때 세멘트가루를 뽀얗게 뒤집어쓴 그곳 작업반장이 리호섭반장앞으로 다가왔다. 그는 어색한 미소를 지으며 8톤짜리 콩크리트기둥 6개를 30메터 높이에 들어올려야 하겠는데 초대형탑식기중기 신세를 좀 지자고 간청하고는 자기네 식당에서 결사대원들을 대접하려고 소갈비국을 끓여놓았다는 말을 덧붙였다.
> 　　《동무네는 무슨 흥정을 하자는게요!》 하고 리호섭은 버럭 소리쳤다. 저쪽 반장은 동정을 바라는 눈으로 박진수를 보았다. 리호섭이 그에게 다가와서 어떻게 했으면 좋겠는가고 물었다.
> 　　박진수는 속이 울컥해지며 말이 나가지 않았다. 생활에서 흔히 지내보면 평상시에 다른 사람들에 대하여 관심이 적은 사람일수록 누가 자기의 청을 들어주지 않으면 그에 대하여 동지애, 인간성을 운운하며 뒤소리하기를 좋아하는것이다. 박진수는 이 일이 성공한 다음 뒤소리없이 깨끗하게 하기 위하여 또 그들에게 자극을 주기 위하여 청을 들어줘야 하겠다고 생각했다. 리호섭반장은 그의 생각을 긍정했다.
>
> 　　　　　　　　　　　　　　　　　　　　　(조선 중편소설: 《불바람》)

- 下面是韩国国立国语院2010年在对51个行政机构报道资料的语言使用情况所作的调查中发现的有关韩文标记法的问题，试找出下列句中的错误并加以改正。

　　(1) 산림 연접지 논·밭두렁·쓰레기 소각 절대 않됩니다.
　　(2) 이번 SLA의 체결에서는 고객요구사항 납기준수율, 하드웨어 가동율, 사용자 만족도 등
　　(3) 11년부터는 비문성 국방기술정보 유통을 위한 인프라도 갖추어 명실공이 국방을 대표하는 종합기술정보서비스로 거듭날 계획이다.
　　(4) 네비게이션도 울고갈 '설 교통정보' 실시간 트위터 ― 고속도로, 국도 실시간교통정보······ 귀성·귀경객간 정보교환도
　　(5) 특별히 응급환자에 대한 응급처치 상담과 진료안내등이 필요할 때에는 국번없이 전화 1339, 365복지콜센터 1577-0365, 시·군보건소를 이용 하시면 24시간 진료안내를 받으실 수 있으며······
　　(6) 금번 PD 신규 지정으로 PD사간 경쟁이 촉진되어 전반적인 국고채 보유·유통이 활성화되고, 국고채를 인수할 수 있는 기관이 늘어나면서 국고채 발행물량을 원활히 소화하는데 기여할 것으로 기대

第二节 标准语规定

一个国家、一个民族是否拥有统一的标准语，是关系到国家和民族凝聚力的大事。韩国虽然是国土面积不大，且是单一民族国家，但各地仍存在着不同的方言。方言在加强特定地域居民归属感与凝聚力方面无疑会发挥积极的作用，但与此同时，从不同地域之间，甚或国家的范围来看，也给语言交际带来一定的不便，甚至在各地区间产生隔阂。在此种情况下，具有"统一"功能的标准语规定的制定便凸显出其重要意义来。

一、"标准语规定"的基本原则及内容体系

韩国从20世纪初期便开始着力制定标准语，以期最大限度地消除不同方言地区间的隔阂，避免因使用非标准语而带来的混乱。1912年，在"普通学校缀字法"规定中，曾规定"将京城话作为标准语"。在1933年制定的"标准语规定纲领"中，规定"大体上以现在中流社会使用的首尔话为标准语"。而在1988年1月19日颁布的"标准语规定"(文教部-告示-第88-2号)的总则中，明确规定"原则上以有教养的人使用的现代首尔话为标准语"，并在此原则的基础上，确定哪些词为标准语，哪些词为非标准语。

韩国语"标准语规定"共分为两部：第1部为"标准语制定原则"，共包括3章26条，第二部为"标准发音法"，共包括7章30条。因在本书的第2章已经对"标准发音法"作了介绍，故在本节主要对"标准语规定"第1部的主要内容作简要阐释。

"标准语规定"第1部的内容体系如下。

"标准语规定"第1部的内容体系

> 第一章 总则
> 第二章 与音变相关的标准语规定
>   第一节 辅音
>   第二节 元音
>   第三节 略词
>   第四节 单一标准语
>   第五节 多重标准语
> 第三章 与选词相关的标准语规定
>   第一节 古语
>   第二节 汉字词
>   第三节 方言
>   第四节 单一标准语
>   第五节 多重标准语

二、与音变相关的标准语规定

1. 辅音变化

有一些单词,尽管词义相同,但只规定一种形态为标准语。例如:

돌ⓒ/돍ⓧ   둘째ⓒ/두째ⓧ   셋째ⓒ/세째ⓧ   넷째ⓒ/네째ⓧ

둘째用于十以上的序数词时,写为두째。例如:

열두째ⓒ/스물두째ⓧ

与表示雄性的前缀수-及表示雌性的前缀암-相关的标准语规定如下。

> 第7条 表示雄性的前缀统一使用수-。(ㄱ为正确标记,ㄴ为错误标记)
>
> | ㄱ | ㄴ | ㄱ | ㄴ |
> |---|---|---|---|
> | 수꿩 | 수퀑、숫꿩 | 수사돈 | 숫사돈 |
> | 수나사 | 숫나사 | 수소 | 숫소 |
> | 수놈 | 숫놈 | 수은행나무 | 숫은행나무 |
>
> 〈例外〉 1. 在以下单词中,前缀수-后的辅音标记为送气音。前缀암-也适用于此规则。(ㄱ为正确标记,ㄴ为错误标记)
>
> | ㄱ | ㄴ | ㄱ | ㄴ |
> |---|---|---|---|
> | 수캐 | 숫개 | 수탕나귀 | 숫당나귀 |
> | 수컷 | 숫것 | 수퇘지 | 숫돼지 |
> | 수탉 | 숫닭 | 수평아리 | 숫병아리 |
>
> 2. 在以下单词中用前缀숫-。(ㄱ为正确标记,ㄴ为错误标记)
>
> | ㄱ | ㄴ | ㄱ | ㄴ |
> |---|---|---|---|
> | 숫양 | 수양 | 숫염소 | 수염소 |
> | 숫쥐 | 수쥐 | | |

2. 元音变化

元音ㅣ有时会影响到其前一个音节的元音,使ㅏ音发为ㅐ音。这种现象被称为"逆行同化"。原则上这种产生逆行同化的音一般被认为是非标准音。但是以下几个单词仍被作为标准语使用。例如:

-내기(서울내기)ⓒ/-나기ⓧ   냄비ⓒ/남비ⓧ   동댕이치다ⓒ/동당이치다ⓧ

表示具有某种技术、技能的人的장이,与쟁이皆为标准语。例如:

미장이   멋쟁이   소금쟁이   골목쟁이

在以下单词中,元音的单纯化形态为标准语。例如:

-구먼ⓒ/-구면ⓧ   미루나무ⓒ/미류나무ⓧ   미륵ⓒ/미력ⓧ
으레ⓒ/으례ⓧ   케케묵다ⓒ/계계묵다ⓧ   허우대ⓒ/허위대ⓧ

在以下单词中,将元音产生语音变化后的形态作为标准语。例如:

-구려☺/-구료☹	깍쟁이☺/깍정이☹	나무라다☺/나무래다☹
바라다☺/바래다=☹	상추☺/상치☹	지루하다☺/지리하다☹
주책☺/주착☹	튀기☺/트기☹	

有关表示"上"这一含义的 윗、위、웃 的相关规定如下。

第12条 웃-与윗-与名词위相对应，统一标记为윗-。(ㄱ为正确标记，ㄴ为错误标记)

ㄱ	ㄴ		ㄱ	ㄴ
윗눈썹	웃눈썹		윗사랑	웃사랑
윗니	웃니		윗수염	웃수염
윗몸	웃몸		윗입술	웃입술
윗배	웃배		윗잇몸	웃잇몸

〈例外〉

1. 在紧音或送气音前，标记为위-。(ㄱ为正确标记，ㄴ为错误标记)

ㄱ	ㄴ		ㄱ	ㄴ
위쪽	웃쪽		위치마	웃치마
위층	웃층		위팔	웃팔

2. 在没有上下概念的单词中，将웃-形态作为标准语。(ㄱ为正确标记，ㄴ为错误标记)

ㄱ	ㄴ		ㄱ	ㄴ
웃돈	윗돈		웃어른	윗어른
웃비	윗비		웃옷	윗옷

除귀글、글귀之外，与汉字"구(句)"结合构成的单词不标记为귀，只认定구为标准语。例如：

구법(句法)☺/귀법☹	경구(警句)☺/경귀☹
문구(文句)☺/문귀☹	어구(語句)☺/어귀☹

3. 略词

有关略词的标准语规定，共有如下三种情况。

❶ 略词较为常用，原词不太常用的情况，将略词作为标准语。例如：

귀찮다☺/귀치 않다☹	김☺/기음☹	따리☺/또아리☹
무☺/무우☹	뱀☺/배암☹	뱀장어☺/배암장어☹
생쥐☺/새앙쥐☹	온갖☺/온가지☹	

❷ 即使使用略词，但如果原词较为常用，仍将原词作为标准语。例如：

경황없다☺/경없다☹	궁상떨다☺/궁떨다☹	낙인찍다☺/낙하다☹
돗자리☺/돗☹	벽돌☺/벽☹	부스럼☺/부럼☹

❸ 略词与原词都较常用，但略词更受到认可时，略词与原词都为标准语。例如：

노을☺/놀☺	막대기☺/막대☺	머무르다☺/머물다☺
서두르다☺/서둘다☺	서투르다☺/서툴다☺	오누이☺/오뉘、오누☺

4. 单一标准语

发音相似的几个形态，其意义没有任何区别，而其中一个更常用的话，则将其作为标准语。例如：

까딱하면☺/까땍하면☹ 꼭두각시☺/꼭둑각시☹ 내색☺/나색☹
냠냠이☺/냠얌이☹ 너(四)☺/네☹ 넉(四)☺/너、네☹
-던(선택、무관의 뜻)☺/-든☹ -던가☺/-든가☹ -(으)려고☺/-(으)ㄹ려고☹
멸치☺/며루치、메리치☹ 서(三)☺/세、석☹ 석(三)☺/세☹
설령☺/서령☹ -습니다☺/-읍니다☹ 아내☺/안해☹

5. 多重标准语

在以下每组单词中，原则上前者为标准语，后者也可以使用。例如：

네/예 쇠/소 괴다/고이다
꾀다/꼬이다 쐬다/쏘이다 쬐다/쪼이다

仅在语感上有一定的差别的单词，或是发音相似的单词，在都较为常用的情况下，都作为标准语使用。例如：

거슴츠레하다☺/게슴츠레하다☺ 교기(驕氣)☺/갸기☺
구린내☺/쿠린내☺ 꺼림하다☺/께름하다☺

三、与选词相关的标准语规定

1. 古语

过去曾经使用，现在不再使用的死语(废语)作为古语处理，将与其对应的常用现代词汇作为标准语。

낭떠러지☺/낭☹ 설거지하다☺/설겆다☹ 애달프다☺/애닳다☹
오동나무☺/머귀나무☹ 자두☺/오얏☹

2. 汉字词

与汉字词相关的标准语规定有如下两种情况。

❶ 固有词被广泛使用，而与之对应的汉字词逐渐被弃用时，固有词作为标准语。例如：

가루약☺/말약☹ 마른빨래☺/건빨래☹ 성냥☺/화곽☹
잔돈☺/잔전☹ 짐꾼☺/부지군(負持-)☹ 푼돈☺/분전、푼전☹
흰말☺/백말☹ 흰죽☺/백죽☹

❷ 固有词丧失其生命力，而与之对应的汉字词更为常用时，汉字词作为标准语。例如：

산줄기☺/멧줄기☹ 수삼☺/무삼☹ 양파☺/동근파☹
윤달☺/군달☹ 총각무☺/알무☹ 칫솔☺/잇솔☹

3. 方言

比标准语使用范围更广的方言词汇与原有的标准语一起都作为标准语使用。

멍게☺/우렁쉥이☺ 물방개☺/선두리☺ 애순☺/어린순☺

因方言词汇的广泛使用而使曾经是标准语的词汇不被使用时，将方言作为标准语，替代原来的标准语。

귀밑머리☺/귓머리☹   막상☺/마기☹   빈대떡☺/빈자떡☹   역겹다☺/역스럽다☹

4. 单一标准语

意义相同的多个单词或语法形态同时存在时，如果其中一个更为常用，则将其作为标准语。例如：

고구마☺/참감자☹   고치다☺/낫우다☹   국물☺/멀국、말국☹
길잡이☺/길앞잡이☹   까다롭다☺/까닭스럽다☹   담배꽁초☺/담배꼬투리☹
뒤통수치다☺/뒤꼭지치다☹   바가지☺/열바가지☹   반나절☺/나절가웃☹
부끄러워하다☺/부끄리다☹   샛별☺/새벽별☹   섭섭하다☺/애운하다☹
속말☺/속소리☹   손목시계☺/팔목시계☹   수도꼭지☺/수도고동☹
순대☺/골집☹   식은땀☺/찬땀☹   술고래☺/술꾸러기、술보☹
신기롭다☺/신기스럽다☹   쏜살같이☺/쏜살로☹   안쓰럽다☺/안슬프다☹
알사탕☺/구슬사탕☹   언뜻☺/펀뜻☹   찹쌀☺/이찹쌀☹
언제나☺/노다지☹   얼룩말☺/워라말☹   열심히☺/열심으로☹
전봇대☺/전선대☹   주책없다☺/주책이다☹
안절부절못하다☺/안절부절하다☹

5. 多重标准语

表示同一意义的多个单词或语法形态同时存在且都较常用时，如果符合标准语规定，将其都作为标准语。例如：

가는허리/잔허리   가뭄/가물   가엾다/가엽다
감감무소식/감감소식   개수통/설거지통   개숫물/설거지물
-거리다/-대다   곰곰/곰곰이   관계없다/상관없다
교정보다/준보다   귀퉁머리/귀퉁배기   기세부리다/기세피우다
기승떨다/기승부리다   깃저고리/배내옷   녘/쪽
닭의장/닭장   뒷말/뒷소리   들락거리다/들랑거리다
들락날락/들랑날랑   딴전/딴청   땅콩/호콩
땔감/땔거리   -뜨리다/-트리다   만장판/만장중(滿場中)
만큼/만치   말동무/말벗   모쪼록/아무쪼록
무심결/무심중   보조개/볼우물   서럽다/섧다
-(으)세요/-(으)셔요   술안주/안주   -스레하다/-스름하다
시늉말/흉내말   신/신발   심술꾸러기/심술쟁이
혼자되다/홀로되다   어이없다/어처구니없다 차차/차츰
여쭈다/여쭙다   옥수수/강냉이   욕심꾸러기/욕심쟁이
의심스럽다/의심쩍다   -이에요/-이어요
아무튼/어떻든/어쨌든/하여튼/여하튼

四、最近补充的标准语

"标准语规定"对于规范一个国家语言所起的作用毋庸置疑。与此同时，"标准语规定"也不是一成不变的，随着时代的发展，也会有适当的调整与变化。

在实际的语言生活中，存在着像짜장면、먹거리、맨날等虽是非标准语，但却被广泛使用

的词汇，在社会上对于赋予这些词汇标准语资格的要求也更加强烈。鉴于此，韩国国立国语院从1999年《标准国语大辞典》出版以来，开始着手研讨这部分词汇标准语资格的认定问题。2011年8月22日，国立国语院召开国语审议会全体会议，最终认定간지럽히다等39个词为新的标准语。这些新被认定为标准语的词主要可以分为如下三类。

第一类是与现有标准语词义相同，因使用范围广泛而被追加为标准语的词，有토란대、복숭아뼈等11个。

新加标准语/原标准语	新加标准语/原标准语	新加标准语/原标准语
간지럽히다/간질이다	남사스럽다/남우세스럽다	등물/목물
맨날/만날	묫자리/묏자리	복숭아뼈/복사뼈
세간살이/세간	쌉싸름하다/쌉싸래하다	토란대/고운대
허접쓰레기/허섭스레기	흙담/토담	

第二类是与现行标准语的词义与语感略有不同，将其另外追加为标准语的词，有손주、오손도손、눈꼬리等25个。

新加标准语/原标准语	新加标准语/原标准语	新加标准语/原标准语
~길래/~기에	개발새발/괴발개발	나래/날개
내음/냄새	눈꼬리/눈초리	떨구다/떨어뜨리다
뜨락/뜰	먹거리/먹을거리	메꾸다/메우다
손주/손자(孫子)	어리숙하다/어수룩하다	연신/연방
휭하니/휭허케	걸리적거리다/거치적거리다	끄적거리다/끼적거리다
두리뭉실하다/두루뭉술하다	맨숭맨숭、맹숭맹숭/맨송맨송	바둥바둥/바동바동
새초롬하다/새치름하다	아웅다웅/아옹다옹	야멸차다/야멸치다
오손도손/오순도순	찌뿌둥하다/찌뿌듯하다	추근거리다/치근거리다

第三类是与现行标准语同样被广泛使用的词，将其与原标准语一起认定标准语，这类词共有3个。此前作为单一标准语的자장면、품세、태견，与此次被认定为标准语的짜장면、품새、택견一起作为多重标准语使用。

练习

● 选择标准语填空。

(1) 원칙에는 _____(으례、으레) 예외가 있기 마련이다.

(2) 우리 딸은 이제 두 _____(돐、돌)이 넘었다.

(3) 동생 소식을 기다리며 _____(안절부절못합니다、안절부절합니다).

(4) 정월 보름날에 밤、호두 따위를 까서 먹으면 _____(부럼、부스럼)이 생기지 않는다고 한다.

(5) 어찌나 놀랐는지 등에서 _____(식은땀、찬땀)이 줄줄 흘렀다.

(6) 그는 저를 보고 활짝 _____(웃었습니다、웃었읍니다).

(7) 서울은 경치가 _____(아름답든가、아름답던가)?

(8) 일찍 _____(떠나려고、떠날려고) 미리 준비해 두었다.

● 下文是韩国国立国语院有关标准语规定的调查结果，结合本节的内容阅读下文，深入理解标准语规定。

국민 대다수 표준어 필요성에 공감
현실에 맞게 표준어 규정을 개정할 필요는 있어

국립국어원은 다양한 연령, 성별, 직업 등으로 구성된 3,000명을 대상으로 표준어와 표준어 규정에 대한 인지도, 이해도, 필요성 및 표준어 규정 개정 필요성 등에 대해 조사하였다. 조사 결과 97.1%가 표준어가 있다는 것을 인지하고 있었고, 84.9%가 표준어 규정에 대해서도 인지하고 있었다.

표준어와 표준어 규정이 필요한가라는 질문에 대해서는 각각 91.1%와 93.9%가 필요하다고 답변하여서 대다수가 필요하다는 인식을 하고 있음을 알 수 있었다. 한편 표준어 규정 개정 선호도 조사에서는 70.5%가 필요에 따라 규정을 바꾸는 것이 좋다고 대답하여 다수가 필요하다면 규정을 개정할 수 있다는 의견을 제시하였다.

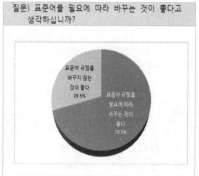

표준어와 표준어 규정에 대한 인지도가 각각 97.1%, 84.9%로 높게 나타났지만 이 중에서 28.0%와 43.9%가 "들어봤지만 정확히는 모른다"고 답변하여 이에 대한 정확한 이해가 필요한 것으로 나타났다. 특히 표준어 규정은 "잘 모른다(15.1%)"고 응답한 사람까지 합하여 절반이 훨씬 넘는 사람이 정확히 알지 못하는 것으로 조사되었다. 결과적으로 국민 대다수가 표준어 규정이 필요하다고 인식은 하고 있지만 실제 그 내용에 대해서는 잘 모르고 있는 사람이 많아서 표준어 규정에 대한 올바른 홍보와 교육이 필요한 것으로 보인다.

국립국어원은 2011년 8월 언어 사용 실태 등을 조사하여 '짜장면' 등 39항목을 표준어로 인정한 바 있다. 이번 '표준어 규범 영향 평가'에서 실시한 개별 표준어 항목에 대한 실태 조사에서도 현재 비표준어로 되어 있으나 표준어에 비해 월등히 사용 빈도가 높은 항목이 다수 조사되어 이들에 대한 표준어 반영 여부도 이후 고려해야 할 것으로 나타났다. 특히 설문 조사와 별도로 실시된 전문가 심층 면접 결과에서도 복수 표준어에 대한 확대가 필요하다는 의견이 다수였고, 국민들 상당수가 필요에 따라 표준어 규정을 개정할 수 있다고 대답한 것에 비추어 표준어의 추가 인정은 이후에도 필요할 것으로 보인다.

앞으로 이러한 국민 의식 조사와 실태 조사 결과를 바탕으로 국립국어원은 표준어와 표준어 규정에 대한 지속적인 보완을 해 나갈 계획이다.

(국립국어원, 국어원소식, 2012.1.11)

第三节 外来词标记法

韩国语的"外来词标记法"(文教部-告示-第85-11号),是在1940年朝鲜语学会制定的"外来词标记法统一案"与1958年的"罗马字韩文化标记法"基础上,于1986年1月制定颁布的有关如何用韩国语标记英语、德语、法语、西班牙语、意大利语、日语、汉语的规定。此后,1992年补充了波兰语、捷克语、塞尔维亚克罗地亚语、罗马尼亚语、匈牙利语的标记法,1995年补充了瑞典语、挪威语、丹麦语的标记法,后来,又相继颁布印尼马来语、泰语、越南语、葡萄牙语、荷兰语、俄语的标记法。迄今为止,外来词标记法中涉及的语言已有21种之多。

一、"外来词标记法"的基本原则及内容体系

"外来词标记法"在第1章中,对标记的基本原则作了如下规定。

❶ 外来词只用韩国语现有24个字母标记。

对于[f、tʃ、ʃ、ɔ]等韩国语中不存在的音也不再另行创制文字进行标记。

❷ 原则上外来词的一个音用韩国语的一个记号标注。

例如英语family和film如果分别标注成홰밀리或필름的话,那就会造成[f]音与韩国语中的ㅎ、ㅍ两个字母相对应的现象。制定此原则的目的,是为了防止此种混乱,保持外来词标记方法的一贯性。

❸ 收音只用ㄱ、ㄴ、ㄹ、ㅁ、ㅂ、ㅅ、ㅇ标注。

现代韩国语的收音只发成ㄱ、ㄴ、ㄹ、ㅁ、ㅂ、ㅅ、ㅇ7个音,在标记外来词时也与此规则一致,只用这7个字母来标记。例如:

    shop: 숍(☺)、숖(☹)   supermarket: 슈퍼마켓(☺)、슈퍼마켙(☹)
    cake: 케이크(☺)、케익(☹)   hot line: 핫라인(☺)、핱라인(☹)

❹ 在标记破裂音时,原则上不使用紧音。

词首的[b、d、g、p、t、k]等音不用紧音标记,用其对应的松音或送气音标记;[dʒ]与[s]也不读成紧音,而分别标记为ㅈ与ㅅ。例如:

    bus: 버스(☺)、뻐스(☹)   dam: 댐(☺)、땜(☹)
    gas: 가스(☺)、까스(☹)   Paris: 파리(☺)、빠리(☹)
    karamazov: 카라마조프(☺)、까라마조프(☹)   jazz: 재즈(☺)、째즈(☹)
    sale: 세일(☺)、쎄일(☹)

❺ 对于已经约定俗成的外来词尊重习惯用法,其范围与实例另行规定。

按照标记法规定,英语camera应标记为캐머러,但一般人已经习惯于카메라的说法,此种情况通常按照习惯说法标记。

此外,sh[ʃ]与其后面的元音组合,分别发成샤、섀、셔、셰、쇼、슈、시,在词尾则发成시。例如:

shark: 샤크 shopping: 쇼핑
shoe: 슈 English: 잉글리시
fashion: 패션

[ts]、[dz]、[ʧ]、[ʤ]音在标记时不能写成쯔、쟈、쥬、져、쵸、챠、츄、쳐。

juice: 주스(☺)、쥬스(☹) television: 텔레비전(☺)、텔레비젼(☹)
chocolate: 초콜릿(☺)、쵸콜릿(☹)

"外来词标记法"共分四章，其主要内容体系如下。

"外来词标记法"的内容体系（1986）

第一章 标记的基本原则
第二章 标记一览表
第三章 标记细则
    第一节 英语的标记
    第二节 德语的标记
    第三节 法语的标记
    第四节 西班牙语的标记
    第五节 意大利语的标记
    第六节 日语的标记
    第七节 汉语的标记
第四章 人名、地名的标记原则
    第一节 标记原则
    第二节 亚洲人名、地名的标记
    第三节 海、岛、江、山等的标记

二、英语的标记

鉴于英源外来词是韩语外来词的主体，本书将重点介绍英语的韩文标记法。

1. 国际音标与韩文对照表

国际音标与韩文对照表

자음			반모음		모음	
国际音标	韩文		国际音标	韩文	国际音标	韩文
	元音末	辅音末或词末				
p	ㅍ	ㅂ、ㅍ	j	이	i	이
b	ㅂ	브	ɥ	위	y	위
t	ㅌ	ㅅ、트	w	오、우	e	에

d	ㄷ	드		ɸ	외
k	ㅋ	ㄱ、ㅋ		ɛ	에
g	ㄱ	그		ɛ̃	앵
f	ㅍ	프		œ	외
v	ㅂ	브		œ̃	욍
θ	ㅅ	스		æ	애
ð	ㄷ	드		a	아
s	ㅅ	스		ɑ	아
z	ㅈ	즈		ɑ̃	앙
ʃ	시	슈、시		ʌ	어
ʒ	ㅈ	지		ɔ	오
ts	ㅊ	츠		ɔ̃	옹
dz	ㅈ	즈		o	오
tʃ	ㅊ	치		u	우
dʒ	ㅈ	지		ə	어
m	ㅁ	ㅁ		ɚ	어
n	ㄴ	ㄴ			
ɲ	니	뉴			
ŋ	ㅇ	ㅇ			
l	ㄹ、ㄹㄹ	ㄹ			
r	ㄹ	르			
h	ㅎ	흐			
c	ㅎ	히			
x	ㅎ	흐			

2. 英语标记细则

用韩文标记英源外来词时，如果掌握了如下标记规律的话，将会对加强英源外来词的记忆，提高单词量大有裨益。

❶ 辅音的标记方法

英语辅音的标记法

国际音标	位置	对应韩文	例词	
[p] [t] [k]	位于短元音后的词末	收音 ㅂ、ㅅ、ㅋ	gap[gæp] 갭 book[buk] 북	cat[kæt] 캣
	位于短元音与辅音(除[l、r、m、n]以外)之间	收音 ㅂ、ㅅ、ㅋ	apt[æpt] 앱트 act[ækt] 액트	setback[setbæk] 셋백
	词末或辅音前	프、트、크	stamp[stæmp] 스탬프	cape[keip] 케이프

	(以上两种情况之外)		nest[nest] 네스트 desk[desk] 데스크 apple[æpl] 애플 chipmunk[tʃipmʌŋk] 치프멍크	part[pɑːt] 파트 make[meik] 메이크 mattress[mætris] 매트리스 sickness[siknis] 시크니스
[b] [d] [g]	词末或辅音之前	브, 드, 그	bulb[bʌlb] 벌브 zigzag[zigzæg] 지그재그 kidnap[kidnæp] 키드냅	land[lænd] 랜드 lobster[lɔbstə] 로브스터 signal[signəl] 시그널
[s],[z] [f],[v] [θ],[ð]	词末或辅音前	스, 즈 프, 브 스, 드	mask[mɑːsk] 마스크 graph[græf] 그래프 thrill[θril] 스릴	jazz[dʒæz] 재즈 olive[ɔliv] 올리브 bathe[beið] 베이드
[ʃ]	词末	시	flash[flæʃ] 플래시	
	辅音前	슈	shrub[ʃrʌb] 슈러브	
	元音前	샤, 섀, 셔, 셰, 쇼, 슈, 시	shark[ʃɑːk] 샤크 fashion[fæʃən] 패션 shopping[ʃɔpiŋ] 쇼핑 shim[ʃim] 심	shank[ʃæŋk] 섕크 sheriff[ʃerif] 셰리프 shoe[ʃuː] 슈
[ʒ]	词末或辅音前	지	mirage[mirɑːʒ] 미라지	
	元音前	ㅈ	vision[viʒən] 비전	
[ts] [dz]	词末或辅音前	츠, 즈	Keats[kiːts] 키츠 odds[ɔdz] 오즈	Pittsburgh[pitsbəːg] 피츠버그
[tʃ] [dʒ]	词末或辅音前	치, 지	switch[switʃ] 스위치 bridge[bridʒ] 브리지	hitchhike[hitʃhaik] 히치하이크
	元音前	츠, ㅈ	chart[tʃɑːt] 차트	virgin[vəːdʒin] 버진
[m] [n]	词末或辅音前	收音 ㅁ ㄴ	steam[stiːm] 스팀 corn[kɔːn] 콘	lamp[læmp] 램프 hint[hint] 힌트
[ŋ]	词末或辅音前	收音 ㅇ	ring[riŋ] 링	ink[iŋk] 잉크
	元音与元音之间	收音 ㅇ	hanging[hæŋiŋ] 행잉	longing[lɔŋiŋ] 롱잉
[l]	词末或辅音前	收音 ㄹ	hotel[houtel] 호텔	pulp[pʌlp] 펄프
	元音前或鼻音([m、n])前	ㄹㄹ	slide[slaid] 슬라이드 helm[helm] 헬름	film[film] 필름 swoln[swəuln] 스월른
	鼻音([m、n])后	ㄹ	Hamlet[hæmlit] 햄릿	Henley[henli] 헨리

❷ 元音的标记方法

关于元音的标记，主要有如下规则。

英语元音的标记法

分类	位置	英语发音	对应韩文	例词
复元音	元音 元音+辅音 辅音+元音+辅音	[ai]	아이	time[taim] 타임
		[ei]	에이	skate[skeit] 스케이트
		[au]	아우	house[haus] 하우스
		[ɔi]	오이	oil[ɔil] 오일
		[ou]	오	boat[bəut] 보트
		[auə]	아워	tower[tauə] 타워
半元音	辅音前	[wə] [wɔ] [wəu]	워	word[wəːd] 워드 want[wɔnt] 원트 woe[wəu] 워

[w]		[wɑ]	와	wander[wɑndə] 완더
		[wæ]	왜	wag[wæg] 왜그
		[we]	웨	west[west] 웨스트
		[wi]	위	witch[witʃ] 위치
		[wu]	우	wool[wul] 울
	辅音后	一般情况	两个音节	swing[swiŋ] 스윙 twist[twist] 트위스트
		[gw]	一个音节	penguin[peŋgwin] 펭귄
		[hw]		whistle[hwisl] 휘슬
		[kw]		quarter[kwɔ:tə] 쿼터
半元音 [j]	元音前	[ja]	야	yard[jɑ:d] 야드
		[jæ]	얘	yank[jæŋk] 얭크
		[jə]	여	yearn[jə:n] 연
		[je]	예	yellow[jeləu] 옐로
		[jɔ]	요	yawn[jɔ:n] 욘
		[ju]	유	you[ju:] 유
		[ji]	이	year[jiə] 이어
[d] [l] + [jə] [n]		[djə] [ljə] [njə]	디어 리어 니어	Indian[indjən] 인디언 battalion[bətæljən] 버텔리언 union[ju:njən] 유니언

❸ 合成词的标记

由两个独立词合成的合成词按构成该词的两个词各自作为独立词时的标记方法标记。例如：

    cuplike[kʌplaik] 컵라이크   sit-in[sitin] 싯인
    bookend[bukend] 북엔드   bookmaker[bukmeikə] 북메이커
    headlight[hedlait] 헤드라이트   flashgun[flæʃgʌn] 플래시건
    topknot[tɔpnɔt] 톱놋   touchwood[tʌtʃwud] 터치우드

原词如果隔写的话，用韩语标记时，既可以隔写，也可以连写。例如：

    Los Alamos[lɔs æləməus] 로스 앨러모스/로스앨러모스
    top class[tɔpklæs] 톱 클래스/톱클래스

三、人名、地名的标记

1. 人名、地名标记的基本原则

一般来讲，外国的人名、地名按照"外来词标记法"的一般规则标记。如果要标记的人名或地名所使用的语言在"外来词标记法"中没有相应规定，则按照当地发音进行标记。例如：

    Ankara 앙카라   Gandhi 간디

但如果已经被人们用非当地发音的第三国发音拼读且该方法已被广泛应用的话，则按照惯用拼读法进行标记。例如：

    Hague 헤이그   Caesar 시저

固有名词的翻译名若已被通用，则按照其翻译名予以标记。例如：

    Pacific Ocean 태평양   Black Sea 흑해

2. 中国人名、地名的标记方法

根据"外来词标记法"规定，中国的古代人名与现代人名采取不同的方法进行标记。一般来说，古代人的名字用其对应的汉字音标记，例如：

  秦始皇 진시황   司马迁 사마천
  孔子 공자   李白 이백

现代人名原则上按照如下汉语标记法标记，必要时在旁边标注相应的汉字。

汉语拼音声母与韩文对照表

分类	汉语拼音	对应韩文	汉语拼音	对应韩文	汉语拼音	对应韩文
声母	b	ㅂ	l	ㄹ	zh[zhi]	ㅈ[즈]
	p	ㅍ	g	ㄱ	ch[chi]	ㅊ[츠]
	m	ㅁ	k	ㅋ	sh[shi]	ㅅ[스]
	f	ㅍ	h	ㅎ	r	ㄹ[르]
	d	ㄷ	j	ㅈ	z	ㅉ[쯔]
	t	ㅌ	q	ㅊ	c	ㅊ[츠]
	n	ㄴ	x	ㅅ	s	ㅆ[쓰]

汉语拼音韵母与韩文对照表

分类	汉语拼音	对应韩文	汉语拼音	对应韩文	汉语拼音	对应韩文
韵母	a	아	eng	엉	wa(ua)	와
	o	오	er(r)	얼	wo(uo)	워
	e	어	ya(ia)	야	wai(uai)	와이
	yi(i)	이	yo	요	wei(ui)	웨이(우이)
	wu(u)	우	ye(ie)	예	wan(uan)	완
	yu(ü)	위	yai	야이	wen(un)	원(운)
	ai	아이	yao	야오	wang(uang)	왕
	ei	에이	you	유	weng(ung)	웡(웅)
	ao	아오	yan(ian)	옌	yue(üe)	웨
	ou	어우	yin(in)	인	yuan(üan)	위안
	an	안	yang(iang)	양	yun(ün)	윈
	en	언	ying(ing)	잉	yong(iong)	융
	ang	앙	ong	웅		

中国的历史地名中现在不使用的名称用汉字音标记。例如：

  长安: 장안   幽州: 유주

与现代地名相同的名称按照汉语标记法标记，必要时在旁边标注出相应汉字。例如：

  苏州: 수저우/ 수저우(苏州)
  武汉: 우한/ 우한(武汉)

有一些地名虽然现在依然使用，但如果韩国人已经习惯用汉字音标记这些地名，那么既可以按照汉语标记法标记，也可以继续沿用从前的汉字音标记方式。例如：

  上海: 상하이、상해   台湾: 타이완、대만
  北京: 베이징、북경   黄河: 황허、황하

3. 海、岛、江、山名称的标记方法

表示"海、岛、江、山"的 해、섬/도、강、산 等词接在外来词后时，外来词与해、섬/도、강、산之间需隔写。这些词如果接在固有词或汉字词后时，则需要连写。例如：

        카리브 해   북해
        발리 섬   목요섬

海的名称统一称为해(海)。例如：

        홍해   아라비아 해
        발트 해

韩国的岛屿应称为도，其他国家的岛都统一称为섬。例如：

        제주도   타이완 섬
        울릉도   코르시카 섬

使用汉字的日本、中国等国家的地名若为单字汉字，其后还要接강、산、호、섬等词。例如：

        온타케 산(御岳)   주장 강(珠江)
        도시마 섬(利島)   위산 산(玉山)

即使地名本身有山脉、山、江等含义，其后也仍然要接산맥、산、강等词。例如：

        Rio Grande 리오그란데 강   Mont Blanc 몽블랑 산
        Monte Rosa 몬테로사 산   Sierra Madre 시에라마드레 산맥

 练习

● 选择标记法正确的词填空。

(1) 엄마는 우리에게 ___ 을/를 구워 주셨다.
    ① 비스킷   ② 비스켓
(2) 저는 어릴 때 ___ 을/를 좋아했다.
    ① 소시지   ② 소세지
(3) 그는 ___ 곡을 여러 곡 불렀어요.
    ① 앙콜   ② 앙크르
(4) 오렌지 ___ 에는 비타민이 많이 들어 있다.
    ① 주스   ② 쥬스
(5) 달걀 ___ 와 김치가 오늘의 반찬입니다.
    ① 후라이   ② 프라이

(6) 요새 ____에서는 비닐봉투를 무료로 제공하지 않아요.
　　① 수퍼마켓　　② 슈퍼마켓

(7) 남편은 ____를 위해 다음 주에 상해에 간다.
　　① 비즈니스　　② 비지니스

(8) 젊은이들은 반외세 ____를 들고 연일 거리를 행진했다.
　　① 플래카드　　② 플랑카드　　③ 플란카드

(9) 영희 씨의 언니는 작년에 작은 ____ 가게를 차렸다.
　　① 악세서리　　② 악세사리　　③ 액세서리

(10) 이 음료는 ____이 섞여 있어 맛이 달콤하다.
　　① 초코렛　　② 초콜릿　　③ 초콜렛

● 韩国体育节目解说员在解说体育比赛时，过度使用外来词或外语的情况时有发生。试着写出画线部分的单词所对应的英语，仿照例子用韩国语替换这些外来词或外语。

解说词	英语	韩国语
대한민국의 스타팅을 소개해 드리겠습니다.	starting	선발 선수
그렇게 되면은 페널티 15초를 받게 됩니다.		
그만큼 세컨드 볼에 대한 집중력이 *** 선수가 좋았다는 겁니다.		
오로지 자기 자력으로 해서 자기가 바꿔서 끼고 체인지를 해서 바로 가야 되는데……		
저렇게 큰 선수들은 보면 몸의 발란스 맞추기가 쉽지 않은데		
아, 나이스 캐칩니다.		
뭐 *** 선수의 아주 파인 프레이라고 말씀드릴 수밖에 없구요.		
금 원 핸드로 캐치하고 낙법.		
*** 선수는 수비도 좋고 아주 무엇보다 이 파이팅이 아주 좋은 그런 선수입니다.		

第四节 韩国语的罗马字标记法

"韩国语的罗马字标记法",是在1940年朝鲜语学会制定的"朝鲜语音罗马字标记法"、1959年的"韩文罗马字标记法"、1984年的"国语罗马字标记法"的基础上,于2000年制定颁布的有关如何用罗马字标记韩国语的规定。制定此规定的主要目的是用罗马字标记韩国的人名、地名等,以便与其他国家人进行更顺畅的沟通。随着韩国与其他国家间的交往日渐频繁,罗马字标记也更加受到人们的关注。

一、"罗马字标记法"的基本原则及内容体系

用罗马字标记韩国语的方法主要有两种。其一为"转字法(전자법,轉字法)",是将每个韩文对应的发音用罗马字标记,如将신라标记为sinla。另一种为"转音法(전음법,轉音法)",也叫"表音法(표음법,表音法)",是按照单词的实际发音标记,如将신라标记为silla。两种方法各有利弊,前者在转写时相对简单,且容易将用罗马字标记的韩文复原,但其读音与韩国语实际读音有较大的差距。而后者能使不懂韩国语的人也较为容易拼读,且拼读出来的发音与实际发音较为接近,但缺点是很难识别出其所对应的韩文。鉴于"罗马字标记法"的制定目的主要是用于标记人名、地名、商号名等,为了方便外国人拼读,规定"韩语的罗马字标记以遵照标准发音法为原则"。

此外,"罗马字标记法"还规定"尽量不使用罗马字之外的其他符号"。2000年以前颁布的罗马字标记法中曾经使用过"˘,'"等特殊符号,但是一来一般人很难了解这些符号的含义,二来随着电脑的普及,这些符号给文字输入也带来诸多不便,所以在2000年颁布的罗马字标记法中规定只使用罗马字标记,从前标记为"ŭ、ŏ"的"ㅡ、ㅓ"现在用"eu、eo"标记,从前标记为"k'、t'、p'、ch'"的"ㅋ、ㅌ、ㅍ、ㅊ"现在分别用"k、t、p、ch"标记。

"罗马字标记法"的主要内容体系如下。

"韩国语罗马字标记法"的体系

第一章 标记的基本原则
第二章 标记一览
第三章 标记时注意事项
附则

二、韩国语的罗马字标记方法

1. 标记细则

韩国语元音与罗马字的对应关系如下。

韩国语元音与罗马字对照表

分类	韩文	罗马字	分类	韩文	罗马字
单元音	ㅏ	a	复元音	ㅑ	ya
	ㅓ	eo		ㅕ	yeo
	ㅗ	o		ㅛ	yo
	ㅜ	u		ㅠ	yu
	ㅡ	eu		ㅒ	yae
	ㅣ	i		ㅖ	ye
	ㅐ	ae		ㅘ	wa
	ㅔ	e		ㅙ	wae
	ㅚ	oe		ㅝ	wo
	ㅟ	wi		ㅞ	wo
				ㅢ	ui

在标记元音时需要注意的是,韩国语的元音长元音不另行标注,此外,ㅢ即使发成ㅣ音,也需标注成ui。例如:

광희문: Gwanghuimun

韩国语辅音与罗马字的对应关系如下。

韩国语辅音与罗马字对照表

韩文	罗马字	韩文	罗马字	韩文	罗马字
ㄱ	g、k	ㄲ	kk	ㅋ	k
ㄷ	d、t	ㄸ	tt	ㅌ	t
ㅂ	b、p	ㅃ	pp	ㅍ	p
ㅈ	j	ㅉ	jj	ㅊ	ch
ㅅ	s	ㅆ	ss	ㅎ	h
ㅁ	m	ㄴ	n	ㅇ	ng
ㄹ	r、l				

> 💡 **朝鲜语的罗马字母标记法**
>
> 朝鲜语的罗马字母标记法与韩国语有一些不同,具体情况如下。
>
> **朝鲜语字母与罗马字对照表**
>
> | 朝文 | 罗马字 | 朝文 | 罗马字 | 朝文 | 罗马字 | 朝文 | 罗马字 | 朝文 | 罗马字 |
> |---|---|---|---|---|---|---|---|---|---|
> | ㄱ | k | ㄲ | kk | ㅍ | ph | ㅔ | e | ㅜ | u |
> | ㄷ | t | ㄸ | tt | ㅊ | tsh | ㅕ | yo | ㅝ | wo |
> | ㅂ | p | ㅃ | pp | ㅎ | h | ㅖ | ye | ㅞ | we |
> | ㅈ | ts | ㅉ | jj | ㅏ | a | ㅗ | o | ㅟ | wi |
> | ㅅ | s | ㅆ | tss | ㅐ | ai | ㅘ | wa | ㅠ | yu |
> | ㅁ | m | ㄴ | n | ㅑ | ya | ㅙ | wai | ㅡ | u |
> | ㄹ | r、l | ㅋ | kh | ㅒ | yai | ㅚ | oi | ㅢ | ui |
> | ㅇ | ng | ㅌ | th | ㅓ | o | ㅛ | yo | ㅣ | i |

在用罗马字标记韩国语辅音时有如下两点需要注意。

❶ ㄱ、ㄷ、ㅂ在元音前标记为g、d、b,做收音时标记为k、t、p。

구미 Gumi	영동 Yeongdong	백암 Baegam
옥천 Okcheon	합덕 Hapdeok	호법 Hobeop
월곶[월곧] Wolgot	벚꽃[벋꼳] beotkkot	한밭[한받] Hanbat

❷ ㄹ在元音前标记为 r，在辅音前或做尾音时标记为 l。ㄹㄹ需标注为"l l"。例如：

| 구리 Guri | 설악 Seorak | 칠곡 Chilgok |
| 임실 Imsil | 울릉 Ulleung | 대관령[대괄령] Daegwallyeong |

三、标记时的注意事项

用罗马字标记韩国语时，有如下事项需要注意：

❶ 发生辅音同化现象、送气音现象、腭化现象、音的添加现象等语音变化时，根据变化的结果进行标记。例如：

同化现象：
백마[뱅마] Baengma　　　　　왕십리[왕심니] Wangsimni
신문로[신문노] Sinmunno　　　종로[종노] Jongno

送气音现象：
좋고[조코] joko　　　　　　　잡혀[자펴] japyeo

腭化现象：
해돋이[해도지] haedoji　　　　맞히다[마치다] machida
같이[가치] gachi

添加音现象：
학여울[항녀울] Hangnyeoul　　알약[알략] allyak

有两种情况例外，一是在体词中的ㄱ、ㄷ、ㅂ后有ㅎ音出现时仍按ㅎ音标记。例如：

묵호 Mukho　　　　　　　　집현전 Jiphyeonjeon

二是紧音化在用罗马字标记时不体现。

| 압구정 Apgujeong | 낙성대 Nakseongdae | 샛별 saetbyeol |
| 낙동강 Nakdonggang | 합정 Hapjeong | 울산 Ulsan |

❷ 在标记时，有可能不易区分的两个音节间需插入符号"-"。例如：

중앙 Jung-ang　　　　세운 Se-un
반구대 Ban-gudae　　해운대 Hae-undae

❸ 固有名词的第一个字母需大写。例如：

부산 Busan　　　　　세종 Sejong

❹ 人名按照姓、名的顺序标注，姓与名之间隔写，名原则上连写，在两个音节之间也可使用符号"-"。 此外，名字中出现的语音变化在标记时不必体现。例如：

민용하 Min Yongha (Min Yong-ha)　　한복남 Han Boknam (Han Bok-nam)
송나리 Song Nari (Song Na-ri)　　　홍빛나 Hong Bitna (Hong Bit-na)

❺ 道、市、郡、区、邑、面、里、洞等行政区划单位与"街"分别标记为do、si、gun、gu、

eup、myeon、ri、dong、ga，其前面插入符号"-"，符号"-"前后发生的语音变化在标记中不体现。例如：

충청북도 Chungcheongbuk-do　　삼죽면 Samjuk-myeon
의정부시 Uijeongbu-si　　　　　인왕리 Inwang-ri
양주군 Yangju-gun　　　　　　봉천1동 Bongcheon 1(il)-dong
도봉구 Dobong-gu　　　　　　종로 2가 Jongno 2(i)-ga
신창읍 Sinchang-eup　　　　　퇴계로 3가 Toegyero 3(sam)-ga

"市、郡、邑"等行政区划单位在标记时，si、gun、eup有时也可省略。例如：

청주시 Cheongju　　　　　　함평군 Hampyeong
순창읍 Sunchang

❻ 自然地貌、文化遗产、人造建筑名称等中间不用符号"-"，需连写。例如：

남산 Namsan　　　　　　　　남한산성 Namhansanseong
독도 Dokdo　　　　　　　　　불국사 Bulguksa
경복궁 Gyeongbokgung　　　　오죽헌 Ojukheon
안압지 Anapji　　　　　　　　종묘 Jongmyo

练习

● 试用罗马字标记下列地址。

(1) 서울특별시 중구 덕수궁길 15
　　_____

(2) 서울특별시 관악구 관악로 1
　　_____

(3) 부산광역시 금정구 부산대학로 63번길 2
　　_____

(4) 경상북도 경주시 진현동 15-1번지
　　_____

(5) 경기도 용인시 기흥구 보라동 107번지
　　_____

● 以下是入选"韩国百大民族文化象征"的部分文化名词，试将其用罗马字标记。

태극기: _____　　측우기: _____
석굴암: _____　　돌하르방: _____
한복: _____　　김치: _____

전주비빔밥: _____   윷놀이: _____

도깨비: _____   판소리: _____

아리랑: _____   춘향전: _____

- 试用罗马字标记下列人名与地名。

    (1) 김춘추 _____   세 종 _____

    　　이순신 _____   안중근 _____

    　　김대중 _____   정주영 _____

    (2) 백두산 _____   금강산 _____

    　　설악산 _____   제주도 _____

    　　울릉도 _____   독 도 _____

参考文献

-韩文书-

강길운(2004),『국어사정설』, 한국문화사.
고영근・구본관(2010), 『우리말 문법론』, 집문당.
고영근・남기심(1986), 『국어의 통사・의미론』, 탑출판사.
권재일(2003), 『한국어 통사론』, 민음사.
권재일(2006), 『남북 언어의 문법 표준화』, 서울대학교출판부.
김광해(1993), 『국어 어휘론 개설』, 집문당.
김광해(2001), 『국어지식 교육론, 서울대학교출판사.
김석득(1992), 『우리말 형태론』, 탑출판사.
김정숙 외 6명(2005), 『외국인을 위한 한국어 문법』 1, 커뮤니케이션북스.
김정숙 외 7명(2005), 『외국인을 위한 한국어 문법』 2, 커뮤니케이션북스.
김진호(2008), 『외국어로서의 한국어학 개론』, 박이정.
김진호・정영벽(2010), 『외국인을 위한 한국어 문법』, 역락.
김창섭(2008), 『한국어 형태론 연구』, 태학사.
김태엽(2008), 『국어학 개론』, 역락.
남기심(2002), 『현대 국어 통사론』, 태학사.
남기심・고영근(2001), 『표준국어문법론』, 탑출판사.
민현식(1999), 『국어 문법 연구』, 역락.
민현식(2001ㄱ), 『국어 교육을 위한 응용국어학 연구』, 서울대학교출판부.
민현식(2001ㄴ), 『국어 정서법 연구』, 태학사.
박덕유(2002ㄱ), 『문법교육의 탐구』, 한국문화사.
박덕유(2002ㄴ), 『문장론의 이해』, 한국문화사.
박덕유(2005), 『문법교육의 이론과 실제』, 역락.
박영순(2002), 『한국어 문법교육론』, 박이정.
박영순(2002), 『21세기 국어학의 현황과 과제』, 한국문화사.
배주채(2001), 『국어음운론 개설』, 신구문화사.
백봉자(2007), 『외국어로서의 한국어 문법 사전』, 하우.
서울대학교 국어교육연구소(2010), 『고등 학교 문법』, 교육 인적 자원부.
성광수(2008), 『한국어 표현 문법』, 한국문화사.
성기철(2007), 『한국어 문법 연구』, 글누림.
안주호(2003), 『국어교육을 위한 문법탐구』, 한국문화사
왕 단(2007), 『중국어권 학습자를 위한 한국어 형용사 교육 연구』, 태학사.
이관규(2007), 『학교 문법론』, 월인.
이기문・김진우・이상억(2001), 『국어음운론』, 학연사.
이석주・이주행(2007), 『한국어학 개론』, 보고사.
이익섭(2002), 『국어학개설』, 학연사,
이익섭・이상억・채완(1997), 『한국의 언어』, 신구문화사.

이익섭·채완(2001), 『국어문법론강의』, 학연사.
이호영(2001), 『국어 음성학』, 태학사.
임지룡(2001), 『국어 의미론』, 탑문화사.
임호빈·홍경표·장숙인(1997), 『외국인을 위한 한국어 문법』, 연세대학교출판부
전용태(2007), 『한국어의 모든 것』, 도서출판 언어논리.
조오현 외 4명(2008), 『(새로 쓰는 국어학 개론) 한국어학의 이해』, 소통.
최재희(2001), 『국어 교육문법론』, 조선대학교출판부
최재희(2006), 『한국어 교육 문법론』, 태학사.
한재영 외 5명(2006), 『한국어 교수법』, 태학사.
한재영 외 5명(2008), 『한국어 문법 교육』, 태학사.
허웅(1982), 『언어학』, 샘문화사.
허웅·권재일(2008), 『언어학 개론』, 지만지고전천줄,
허용·김선정(2006), 『외국어로서의 한국어 발음 교육론』, 박이정

-中文书-

安炳浩、尚玉河:《韩语发展史》,北京大学出版社,2009年。
崔羲秀:《韩国语基础语法》,黑龙江朝鲜民族出版社,2005年。
崔羲秀、俞春喜:《韩国语实用语法》,延边大学出版社,2003年。
黄京洙:《韩国语语言学概论》,全今淑译,辽宁民族出版社,2009年。
金光洙:《韩国语基础语法》,外文出版社,2010年。
李得春:《韩国语语法教程》,上海外语教育出版社,2009年。
李得春、金基石、金永寿:《韩国语标准语法》,吉林人民出版社,2002年。
林从纲:《韩国语词汇学》,黑龙江人民出版社,1998年。
林从纲、任晓丽:《韩国语概论》,北京大学出版社,2006年。
刘沛霖:《韩国语语法》,商务印书馆,2009年。
朴善姬:《韩国语基础语法与练习》,北京大学出版社,2006年。
朴淑子、俞佳京:《简明韩国语语法》,中国宇航出版社,2006年。
韦旭生、许东振:《韩国语实用语法》,外语教学与研究出版社,1994年。
韦旭生、许东振:《新编韩国语实用语法》,外语教学与研究出版社,2006年。
许东振、安国峰:《韩国语实用语法词典》,外语教学与研究出版社,2009年。
许维翰:《实用现代韩国语语法》,外文出版社,2008年。
宣德五:《朝鲜语基础语法》,商务印书馆,1997年。

-英文书-

Grammar Practice Activities-A practical guide for teachers, Penny Ur, Cambridge University Press, 1998.
How Language Are Learned, Patsy M. Lightbown and Nina Spada, Oxford University Press, 1993.
How to Teach Grammar, Scott Thornbury, Longman, 2000.

메모